教—学—评一体化策略与实践丛书

基于核心素养的单元教学设计

·数学·

丛书主编 卢臻

汪艳丽 刘娜 郭义 刘娟 主编

知识产权出版社
全国百佳图书出版单位
—北京—

图书在版编目（CIP）数据

基于核心素养的单元教学设计．数学／汪艳丽等主编．—北京：知识产权出版社，2023.2

ISBN 978-7-5130-8681-3

Ⅰ．①基…　Ⅱ．①汪…　Ⅲ．①小学数学课—教学研究　Ⅳ．① G623

中国国家版本馆 CIP 数据核字（2023）第 023594 号

内容提要

本书以小学数学课程的四个学习领域（数与代数、统计与概率、图形与几何、综合与实践）为主线，覆盖低、中、高三个学段共 21 个单元的内容，撰写了基于核心素养的单元教学设计案例。在大观念、大情境、大任务的统领下，确立核心素养导向的课程目标，设计促进学生发展的学习活动方案，实施激励学生学习的评价量表，实现数学课程的育人价值，促进学生核心素养的培养和能力的提升。

本书可作为小学数学教师的培训教材，供教师自学或研修参考使用。

责任编辑：郑涵语　　　　**责任印制：**孙婷婷

基于核心素养的单元教学设计（数学）

JIYU HEXIN SUYANG DE DANYUAN JIAOXUE SHEJI（SHUXUE）

汪艳丽　刘　娜　郭　义　刘　娟　主编

出版发行：知识产权出版社有限责任公司	网　　址：http：//www.ipph.cn
	http：//www.laichushu.com
电　　话：010-82004826	
社　　址：北京市海淀区气象路50号院	邮　　编：100081
责编电话：010-82000860转8569	责编邮箱：laichushu@cnipr.com
发行电话：010-82000860转8101	发行传真：010-82000893
印　　刷：北京中献拓方科技发展有限公司	经　　销：新华书店、各大网上书店及相关专业书店
开　　本：720mm×1000mm　1/16	印　　张：18
版　　次：2023年2月第1版	印　　次：2023年2月第1次印刷
字　　数：294千字	定　　价：58.00元

ISBN 978-7-5130-8681-3

前 言

基于理解，逆向设计，是单元教学设计的基本方针。

理解，乃课程核心素养在课堂教学的关键落脚点，学生只有在大量事实性信息、概念、原理等基础上建构自己的经验，建立知识之间的意义联结，才能随意调取知识来解决实际问题；换句话说，只有做到理解，才能应用于实践。《义务教育课程方案（2022年版）》在课程实施上提倡大单元教学，强调利用综合性教学活动促使学生深度学习，促进知识结构化。知识结构化是实现真正理解的重要标志，而提炼并表述单元大观念是建构知识的前提。

单元大观念是知识观转变的产物。无论是布鲁纳、菲尼克斯将之命名为“代表性概念”，还是埃里克森将之阐释为“抽象概括”，甚或威金斯和麦克泰把它定义为“有意义的概念工具”，都能清晰感知到“大观念”背后的观念，即知识是“活的”，只有“活”的知识才能被“代表性概念”所代表而富有意义，只有“活”的知识才能被“抽象概括”而建构起知识之间的纵横联系，也只有“活”的知识才能被人的思想和经验赋予意义从而被广泛迁移。所以，“大观念”意味着知识具有整体性、联系性和实践性，体现了建构主义知识观的本质。与此相对，客观主义知识观视域下的知识则是“死”的，是不以人的意志为转移的客观实在，是零碎的、静态的用以记忆和存储的普遍真理。在客观主义知识观看来，知识只有多少之分而无大小之别，只有“这一个”或“这一类”而不存在“本质的”或“关键的”，只有书本知识而无书本知识之外的创造与实践。

教科书知识是两类人的产儿：一类人是知识的发明者或发现者，即前人；另一类人是知识的编纂者，即编者。他们与学习者之间都有要沟通而没有办法沟通的无限内容。就前人而言，知识是他们最终提炼、总结、呈现的成果。那么这成果产生的过程有着怎样特别的经历或经验？它与客观现象、规律之间有着怎样的关联或关系？它具有怎样的意义与内涵？就编者而言，知识由他们选择、组织、整合到一起，这样编排有什么特别意义？知识之间有什么内在联系？哪个是关键性的知识？只有揭示知识产生的背景与内在依据，知识才具有现实的实践意义；只有透视知识间的内在联系，知识才具有学习与创造的价值。以人教版高中《物理》必修一第四章“牛顿运动定律”为例，此单元共7节，分别是牛顿第一定律，实验探究加速度、力、质量的关系，牛顿第二定律，力学单位制，牛顿运动定律的运用等。其中第2节是个实验课，这个实验为什么不编排在第3节之后？它和牛顿第一、第二定律之间分别有什么关系？有何特别意义？第4节“力学单位制”为何不编排在整体学完牛顿三大定律之后而在牛顿第二定律之后？这说明什么？牛顿三大定律的结合点是什么？等。因为种种客观局限，这些问题无论是前人还是编者都难以现身说法，教师，而且只有教师是他们的代言人、悟道者，抓住关键，找到联系，建立关系，以简驭繁，起“死”回“生”。所以，“大观念”呼唤智慧型的教师，呼吁教师转变知识观念，做知识的创造者、建构者，做学生学习的引导者、点拨者。

书本上的很多知识都是等待唤醒的精灵，沉睡着的知识因孤立、零散而面目死板，一旦与其他知识建立联系，就像人找到了人生定位，它就“活”了，有用了。所以“大观念”的揭示与表达还意味着实现迁移。迁移是指学习者面对新的困境能够机智高效地、独立地从知识结构中提出需要的经验并加以应用，其中关键必然在于知识结构。如果学生的长时记忆库中存放的知识是孤立的、毫无章法的堆积物，在应激状态下很难做到随意调取；相反，如果学生的知识是一个动力系统，知识之间因具有必然联系而具有组织性、条件性，那么一旦遭遇外部挑战就会自动做出反应。因此我们所强调的知识结构不是一般意义上的知识之间的从属或衍生关系的梳理，而是站在学生学习的立场，对学生解决问题的思维路径的摸索与建立。

疏通了学生对某一领域问题解决的思维路径，找到学生实现真正理解的一个又一个坐标，才能够准确回答“带学生到哪里去”的单元目标制订问题。无论哪一个领域的学科学习，学生要去的最终目的地只有一个——实践。实践能力是课程核心素养的关键，而支撑实践能力的一定是强大的知识网络，即解决问题的观念、规则、原理、方法、模型等的建构与思维形成，从而确立基于核心素养的单元目标群的三个主要层级：基础性目标、理解性目标和实践性目标。基础性目标指向单元孤立的事实性知识、技能的掌握，理解性目标指向解

决问题的思路、模型的建构，实践性目标则指向应用所学解决问题的实践能力培养。

围绕单元大观念建立知识结构，基于知识结构逆推单元目标群是单元教学设计的核心工作，也是基于核心素养的单元教学设计的创新点和着力点。

单元目标是学生学习后的结果，确定学习结果之后，反向求助结果达成的表现性证据和标准，以及达成结果的途径、手段或过程、方法等，遵循的是逆向教学设计的逻辑，目的在于确保目标实现及学生的智力投入和自我监控。在这一点上，我们的创新在于设计贯穿教学过程始终的单元大任务。单元大任务是基于学情，以真实性生活情境为背景，涵盖单元不同层次目标的学前作业。它的完成主要经历三个阶段：一是未学先做，做而知困。在单元正式学习前，学生利用旧的经验和对新知识的把握尝试完成作业，在完成作业的过程中感知、发现并表述问题。二是困而求学，学以致用。课堂教学在预设、梳理学生问题的基础上，围绕课时学习目标，以课中学习活动为依托为学生搭建"认知脚手架"，学生则学用结合，借助课堂学习一步一步修正、完善作业。三是作业展演，推陈出新。展示作业是为了在交流、碰撞中进一步完善作业，乃至创新作业。单元学习结束后，如果在与同伴的作业分享、对比后，学生能够推翻已完成的作业，在更高层面上思考更复杂的情境任务，就在我们所期许的课程素养的形成上更进一步了。

"教—学—评一体化教学"项目获得首届基础教育国家级教学成果二等奖，我们在课堂教学增效上一直在持续探索，从课时到单元，再由单元到课时，始终锁定知识建构与学习效能，培养学生学习能力，落实课程核心素养。单元教学设计的理念与之一脉相承，注重目标制订，关注学生思维，以课堂评价促进学生学习表现。这套丛书的编写者主要是郑州高新技术产业开发区的教研员和郑州中学第二附属小学、郑州高新技术产业开发区外国语小学的课程领导者及学科骨干教师，其中大部分是国家课程教材研究所深度学习教学改进项目的核心成员，他们在"教—学—评"一体化和深度学习之间找到了契合点，在学习的发生和学生的发展上，取得了重大的实践突破。

本套丛书以"教—学—评一体化策略与实践"为主题，一是强调建构知识、运用知识的重要性，倡导理解性学习；二是宣扬致力于课堂教学改进的教研员、学校校长和教师对基础教育发展的贡献，课堂已然在育人方式的变革上发生悄然变化。丛书分三本全面呈现小学语文和道德与法治、数学、英语及其他学科单元整体教学设计的思考与实践。小学语文学科从学习任务群的视角，分别重构了教材中的“识字单元、阅读策略单元、习作单元、口语交际、快乐读书吧、综合性学习”，撰写了6篇覆盖各学段的单元教学设计；道德与法治学科撰写了具有代表性的4篇单元教学设计。小学数学学科基于“数与代数、统计与概率、图形与几何、综合与实践”4个领域，撰写了21篇覆盖各学段的单元教学设计。小学英语及其他学科，覆盖各学段，分别选择具有代表性的自然单元，撰写了32篇单元教学设计，其中美术学科整合具有共同要素、内在联系紧密的内容，形成素养导向的教学设计。

每本书的第一篇，由卢臻、王明霞、汪艳丽、刘娜撰稿完成；第二篇由各学科成员完成。全书由卢臻整体设计，小学语文、道德与法治一书由王明霞组织创编并统稿、完善，小学数学一书由汪艳丽组织创编并统稿、完善，小学英语及其他学科一书由刘娜组织创编并统稿、完善。各学科单元教学策略与实践既体现了整体的设计理念与价值追求，同时也充分表现出了学科特色。

本套丛书中案例的撰写及实践始于2021年年底，在《义务教育课程方案（2022年版）》出台之后，基于各学科课程标准又进行了全面修改，虽经多番打磨及实践论证，仍难免粗疏，其中有关大单元教学的理解问题和某些学科专业问题，有待进一步探讨、解决，希望大家不吝赐教，提出批评意见。

郑州市教育局教学研究室
卢臻
2022年9月教师节前夕

目　录

第一篇　策略研究

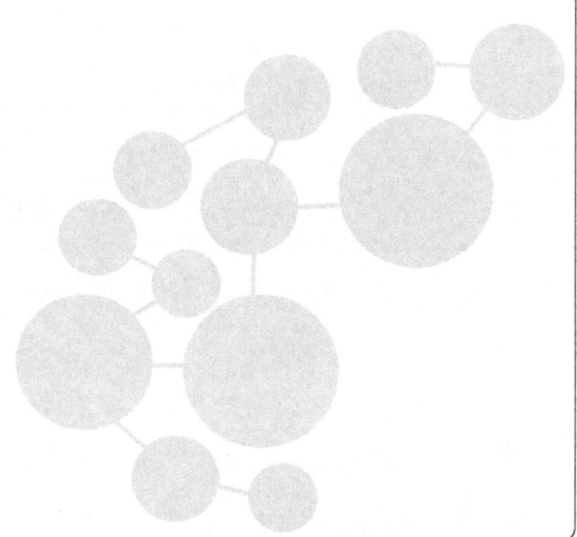

素养导向的单元学习目标：特征、研制及课堂观察*

——以高中语文学科为例

卢　臻　汪艳丽**

摘要：厘清单元目标的特征是落实学科核心素养的关键。单元目标具有实践性、结构性和多维性三重特征。研制单元目标宜从实践出发进行逆推，制订指向实践能力养成的具有内在逻辑关系的目标群；针对单元目标的课堂观察则应以学习者为中心，从静态的文案观察和动态的过程观察两个方面入手，聚焦学习的真正发生和学习结果的产生及证据，重点考量目标达成与落实的过程性与表现性，促进学生自主学习，推进课堂教学改革。

关键词：学科核心素养；单元目标特征；单元目标制订；基于目标的课堂观察

从“双基”、三维目标到学生核心素养的嬗变，在教学设计与实施层面不过是“学生学什么”这一问题的不断追问与持续更新。“学生学什么”指向的不是教材或教材内容，也不是教师提供的个体经验，而是学生学习后的结果——能力或行为倾向的变化，这就是学习目标。学习目标是“学生形象预期”的具体教学落脚点，是抽象的“人”在学校养成的决策性判断与概括性表达，因此学习目标的制订与表述是教学设计与实施的首要工作，一方面它承载着国家的育人方针与课改精神；另一方面决定着课堂教学的质量与效益。

当前，单元教学是落实学科核心素养的主要路径，素养导向的单元学习目标（以下简称“单元目标”）有何特征？对这个问题进行深入思考与回答，不仅有利于单元目标的准确制订与表述，而且也有利于在课堂层面实施基于目标的课堂观察，具体落实学科核心素养。

---

* 本文系 2019 年度河南省基础教育教学研究项目“指向核心素养养成的单元教学设计策略研究”（课题编号：JCJYC19250175）阶段性研究成果。本文发表于《基础教育课程》2022 年第 3 期。

** 卢臻，河南省郑州市教育局教研室教研员，中小学正高级教师；汪艳丽，郑州中学第二附属小学校长，中小学高级教师

一、单元目标的特征：由素养阐发

素养是单元目标的内涵特征。素养是抽象的，抽象往往意味着需要借助具体的事物表现出来，比如电是抽象的，人们只有看到灯亮了、电动汽车走了，才知道它是存在的。素养也是如此。很难在一个不说、不动、不做事的人身上看出素养，陆游在《上殿札子》中说“气不素养，临事惶遽”，素养一定要人“临事”才能显示出来。经济合作与发展组织（OECD）在其“迪斯科”（DeSeCo）计划中就将学生素养与“做事”联系起来，认为“素养”是结合真实情境的需要而调动心理、社会资源（包括技能和态度）以满足复杂需要的能力[1]。将这个长句进行分解，不难得出“素养”的三个相关元素：一是解决复杂问题的能力；二是可随时调用的知识体系；三是人际关系、情感态度等非智力因素。与此相应，指向学科素养的单元目标应具有以下三大特征。

（一）实践性，强调高阶思维

无论从哪个角度说，学习都是为了实践应用。学的“有用”，做个“有用”的人，这是教育目的，也是学习目的。学生在看到所学东西的用途及发现能用所学影响别人——尤其是地方社群时，所有学段的学生都具有较强的学习动机[2]。“有用性”就是实践性，指向真实情境下解决实际问题的能力，强调高阶思维的培养，高中语文四大核心素养均落脚于此，“运用”“创造”“传承”等都明确指向应用所学解决问题的能力，《普通高中语文课程标准（2017年版2020年修订）》中所列学习任务群的学习目标最终基本也都归结于此。以“学习任务群1整本书阅读与研讨”为例，5条学习目标中的前4条均清晰指向信息的输入——理解，最后一条则指向输出——实践，即用自己的语言撰写全书梗概或提要、读书笔记与作品评介，通过口头、书面形式或其他媒介与他人分享。也就是说，阅读整本书籍，既要善于汲取营养全方面丰盈自己，又要擅长表达自己所得以影响更多的人，至于用何种方式表达、如何表达、表达到什么程度、要产生多大影响等，则需根据实际需要灵活应对，这就是语文实践。所以，无论单元内容是什么，学习最终的目的都是为了实践应用，这应是学科育人的重点。

（二）组织性，注重知识结构化

当针对一种情境的解决方案不是那么明朗时，我们就遇到了问题[3]。应对问题的关键在于识别问题类型，以便从记忆中提取或组建合适的解决办法。对特定领域的专家知识研究表明，识别问题类型依赖于专家建立在大量事实性信息之上的有组织的知识，有组织的知识是围绕核心概念或“大观点”建立起来的[4]（图1），它被称为知识的金字塔结构[5]。处于顶端的是价值观念或（跨）学科观念，其中学科观念是帮助学生组织和建构知识与经验的透镜，知识间的关系因此清晰明了而形成结构化体系；其下便是系统化的程序性知识和结构化的陈述性知识，程序性知识是用来“对外办事”（即解决问题）的知识，它和思维模式与探究方式、自我监控与评价的元认知等密切相关，共同组成用以解决问题的有机体；最下端则是大量的事实性信息、孤立的概念及规则。有组织的知识既便于遇到突发任务时随时提取，也便于在特定情境下进行迁移，所以也被称为情境性知识。情境性知识就是学生知道何时、何地、为何及怎样运用知识去解决问题的知识，它是结构性知识的应有之义。

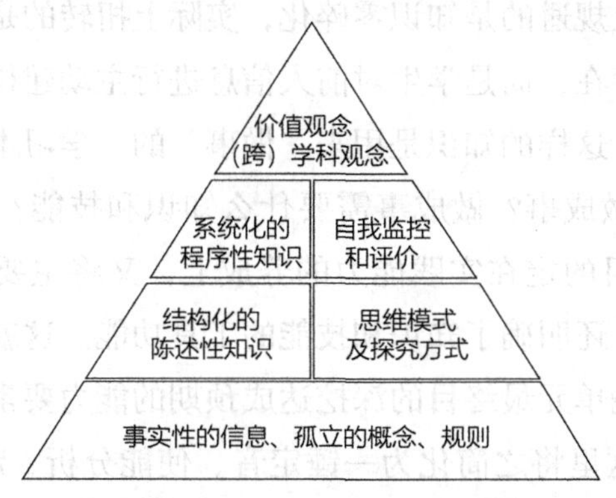

图1　有组织的知识体系，即情境化知识

（三）多维性，关注态度等养成

能做事，能正确地做事，能做正确的事，这就是一个人的核心素养。其中“能做正确的事”涉及必备品格，指在问题面前一个人所表现出的信仰、立场、原则等，也就是情感态度价值观，这是我们重要的教育目的。无论哪个学科、哪个单元的学习内容，只要课堂上发生真正的学习，师生展开充分的互动、对话，或隐或显，或轻或重，均会产生这方面的影响，即所谓的熏陶渐染、潜滋暗长。克伯屈把知识建构的过程称作主学习，把品格、情感及态度形成的过程叫作伴随学习[6]。伴随学习的内容形成较慢，且往往需要借助学生的行为表现进行间接观察。如“学习任务群1整本书阅读与研讨”第5条的学习目标为“从作品中汲取营养，丰富自己的精神世界，逐步形成正确的世界观、人生观和价值观”。学生是否形成了正确的价值观呢？需要在本条“用自己的语言撰写全书梗概或提要、读书笔记与作品评介，通过口头、书面形式或其他媒介与他人分享”的实践目标中体现出来。

当然，具体性也是单元目标的重要属性。我们制订目标是为了完成目标，完成目标就需要目标具体、清晰，做到可操作、可测量。另外，单元目标规定了一定时限（几周或几个月）的学习结果，还可对其进一步细化以形成课时学习目标，因此它在某种程度上也具有一定的包容性、概括性。

二、单元目标的制订：从实践逆推

单元教学表面上规避的是知识零碎化，实际上扭转的是教师的知识观。知识不是现成的客观存在，而是学生对前人信息进行主动建构所形成的认识，包括世界观和方法论，这样的知识是用来“做事”的。学习本单元，学生能够做什么事？怎么才能做成事？做成事需要什么知识和技能？以终为始，步步追问，既直接将学习目的定在实践能力的养成上，又将主要精力聚焦在“做成事”的知识建构上，还明确了知识和技能的工具功能。这就是单元目标逆推策略。删繁就简，围绕单元最终目的深挖达成预期的能力要素，形成具有内在逻辑的单元目标群，这里将之简化为一锤定音、使能分析、起点确定三个步骤。下面以高中《语文》教材必修（上册）第六单元为例具体阐述。

（一）一锤定音

加涅认为，学习目标是经过教学之后学生将能做哪些他们之前不会做的事[7]，这与素养的内涵特征是一致的，超越单元具体的知识与技能。单元目标最终只有一个，那就是学生实践、迁移能力的培养，我们可以称之为实践目标（或迁移性目标）。制订实践目标，需在通览单元内容、把握核心概念之后，对单元学习意义进行终极追问，即“学习本单元学生应获得的可迁移的目标是什么”或“学生学习本单元后在生活中能够做什么”，直接将单元目标定在实践应用上，避开对单元零碎知识的纠缠，传达单元学习的期望，明确教与学的责任。

实践目标即表现性目标，需要准确陈述学生的学习表现，以便通过学生的学习表现观察其能力养成情况。实践目标在陈述上应该主要包括实践情境、表现性动词、表现的内容、表现的条件（工具或手段）四个成分。就语文学科来说，指向实践的学习表现的动词一般为鉴赏、评价、表达、解决、辩论、演讲、创作、撰写等。

高中《语文》教材必修（上册）第六单元聚焦学习之道，汇集名家名篇，从不同角度呈现说理性文章的“说理”精彩。那么，学习本单元用来做什么呢？“单元提示”已然给出明示：一是形成正确的价值观；二是进行语言实践，即“从合适的角度以恰当的方式阐述自己的看法”。其后的“单元学习任务”与之相应，第三题即要求学生以《“劝学”新说》为题，写一篇不少于800字的文章。据此，本单元实践目标可以表述为：

在写作活动情境中，给出现实中的某个问题（实践情境），能够运用驳论的方法和逻辑（行为表现条件），撰写（表现性动词）一篇说理性文章（表现的内容），不少于800字（表现程度）。在这条实践目标中，学生的预期表现独立于课堂教学之外，强调的是学生在教室或学校之外的真实生活情境中的学习表现，这是素养的应有之义。当然，为使目标更加具体可测，还可加上“行为表现程度”，如上述目标中的“不少于800字”即是对“撰写”行为做出的程度限定。目标包括的成分越多，所传递的期望就越准确。

（二）使能分析

实践目标的达成不会一蹴而就，那么它“需要什么样的支撑”或“需要什么样的条件”？以这样的追问对实践目标进行必要的成分厘定或分步描述，就是使能分析，所得下位目标就是使能目标。实践是要求学生运用所学对外输出、办事。要有理想的输出，必须有充分的输入。“输入”不只是掌握大量的事实性知识，还包括超越事实性知识的知识建构，将知识组织化、结构化，这就是深度理解。理解的过程就是新知进入学生原有知识结构，使原有结构不断重构的过程[8]。因此，结构化的知识是“活”的知识，就像训练有素的士兵，一旦受到与之相关的外部情境的刺激就能随时调动，因此也叫情境性知识。它是实现实践目标的先决条件，也是理解性学习的结果，因此使能目标也可称作理解性目标。

根据布卢姆目标分类学，表现“理解”的可测量的学习表现有解释、概括、说明、比较、分类、推理、阐述七类行为动词，主要指向知识建构过程。那么，是何种建构？建构什么？怎么建构？使能目标在表述上主要包括认知条件（方法、方式）、认知动词、核心知识三种主要成分。

针对撰写驳论文这一实践目标，如何驳斥对方观点？如何阐发自己的见解？如何建立行文思路？怎样的语言更有说服力？这些问题大多是学生在面临该实践任务时的瞬间追问，也是完成该实践目标的必要支撑，对这些问题的回答及表述就是相应的使能目标，这里可将其总述为：

研读《劝学》《师说》《反对党八股》《拿来主义》等文章（认知条件），建构（认知动词）创作（包括鉴赏）说理性文章的方法和逻辑（核心知识），培养思辨能力。

将这条目标细化，自上而下可以制订如下三条具体目标，分别指向语言表达、行文思路和立论方法。

（1）探究各篇文章语言的共性，阐释其语言说服力，体会说理文章语言表达上的说理艺术。

（2）分析文章行文结构及说理方法，推断观点与论据的关系，形成说理文创作的一般思路。

（3）梳理文章内容，概括作者的观点和情感倾向，分析立论角度，阐明说理文立论的方法。

这三条目标在认知上由内容到形式依次递增难度，逐渐建构说理性文章创作（包括鉴赏）的逻辑和方法，形成创作说理性文章的行动方案，为达成实践目标提供必要的能力支撑，促使学生形成在说理文写作、辩论、演讲等实际问题情境中解决问题的能力，会说理，有理说，说得有理。需要说明的是，这些目标内部看似都有多个子目标，其实落点都在最后的方法、思路等的建构上，其他均为达成方法、思路的过程和手段，充分体现“教材不过是个例子”的理念。

（三）起点确定

学习起点指的是学生原有的知识基础。在建构主义学习观看来，学习的本质就是学生利用原有的知识结构对新知进行同化，所谓理解就是新知识在学生原有的知识结构中找到适当的位置，即新知识与旧知识建构起应有的联系。这正是单元教学的应有之义，克服孤立、零碎的知识教学，将学科课程内容在纵向上自上而下逐渐分化，在横向上融会贯通，形成结构化知识。因此，学习起点的确定有两种形式，一种是调查分析学生的原有经验，从中找到学生的认知冲突，据此明确学生的思维结节，确定单元教学的难点；另一种是基于课程标准与学情分析，联系旧知识，整合单元内容，建立单元内容的本质认识，提出单元大观念。提炼单元大观念是建构单元内容的前提，因此它应成为单元的起点目标。上述第六单元的起点目标即为：通览单元内容，将驳论文与一般议论文对比分析，提出单元大观念，建立有关驳论文的一般认识。

就驳论文这一单元来说，起点目标要求抓住本质，对驳论文形成整体认知；支撑目标要求局部探讨，从不同角度研究、深化既有观念；实践目标则基于逐步形成的观念、思维、逻辑方法等解决实际问题。三条目标呈现“整体—局部—整体”的建构学习思路，将其按学习的顺序归总表述，即是该单元具有内在建构关系的目标群，具体如下所示：

（1）通览单元内容，将驳论文与一般议论文进行对比分析，提出单元大观念，建立有关驳论文的一般认识。

（2）研读《劝学》《师说》《反对党八股》《拿来主义》等文章，建立创作（包括鉴赏）说理性文章的方法和逻辑，培养思辨能力。

①梳理文章内容，概括作者的观点和情感倾向，分析立论角度，阐明说理文立论的方法；②分析文章行文结构及说理方法，推断观点与论据的关系，形成说理文创作的一般思路；③探究各篇文章语言的共性，阐释其语言说服力，体会说理文章语言表达上的说理艺术。

（3）在写作活动情境中，给出现实中的某个问题，能够运用驳论的方法和逻辑，撰写一篇说理性文章，不少于800字。

三、单元目标的课堂观察：以学习者为中心

课堂观察的起点与归宿都是指向学生课堂学习的改善[9]。作为一种教学研究方法，课堂观察主要是对课堂教与学的互动情况进行记录、分析和研究，

以达到改善学生学习表现和提高教师教学能力之目的。单元目标以学习者为中心，耕于课前制订，收于课堂实施，特别强调在课堂实施中生成、落实。因此，针对单元目标，应主要从两个维度、四个视角进行课堂观察。两个维度，一是指单元目标制订与表述；二是指单元目标达成与落实。

“单元目标制订与表述”维度应为静态的文案观察，主要观察单元目标的制订情况，如表 1 所示。与前述单元目标的内涵及制订策略一致，“目标制订”视角可设立目标来源的科学性、核心素养的鲜明性、目标群内在逻辑性三个观察点，主要观察、分析教师对单元课程内容的理解程度、相关核心素养的表现程度及知识的建构程度等，既考查教师的学生观及教学质量观，又考量教师的课程决策能力。“目标表述”视角主要观察目标是否具体、可操作，其中“具体”指尽量避免使用“体会”“领悟”“学会”等笼统、模糊的动词，而要用经心理学界定的动词表述目标，如布卢姆修订的目标分类中提出的六级认知水平

表 1　素养导向的单元目标制订与表述观察量表

<table>
<tr><td colspan="6">学科　年级　册　单元　　　　　　　　　　执教教师：</td></tr>
<tr><td colspan="6">单元目标：
1.
……</td></tr>
<tr><th rowspan="2">观察维度</th><th rowspan="2">观察视角</th><th colspan="2">观察点</th><th colspan="2">实时观察</th></tr>
<tr><th>具体指标</th><th>特征表述</th><th>是 / 否</th><th>现象记录与分析</th></tr>
<tr><td rowspan="11">单元目标制订与表述</td><td rowspan="9">目标制订</td><td rowspan="3">目标来源的科学性</td><td>1. 基于课程标准 / 教材 / 学情分析</td><td></td><td rowspan="11"></td></tr>
<tr><td>2. 基于单元核心观念的提炼</td><td></td></tr>
<tr><td>3. 基于单元内容结构化整合</td><td></td></tr>
<tr><td rowspan="4">核心素养的鲜明性</td><td>4. 指向学生高层次精神活动</td><td></td></tr>
<tr><td>5. 指向学生单元知识的建构</td><td></td></tr>
<tr><td>6. 强调在真实情境中的生成</td><td></td></tr>
<tr><td>7. 关注情意、价值观的培养</td><td></td></tr>
<tr><td rowspan="2">目标群内在逻辑性</td><td>8. 目标中有明显的主目标</td><td></td></tr>
<tr><td>9. 目标之间有一定的层级性</td><td></td></tr>
<tr><td rowspan="2">目标表述</td><td rowspan="2">目标的具体可操作性</td><td>10. 学习表现动词具体明确</td><td></td></tr>
<tr><td>11. 学习表现条件清晰可靠</td><td></td></tr>
</table>

动词，每级认知水平还有更具体的代表能力的学习表现动词，这些动词描述的学习行为是外显的、可观察的。学科核心素养的养成需要一定的过程与方法，因此在目标表述上，还要强调学习表现条件的清晰、可靠，以使学习目标的达成有依据、可操作。

不要把目标视为一个凝固的、静态的东西，目标与流程之间具有复杂的辩证关系[10]。说到底，单元目标只是一种假设，能否实现取决于它在实践过程中的探讨与修正情况。实践过程是一个有机的运动着的流程，单元目标引导并受制于这个流程，因此对单元目标的课堂观察主要集中于目标与实践流程的互动过程及互动结果（即学生的学习表现），从而建立“单元目标达成与落实”观察维度，如表2所示。

“单元目标达成与落实”观察维度分“目标达成”与“目标落实”两个视角。

表2　素养导向的单元目标达成与落实观察量表

单元目标：
1.
……

目标	目标达成						目标落实							生成性目标			
目标	知悉目标情况			达向目标情况			落实目标的手段				目标落实的证据			有		无	
	目标呈现方式	知悉程度	学习动机	生成性学习活动	学习活动有效性	学习情绪	评价工具	评价信度	教师反馈	学生自评	初步证据	修正完善	最终证据	时机	证据	失时	未有
目标1																	
……																	
分析建议																	

“目标达成”视角主要指向达成目标的过程与方法，聚焦学生知悉目标情况和达向目标情况两个观察点。以学习者为中心，“知悉目标情况”主要包括目标呈现方式、知悉程度、学习动机三个内在关联的指标。单元目标是学生最

终达成的学习结果，学习是学生自己的事情，知道并理解目标，既益于学生明白学习目的从而生发学习的意义，也益于师生目标一致从而结成学习同盟，这是达成目标的第一步。所以目标的呈现方式很重要，媒体出示、口头告知、师生商定或教师解释等，都会给学生带来不同的目标觉知或认同程度，学生越明白成功的标准，越能投入实现目标所必需的努力中[11]。“达向目标情况”则集中于生成性学习活动及学习活动有效性、学习情绪三项内容。学习是个主动的过程，学生达向目标的过程就是主动建构新旧知识意义关系的过程，乔纳森等人称这种学习过程为“生成性学习”。生成性学习与真实的世界相联系，能够使学生深入理解新知并实现迁移[12]。这与学科素养的内在要求极其一致，因此生成性学习活动的设置与实施是学生为实现目标而努力的重要标志。当然，生成性学习活动也存在有效与否的问题，与目标一致且任务具有挑战性，就是适当、有效的，学生学习积极性也高；反之则不然。

学习是一种由现有状态到达理想状态的过程，“理想状态”就是学习目标。判定学生是否达标，需要围绕学生的学习表现对其达标情况进行测评，如果不达标，还要采取补救措施帮助学生完善学习表现，这就是形成性课堂评价，它是落实目标的系统工程，也是评价较高学力的方法[13]。因此“目标落实”视角事关落实的手段和证据两个观察点。

“落实目标的手段”着眼于评价工具、评价信度、教师反馈、学生自评四个指标，其中评价工具指用以检测目标的评价任务及评价标准，其须与目标类型保持内在一致，以确保测评出目标内含的学习表现，这就是评价的信度。没有信度，再好的评价工具也不能发挥促进学习的作用。教师借助具有信度的评价工具收集学生达标的证据，借助证据推断、反馈、指导学生学习，以促进学生最终达标。要更加值得注意的是，形成性评价不仅是教师获取信息和管理教学的手段，也是学生进行自我监控与管理的方法，让学生进行自我评价，不仅能够调动学生学习动机，使其积极地参与课堂学习，还可以帮助学生成长为反思性学习者，成为自我学习的主人[14]。这是学生核心素养极其重要的内容，因此“学生自评”这个指标关系到单元目标能否全面落实。

与“落实目标的手段”一致，“目标落实的证据”强调初步证据与最终证据两种证据。“初步证据”是指借助评价工具最先获得的学习信息；在教师补救教学之后，经过学生“修正完善”这个过程，再次施测而获得的学习结果就是“最终证据”。因此这个视角中的“修正完善”指标极其重要，它体现了学习的反思性特征，与“学生自评”指标一起共同促成学生自主学习能力的培养与发展。

上述两个观察维度主要针对的是既定目标。既定目标是教学效益的底线，但不是全部教学结果，真正的教学结果应该还包括生成性目标[15]。生成性目标即教师利用课堂随机性的课程资源而实现的非预期目标，它往往源于师生互动过程中出其不意的问题，教师需要机智地、不失时机地把握、引导，将看似“节外生枝”的问题转化为实实在在的学习结果，实现课堂教学的“附加值”。因此这个观察点主要查看有无生成性目标，有，则观其时机及证据；无，则看其是因失去时机，还是由于课堂教学仅止于完成预设目标，导致没有生成，因为课堂教学的重点首先还在于完成预设目标。

在有限时间内，什么最值得学习？如何计划和实施以促进学生深度学习？如何设计测评工具以准确获取学习信息？如何确保目标、教学和测评彼此一致？这是有效教学的四个基本问题[16]，其实质都是以学习为中心的目标问题，也是针对目标而实施的课堂观察所考量的有效教学问题。核心素养背景下，一线教师在制订、观察单元目标上深入考量这些问题，不仅利于调动师生教与学的主动性，落实学科核心素养，还利于促进课堂教学改革，加快教师专业成长。

参考文献

[1] RYCHEN，SALGANIK. Highlights from the OECD Project Definition and Selection Competencies：Theoreticaland Conceptual Foundations（DeSeCo）[J]. Definitions，2003，37（12）：10.

[2] Motivation in Education：Theory，Research and Application.Columbus [M]. OH：Merrill PrentIce-Hall.

[3] R.M. 加涅，等. 教学设计原理[M]. 王小明，等译. 上海：华东师范大学出版社，2007：64.

[4] 约翰·D. 布兰思福特. 人是如何学习的：大脑、心理、经验及学校[M]. 程可拉，等译. 上海：华东师范大学出版社，2013：36–39.

[5] GARY D.BORICH & MARTIN L.TOMBARI. 中小学教育评价［M］. 国家基础教育课程改革“促进教师发展与学生成长的评价研究”项目组，译. 北京：中国轻工业出版社，2004：1.
[6] 威廉·赫德·克伯屈，等. 教学方法原理［M］. 杨爱程，等译. 北京：人民教育出版社，2020：12–13.
[8] 皮连生. 学与教的心理学［M］. 上海：华东师范大学出版社，2009：226.
[9] 沈毅，崔允漷. 课堂观察走向专业的听评课［M］. 上海：华东师范大学出版社，2008：75.
[10] 钟启泉. 三维目标论［J］. 教育研究，2011（9）：66.
[11] 约翰·哈蒂. 可见的学习：最大程度地促进学习［M］. 金莺莲，等译. 北京：教育科学出版社，2015：52.
[12] GARY R.MORRISON，等. 设计有效教学［M］. 严玉萍，译. 北京：中国轻工业出版社，2007：135.
[13] 田中耕治. 教育评价［M］. 高峡，等译. 北京：北京师范大学出版社，2011：151.
[14] 杨向东. 促进学习的课堂评价设计与使用［J］. 基础教育课程，2010（6）：63.
[15] 崔允漷. 有效教学［M］. 上海：华东师范大学出版社，2009：111.
[16] 洛林·W. 安德森. 布卢姆教育目标分类学（修订版）［M］. 蒋小平，等译. 北京：外语教学与研究出版社，2009：5.

单元目标群的建构策略与实践案例*

——以人教版（2019）高中《语文》必修一第一单元为例

卢　臻　汪艳丽　董雪霞**

摘要：为形成课程合力，优化单元内容，与“学习任务群”一致，单元学习目标也需以“群”的形式进行建构，形成单元目标群。建构单元目标群是一个系统工程，需在解析课程标准、教材等的基础上提炼出单元大观念，围绕单元大观念建构单元知识结构，基于单元知识结构逆向推导出单元学习目标。逆向推导单元目标强调基于理解的学习，以学生迁移、实践能力为终极目标，自上而下逐层反推支持迁移、实践能力的理解性目标及基础性目标。人教版高中《语文》必修一——现代诗歌单元目标群的制订为这一思路提供了具体案例。

关键词：单元目标群；单元大观念；单元知识结构

学习目标是教学的归宿与灵魂[1]。单元教学设计的关键也在于单元目标的确立与制订。与高中语文课程标准所设计的“学习任务群”相对应，单元教学目标也应以“群”的形式进行建构，即形成单元目标群。下面以人教版（2019）高中《语文》必修一第一单元为例，尝试论述单元目标群的建构策略。

一、单元目标群的界定及理论依据

“群，辈也。从羊，君声。”《说文解字》将“群”的本义定为人类团体，

* 基金项目：全国教育科学“十三五”规划 2018 年度单位资助教育部规划课题“基于学科核心素养的学历案教学实践研究”（项目编号：FHB180585）；2019 年度河南省基础教育教学研究项目“指向核心素养养成的单元教学设计策略研究”（课题编号：JCJYC19250175）阶段研究成果。本文发表于《中小学教材》2020 年第 12 期，由人大报刊复印资料《高中语文教与学》（2021 年 6 月）全文转载。

** 卢臻，河南省郑州市教育局教研室教研员，中小学正高级教师；汪艳丽，郑州中学第二附属小学，中小学高级教师；董雪霞，河南省郑州市回民中学语文教师，中小学高级教师。

而非兽类团体；但《辞源》却将之定义为兽类团体。只要是团体，都存在一个将众人或众兽凝聚成团的核心，现代汉语中“句群”这一概念即是例证。句群是一组句子，但只有中心明确、语意连贯的一组语言单位才能称为句群[2]。同样，高中语文新课标中的“学习任务群”也是个例证，每一任务群的“学习目标与内容”都是一组目的明晰、关系密切的学习结果，比如“学习任务群5文学阅读与写作”，围绕“提高审美鉴赏能力和表达交流能力”这一中心，分别从理解、鉴赏、表达和积累四个方面陈述学习目标[3]，呈现螺旋上升的学习能力发展阶序，体现了语文实践的内在规律。

实现教育目标需要一定的时间。拉尔夫·泰勒强调应选择少量且内在高度一致的重要目标，认为具有一定整合性、连贯性、一致性的学习目标能够彼此强化，易于达成；内容分离的学习目标可能在实际学习中彼此干扰[4]。这条原则既适合学科课程标准的制订，也适用于单元、课时学习目标的确立，其中所说的整合性、连贯性和一致性即学习目标群的基本属性。安德森等人在布卢姆目标分类的基础上，将学习结果分为知识内容和认知过程两部分，并将知识内容分为事实性知识、概念性知识、程序性知识、策略性知识四部分，将认知过程划分为记忆、理解、应用、分析、评价、创造六个逐渐提升的层级[5]，同时认为这六个层级一般情况下顺序不可颠倒。据此，学习目标群的内在统一性即体现在知识内容与认知过程两个层面。在知识内容上，主要指一组学习目标围绕一个基本概念或大观念进行组织，各目标分别从基础概念到规则、原理及应用等不同角度有层次地拱向基本概念或大观念的生成，以确保学生对某一领域知识形成集中的、核心的认知和迁移，而非零散的、孤立的知识罗列、堆积。在认知过程上，多指一组学习目标呈现出自低到高的认知层级，高层阶目标以低阶目标为基础，学生学习逐步攀升，环环相扣。

加涅把学习结果分为言语信息、智慧技能、认知策略、态度及动作技能五种类型，与布卢姆目标分类相比，其中的言语信息近似于事实性知识，智慧技能相当于概念性知识和程序性知识。每单元或每节课确立的学习目标可能指向不同的学习结果类型，但一组学习目标中要确立一个主要目标。如果没有主要目标，这节课似乎是不值得的[6]。就一组单元目标而言，主要目标的出现更说明这组目标成为“群”的可能与必然，目标之间因主目标而相互联系、支撑，主目标因其他目标支持而得以逐步达成。

二、单元目标群的建构策略

实际上，教材所组建的单元某种意义上也是“群”，比如人教版高中《语文》（2019年版）必修一，基本按题材组建单元，包括“现代诗歌”“思辨类文章”“实用类文选”“语言规律与语用规则”四个单元，单元内部篇章安排上具有一定的时空或逻辑顺序。这种“篇章群”明确了“最好用什么教/学”的教学资源问题，并未回答“教/学什么”的教学目标问题。教材作为教学资源，是实现教学目标的工具，同时也是制订教学目标的基本依据，除此之外的主要依据则是课程标准。因此，建构单元教学目标群是一个系统工程，需要在解析课程标准、教材等的基础上提炼单元大观念，围绕单元大观念建构单元知识结构，基于单元知识结构推导出单元学习目标群。

（一）依据课程标准等提炼单元大观念

大观念又称“大概念”“核心概念”“基本观念”等，是超越学科事实性知识而做出的重要“推论”或“概括”。埃里克森将之分为两种，一种是跨学科或超越单元主题的“宏观概念”，另一种是与学科或学科特定主题相关的“微观概念”；并建议为保证理解深度，单元概括最好使用“微观概念”[7]。不论宏观概念还是微观概念，大观念回答的都是“本质是什么”的知识本源问题，它深藏在大量零碎、孤立的事实性知识或概念性知识之中，需要通过分析、综合等提炼或揭示出来，所以威金斯等人强调大观念必须用完整的语句表述出来。[8]他强调的不是表述形式，而是强调大观念是思维的结果这个内涵。

大观念其实就是“放之四海而皆准”的大道理。人类的生活处处都有大观念，也因有大概念的引导而变得简单易行。如“态度决定一切”就是个大观念，在关键时刻它能将人们引出举棋不定或艰辛困苦的泥淖。生活大观念或来自人们对实践经验的深刻总结，或产生于哲学家对人类基本问题的根本揭示，课程单元大观念则需基于学科课程标准和教材分析等进行提炼。国家课程标准是教材编写、教学、评估和考试命题的依据，是评价管理和评价课程的基础[9]。《普通高中课程标准（2017年版2020年修订）》从学科核心素养到课程目标及学业质量水平等多个维度，规定、分解、明确了学科某一领域（也可说是学习任务群）“教什么”及“教到何种程度”的问题，其中反复强调的概念理应是建构单元大观念的基本要素。如“整本书阅读与研讨”模块的相关阐述中反复强调“阅读经验和方法”，那么有关整本书阅读的经验和方法总结该是单元大观念的基本内容。至于建构什么具体的阅读经验和方法，则要结合篇章类型或单元内容。需要指出的是，围绕阅读经验和方法建构的有关整本书阅读的大观念不一而足，并没有“标准答案”，只要反映一定的阅读规律且具有普适性均应得到肯定。

（二）围绕大观念建立单元知识结构

“高中新课程标准”进一步精选了学科内容，重视以学科大观念为核心，使课程内容结构化[10]。这个结论点明了学科大观念的一个基本功能——凝聚课程内容，便于课程内容结构化。将课程内容结构化是有效教学的重要途径。不论我们选择教什么学科，务必使学生理解各门学科的基本结构，这是知识运用的基础，有助于解决学生在课外遇到的问题和事件[11]。新的认知科学强调的“理解”，实际上就是在新知识与旧知识之间、新知识内部诸要素之间建立联系，形成知识结构；新知不断冲击、挑战原有的认知结构，原有的认知结构不断同化新知而得以重组、完善或变化，这是超越一切陈述性的、零碎的事实、概念、原理等形成抽象概括的过程，也是学习真正发生的过程，所谓的学习就是认知结构的变化。

研究表明，某一特定领域专家的知识不是对相关事实、公式的罗列，而是围绕核心概念或大观念组织成的有条理的知识结构[12]。有条理的知识结构可以是由大观念贯穿的分层次排列的金字塔形，由底部向上是逐渐增多的事实、概念，处于顶端的是系统的原理和规则，呈现由具体到概括的内在关系；也可以是由大观念引发的知识地图，以各种联系标注、呈现知识之间的关联，明确知识运用的时机、条件等，便于在不同情境中随时提取。相比其他学科，语文学科因其篇章教学的特性更易使学习碎片化、零星化、重复化，王荣生教授对此曾用“比喻修辞”为例进行批判，认为一堂课庞庞杂杂二三十个内容，教师多不知道自己在教什么，所以十二年语文课教不会一个“比喻修辞”[13]。单元教学是解决语文碎片化教学的一种手段，关键是要找到将篇章组元的“魂”——单元大观念，并围绕这个“魂”建构单元知识结构，梳理某一领域主要语文要素（技能）及要素（技能）之间、要素（技能）学习与审美鉴

赏、情意态度培养等之间的关系，明确学习的重点、难点及解决重点、难点的思维路径。

（三）逆向推导并陈述单元学习目标

为了更加明确学习目的和意义，威金斯提出了逆向教学设计思路，即先确定希望学生理解的学习目标及促进学生理解的评价任务，在此基础上再开发帮助学生掌握有关知识和能力的教学活动[14]。这是由教学结果及对结果的评价倒推出教学活动，将评价任务设计调至教学活动设计之前，确保教学设计直达教学结果的实现，在一定程度上提高了师生教与学的责任感。这种思路也适用于单元学习目标群的制订。逆向教学设计实质是“以终为始”逆向思考，“终”就是教学最终的目的地。教学最终的目的地也就是教学的最终目标，教学最终目标必然是学生的能力及行为倾向发生了什么变化，也就是学生最终能做什么事，即对外的输出——运用或迁移等；对外输出必然需要知识与技能的输入——掌握和理解，那么基于运用或迁移之输出，依据单元知识结构，应由上到下依次掌握、理解什么内容才能达成最终学习结果呢？这种反向思考由输出开始，逐层反推输入性目标，形成运用、迁移—掌握、理解—积累、识记等的金字塔形倒推学习目标思路。这种思路易于一组单元目标共同指向最终目的而成为“群”，形成指向学生运用、迁移能力的目标合力，既利于删繁就简、优化整合单元内容，也利于集中学习成本，避免在零碎、无用的内容上消耗精力。

加涅提出正序与倒序两种排列目标的顺序，其中倒序就是一种逆向思路，即自上而下、由一般的目标到更具体的目标[15]。所不同的是，加涅强调的是目标之间的先决关系，下一级目标的达成是上一级目标实现的基础，目标间的顺序必须完整，以确保较低水平的目标的学习。

为保证单元学习目标的可评价性，最好使用可观察的行为表现动词进行陈述，做到具体、可操作。

三、一个单元目标群建构案例

经济合作与发展组织在其“DeSeCo”计划中称“素养”是结合真实情境的

需要而调动一切知识储备用以解决问题的迁移能力。单元目标群的建构就是着眼于学生迁移能力的培养，确保学生所学到的知识是“活”的、可调动的。下面以人教版（2019）高中《语文》必修一第一单元为例简要阐述单元目标群的建构过程。

（一）依据教材、课程标准等提炼单元大观念

首先，分析课程标准，提取单元关键词。人教版高中《语文》（2019年版）必修上册第一单元为现代诗歌和小说，指向的主要核心素养是审美鉴赏与创造。《普通高中语文新课程标准（2017年版）》中相应的学习目标与内容为：“感受作品中的艺术形象，理解欣赏作品的语言表达”“根据不同的艺术表现方法，从语言、构思、形象、意蕴、情感等多角度欣赏作品”；相应的学业质量水平2的内容为：“能整体感受作品的语言、形象和情感，展开合理的联想和想象；能对作品的内容和形式做出自己的评价。”可知，“形象”“语言”“表现手法”“情感”等是该单元学习的关键词。

其次，解读篇章内容，提炼单元大观念。本单元包含五首新诗和两篇新时期小说，主题均为对青春的吟唱和抒怀，但风格迥异，各具特色。如《沁园春·长沙》笔下蓬勃的湘江美景与精妙的炼字选词，《立在地球边上放号》中壮丽的北冰洋、太平洋与雄奇奔放的气概，《红烛》中被赋予新义的古典意象“蜡炬”与诗句长短错落的节奏，《峨日朵雪峰之侧》中壮美的“雪峰”、卑微的“蜘蛛”等众多审美意象与充满张力的语言，《致云雀》蕴含深刻象征意义的“云雀”与新奇的比喻等，《百合花》通过感人的细节描写颂扬战争年代革命军人的牺牲奉献精神，《哦，香雪》通过清新的笔调描绘改革开放初期山村少女对现代生活的向往，等等。可见，主题相同或相近的作品，因其语言运用、形象塑造、情感表达方式的不同而尽显美姿，这与课程标准中强调的关键词高度一致，据此可以得出这样的认识：文学作品通过选取鲜明形象、借助富有表现力的语言和表现手法来反映社会生活和独特情思。这就是单元大观念，它适应分析和鉴赏本单元所有作品，也可迁移于阅读理解单元以外的其他文学作品。

（二）围绕大观念构建单元学习体系

基于上述单元大观念，本单元最终学习目的显而易见，即学生能够通过分

析作品所选取的形象、采用的语言和表现手法、反映与表达的社会生活和独特情感等来鉴赏、评价文学作品。与迁移能力相对应，单元基本问题顺势而出，即面对一篇文学作品，学生需回答：其（如何）选取（何种）形象，借助（何种）语言和（何种）表现手法，来表达（何种）独特情思及反映社会生活的？这也是本单元要着力解决的核心内容。为解决这一基本问题，学生需要知道的基本知识有：文学作品的具体样式、形象的概念与种类、人物语言与作品语言及语言风格的区别、主要表现手法的特点等；需要掌握的基本技能有：概括及分析形象的特征和内涵、判断及分析语言风格和语言表现力、推断并分析表现手法和表现手法的表达效果、归纳并分析情感与主旨等，由此可构建出本单元的学习体系。（图 1）

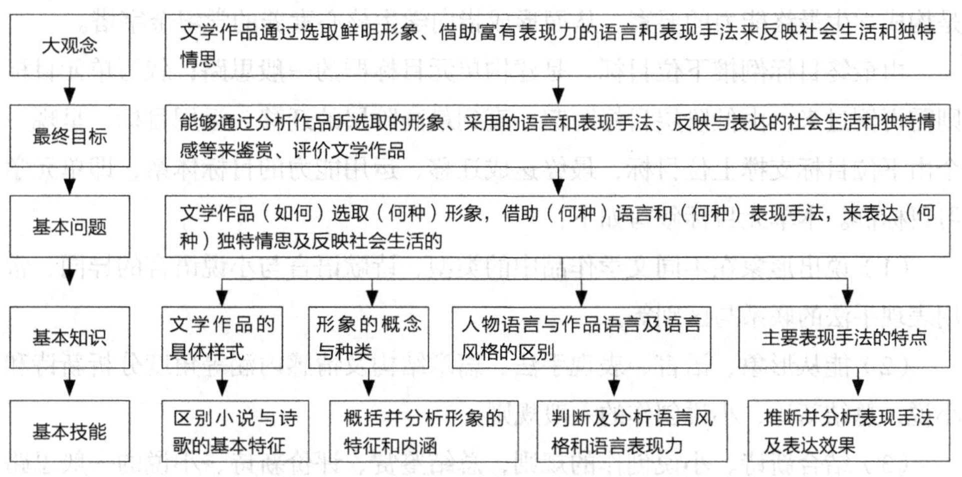

图 1　人教版（2019）高中《语文》必修一第一单元学习体系

人教版 2019 年版新教材打破了按文章体裁编排单元内容的传统，按阅读能力训练编排单元，目的在于促使教师树立整体教学观。围绕单元大观念，立足迁移能力，以养成学生鉴赏与创造的素养为宗旨，培养学生归纳、概括、比较、分析、评价等关键能力和勇于探索、实践的品质，同时促使学生厚积基本知识和技能，整合并理清知识与知识之间，知识与技能、素养之间的逻辑关系，建构清晰的、有条件的单元知识网络，以便随时随地提取知识储备进行迁移。

（三）根据单元学习体系，建构单元学习目标群

单元学习体系自上而下呈现“迁移—理解—了解”三种认知过程，每一下位能力都是其上位能力的强力支撑，即若要形成鉴赏与创造等迁移能力，需有对文学作品创作的内在规则、机理的分析、提炼，在此基础上形成鉴赏与创造的方法、策略；若要分析、提炼创作的规则、机理，则需具备从形象、语言、构思、手法等角度分析文学作品的一般技能；若要掌握一般技能，则需了解有关形象、结构、手法、语言等的一般知识。越处于下位的内容越具体，越处于上位的内容越抽象、概括，从最高层阶的能力一路倒推，处于最下位的一般性知识、技能是迁移、运用的基础，但不是目的；处于上位的迁移、运用能力是目的，但需借助层层知识、技能的支持，每一层内容并非孤立的单独存在，都是构成学生最终能力的要素，从而形成指向学生核心素养的学习金字塔。

由最终目标倒推下位目标，是建构单元目标群的一般思路；叙写单元目标则需再倒过来，由低阶层目标写起，直到最高阶层的迁移、运用目标，呈现一个由下位目标支撑上位目标，最终达成迁移、运用能力的目标体系，即单元学习目标群。本单元目标叙写如下：

（1）说出形象在不同文学作品中的类型、诗歌语言与小说语言的异同、常用表现手法的联系与区别等。

（2）能从形象、语言、表现手法、篇章结构及情感内涵等角度分析新诗和小说，总结新诗、小说创作的一般规则。

（3）结合新诗、小说创作的规则，总结鉴赏、评价新诗、小说的一般思路和方法。

（4）能运用鉴赏、评价新诗、小说的思路和方法，分析、评论新诗、小说。

（5）能运用新诗、小说创作的一般规则，尝试创作新诗或小说。

参考文献

［1］崔允漷．有效教学［M］．上海：华东师范大学出版社，2009：110.

［2］郝长留．教学语法研究与应用［M］．郑州：中州古籍出版社，1994：248.

［3］［10］中华人民共和国教育部．普通高中语文课程方案标准（2017 年版）［S］．北京：人民教育出版社，2018：4.

［4］RALPH W.TYLER. 课程与教学的基本原理［M］．罗康，等译．北京：中国轻工业出版社，2008：30.

［5］盛群力 .21 世纪教育目标新分类［M］．杭州：浙江教育出版社，2008：2.

［6］［15］R.M. 加涅，W.W. 韦杰，等．教学设计原理［M］．王小明，庞国维，等译．上海：华东师范大学出版社，2007：133，154.

［7］林恩・埃里克森，洛伊斯・兰宁．以概念为本的课程与教学：培养核心素养的绝佳实践［M］．鲁效孔，译．上海：华东师范大学出版社，2008：34.

［8］格兰特・威金斯，杰伊・麦克泰．追求理解的教学设计（第二版）［M］．闫寒冰，译．上海：华东师范大学出版社，2017：144−145.

［9］教育部．国家基础教育课程改革纲要（试行）［J］．人民教育，2001（9）：6.

［11］杰罗姆・布鲁纳．教育过程［M］．邵瑞珍，等译．北京：人民教育出版社 .2018.

［12］约翰・D. 布兰思福特，等．人是如何学习的——大脑、心理、经验及学校［M］．程可拉，等译．上海：华东师范大学出版社，2013：33.

［13］王荣生．合宜的教学内容是一堂好课的最低标准——以《竹影》的教学为例［J］．语文教学通讯 .2005（2）：4−6.

［14］格兰特・威金斯．教育性评价［M］．国家基础教育课程改革“促进教师发展与学生成长的评价研究”项目组，译．北京：中国轻工业出版社，2005.

单元大观念："是什么"与"不是什么"*

——以人教版《数学》五年级下册"长方体和正方体"单元为例

卢　臻　汪艳丽　楚建娇**

摘要：在提炼单元大观念的实践中，一线教师对单元大观念多有误解。单元大观念不是单元学习目标，也不是某一定义性概念，而是建立在单元事实或概念内在联系基础上的本质认识。因此，它不是课程标准或教材现成内容的检索，而是对单元主要课程内容的本质深入推理而得出的结论。

关键词：单元大观念；数学空间观念；真正的理解

对于概念的学习，一般要经历概念"是什么"及"不是什么"的思辨。"是什么"是在明确事物共同特征的基础上对概念内涵的揭示与证明，"不是什么"则是在对比分析中强调事物的本质特征，是进一步认清概念的反驳与纠错，因此它相较于"是什么"更能让学习者走出混沌，澄清认识[1]。在提炼单元大观念的实践中，实验教师正是在单元大观念"是什么"与"不是什么"的反复推论中实现认识的飞跃。下面以人教版《数学》五年级下册"长方体和正方体"单元大观念的提炼为例，从探索和评议两个视角陈述、梳理实验教师对大观念的渐进认识，以期帮助广大实践者走出误区，改进教学。

"长方体和正方体"单元包括长方体和正方体的认识、长方体和正方体表面积、长方体和正方体的体积三小节内容，（因正方体是特殊的长方体，本案统称为长方体）其中第三小节还介绍了容积概念，并探索某些不规则实物体积的测量方法。这个单元的大观念是什么？如何提炼与表述？为此，实验教师及其团队先后进行了三次实践，每次实践的思考与结论不仅反映其对大观念的理解程度，也透视了其对学科教学本质的认识进程。

---

* 基金项目：2019 年河南省基础教育教学研究项目"指向核心素养养成的单元教学设计策略研究"（课题编号：JCJYC19250175）。

** 卢臻，河南省郑州市教育局教研室教研员，中小学正高级教师；汪艳丽，郑州中学第二附属小学，中小学高级教师；楚建娇，郑州经济技术开发区列子小学，高级教师。

第一次实践

【探索】空间观念是数学学科的核心素养。依据课程标准，初步形成空间观念是“长方体和正方体”单元指向的主要课程目标，该单元具体知识、技能主要是从点、线、面三个角度了解长方体、正方体的基本特征，从测量的角度掌握长方体、正方体的表面积、体积意义及计算等[2]。学生虽已能够直观辨识长方体，但从学情调查得知，在长方体的认识上，近八成学生难以将具体的长方体实物抽象为立体图形；另外，受平面图形负迁移的影响，绝大多数学生的学习困于二维平面图形与三维立体图形的相互切换。那么，什么是长方体？能够统领本单元课程内容的核心概念是什么？分析教材得知，教材内容主要围绕长方体的特征、表面积、体积、容积等由浅入深安排课程，教材明确给出了长方体的定义，即“长方体一般是由6个长方形围成的立体图形”。这个定义包含三层意思，一是长方体由平面图形“围成”，面与面相交之处即“棱”，棱和棱相交之处是“顶点”，面、棱、顶点是探索长方体特征的三个结构要素；二是长方体是由“平面图形”转化而来，这自然实现了二维到三维图形的迁移，也容易建立有关长方体表面积的认识；三是长方体由“6个”面围成一定的空间，空间大小即体积（或容积）。可见，“长方体一般是由6个长方形围成的立体图形”这句话可以统领本单元几乎所有内容，对这句话的深入理解能够帮助学生突破难点，建立空间观念，因此，它即为本单元大观念。

【评议】所谓“分析”不是泛泛陈述，而是根据潜在目的提取分析对象或材料的重要信息，再对这些信息进行组织并建立起系统的、一致的联系，最后确定分析对象或材料的本质内涵[3]。从把握课程标准入手，确定单元内容对应的学科核心素养及关键知识技能；在此基础上分析学情，把握学习难点；然后分析教材，明确单元本质内容，提出单元大观念。这是提炼单元大观念的一般路径。也就是说，单元大观念是对课程标准、学情及教材三种来源综合分析得出的结论。那么单元大观念的坐标一定在三者的交叉点上，即课程标准的关键乃学情要害，学情要害正是课程内容本质，这是一个通过分析不断寻找、牵引“牛鼻子”的过程。

本次探索虽然分析了单元大观念的多种依据，但并未将这些依据当作一个整体综合阐释，因而未能找到课程标准、学情、教材的接洽点，所得出的结论不能解决本单元涉及的根本问题。例如，建立空间观念是本单元主要课程目标，那么从课程标准相关内容来看，建立空间观念的关键何在？学习难点在于由平面图形迁移到三维图形，那么影响迁移的因素是什么？这个影响因素与建立空间观念有何关系？所得单元大观念与学情所需及建立空间观念的内在关联何在？对这些问题进行追问并寻求答案，才可能找到真正的单元大观念。

另外，作为定义，“长方体一般是由 6 个长方形围成的立体图形”这句话仅仅揭示了“长方体”的特征，虽然从其关键词中能推导出与长方体相关的课程内容，但单元大观念寻求的不是课程内容的“相关性”，而是“同质性”，这个“同质性”也被称为“普适性”，即单元大观念适应于理解单元几乎所有的课程内容，而且越接近课程内容的本质，单元大观念的普适性越强。

【结论】提炼单元大观念不是简单的课程标准、教材内容及学情分析的罗列，而是为了实现真正理解而对有关材料、学情进行归纳推理的过程；单元大观念不是孤立的事实或概念，而是建立在事实性知识或概念之上的推论，这个推论反过来又成为单元相关事实或概念的灵魂。

第二次实践

【探索】已知初步建立空间观念是此部分重要的课程目标，空间观念也是数学学科重要的核心素养。那么怎么形成空间观念呢？课程标准对此进行了回答，即根据物体特征抽象出几何图形，根据几何图形想象出所描述的实际物体[4]。因此小学阶段学生空间观念的主要表现就是建立几何图形与其现实原型、名称、特征之间可逆的“刺激—反应（联想）[5]，实质上就是能在几何体与其三视图、展开图、实物之间互相转化。这正是学生学习的难点所在。学生在一年级上册《认识图形（一）》的学习中已初步建立立体图形的表象，但从一年级下册直到五年级上册均在学习平面图形的有关内容，包括长方形、正方形的周长、面积，平行四边形、三角形、梯形、组合图形等多边形的面积，建立起了牢固的二维平面图形概念，很难建立三维立体图形概念。调查得知，约 80% 的学生囿于具象思维及平面图形的认识，难以将具体实物抽象成相应的几何体。教材也关注到了这一点，作为研究立体图形的起始内容，本单元一开始即以“长方体一般是由 6 个长方形围成的立体图形”这个定义揭示了长方体和长方形之间的联系，所谓点动成线、线动成面、面动成体，点、线、面、体连动、转换是形成空间观念的关键。长方体就是由长方形垂直平移形成的三维图形，由此确定本单元的大观念为“通过观察长方形垂直平移形成长方体的过程，初步建立空间观念”。

【评议】实践团队领悟到提炼单元大观念的一般路径，基于培养空间观念的目的，聚焦形成空间观念的方法，分析、调查相关课程标准内容和学习情况，把握建立空间观念的要义及学习困难；然后将长方体学习纳入广阔的几何知识背景之中，从点、线、面、体转换的角度考虑建立长方体概念与形成空间观念之间的关系，在纵向上实现了新旧知识重构。从如何建立空间观念的角度，尝试提出单元大观念——通过观察长方形垂直平移形成长方体的过程，初步建立空间观念。

然而，方法论主要解决“怎么办”的问题，学科价值观解决课程本质“是什么”的问题；没有对课程内容价值的本质认识，不可能形成正确的方法论。此次探索绕开对空间观念本质的把握，直接寻求建立空间观念的方法，最终将“垂直平移”作为长方形转化成长方体的策略，以期引导学生建立空间观念。访谈得知，这种方法仅仅帮助学生建立了几何直观，学生最终不过加深了“长方体一般是由6个长方形围成的立体图形”的认识，而不能解决学生对“空间”的根本认识问题，即长方形与长方体的内在联系是什么？长方体的“空间”形成的关键是什么？空间观念的核心是什么？这些“是什么”的问题解决不了，不可能解决空间观念的建立问题。

再者，本轮实践所得出的结论——通过观察长方形垂直平移形成长方体的过程，初步建立空间观念——更像是学习目标。学习目标是学习一定时间后能力或行为倾向发生的变化，指向学生学习的具体结果，这里“初步建立空间观念”就是一种学习结果，不管实现这种结果需要经历怎样的过程与方法，最终都是为了达成“建立空间观念”的结果。

【结论】大观念体现学科的本质，它是学科重要的价值观和方法论[6]。大观念可以是学科重要的方法论，但须以厘清学科价值观为前提，有的学科大观念本身就是学科重要的方法论。另外，单元大观念不是具体的学习目标，而是建立在具体目标达成之上的高度认识，这种认识反过来又导引我们深入领会课程内容，实现真正的理解。

第三次实践

【探索】空间观念是数学学科的核心素养，培养空间观念是个复杂而漫长的过程。就本单元来说，可以通过长方体展开图及展开图的折叠等帮助学生直观感知三维“空间”的建立，但二维图形与三维图形的内在关联决定学生对空间观念的理解与迁移程度。点动成线、线动成面、面动成体，点、线、面是几何图形的基本元素，点、线、面的位置、数量关系一定是二维与三维图形转换的决定因素。例如，长方形是一个平面内由一个顶点出发的两条线段的组织关系，长方体则是在不同平面内由一个顶点出发的三条线段的组织关系；长方形的这两条线段（边）就是其长和宽，即二维；长方体的这三条线段（棱）则是其长、宽、高，即三维，其中表示“高”的这条棱与表示“长”“宽”的两条棱垂直而处于不同平面，所以“高”的出现和确认是建立空间观念的关键，长方形与长方体的结合点就在于从一个顶点出发的线段的位置关系及意义确认。长、宽、高是长方体的基本结构元素，长、宽、高的长度决定长方体的大小。本单元教材内容开篇即用图形直观明确了构成长方体的这三个基本元素，接着从不同角度——表面积、体积、容积——探讨长方体的大小，长方体的大小均与其长、宽、高的长度有关，这就是本单元大观念，即从一个顶点出发的三条棱的长度决定长方体的大小。

【评议】崔允漷教授在《指向核心素养的教学方案设计：大观念的视角》一文中追溯了“大观念”在西方文献中的内涵及其演变[7]。无论是布鲁纳、菲尼克斯将之命名为“代表性概念”，还是埃里克森将之阐释为“抽象概括”，或是威金斯和麦克泰把它定义为“有意义的概念工具”，大观念都是超越事实性知识与孤立概念，对概念间关系的提炼与表达[8]。教材往往被认知心理学家称作“陷阱”，因其一般按照知识产生的逻辑纵向叙写课程内容，遮蔽了知识之间深层的内在联系，给人造成事实、概念等个体独立存在的误解，以致难以在真实情境中迁移运用。核心素养背景下，单元教学就是要求教师绕到教材背后，以横截面的形式把握看似散乱的知识个体之间的内在联系，并对这种联系进行简洁、明确的揭示与表达，生成单元大观念。所以单元大观念一旦产生，知识个体之间便发生了有意义的联系，成为一个有组织的整体。

实践团队首先抓住了二维图形与三维图形的内在联系，在顶点及由顶点出发的线段这些要素的关系上实现了平面认识向空间观念的转变；接着通过解读教材，找到了教材主要内容之间的本质联系，即长方体的形状、表面积、体积、容积等均与长方体概念中的基本元素——长、宽、高有关，从而做出“从一个顶点出发的三条棱的长度决定长方体的大小”的推论。这个推论具有牵一发而动全身的功效，单元主要课程内容都成了它的一个个“特例”，并且在长方体基本要素与长方体形状、大小之间建立起了正相关关系。长、宽、高三个要素中任何一个长度发生改变，长方体的形状都会发生变化，长方体表面积、体积、容积的大小也会随之改变，从而起到举一反三的作用，单元内容因此化零为整，实现真正的理解。

【结论】格兰特·威金斯说理解来之不易，它是被“揭示”——探索和思考出来的，因为需要理解的内容通常不明显，单元大观念是实现理解的重要标志，它要求抓住课程内容的内在联系去把握知识的本质，并对本质内容进行简明表达，以实现由少统多、由简驭繁的目的。

参考文献

[1] R.M. 加涅 . 教学设计原理［M］. 王小明，等译 . 上海：华东师范大学出版社，2007：60–63.

[2][4] 中华人民共和国教育部 . 义务教育数学课程标准（2011）［S］. 北京：人民教育出版社，2011：3–6.

[3] 洛林·W. 安德森 . 布卢姆教育目标分类学修订版［M］. 蒋小平，等译 . 北京：外语教学与研究出版社，2009：5.

[5] 曹培英 . 跨越断层，走出误区：“数学课程标准”核心词的解读与实践研究［M］. 上海：上海教育出版社，2017：38–39.

[6][8] 格兰特·威金斯，杰伊·麦克泰 . 理解为先模式［M］. 盛群力，等译 . 福州：福建教育出版社，2018：24，72.

[7] 邵朝友，崔允漷 . 指向核心素养的教学方案设计：大观念的视角［J］. 全球教育展望，2017（6）：11.

学习情境：学生达成核心素养的蓝图描绘*

王明霞　汪艳丽**

摘要： 新课标背景下，学习情境创设是单元教学设计与实施的关键环节。本文提出“学习情境是对学生通过单元学习达成核心素养的蓝图描绘”这一观点，阐述了学习情境在课程改革中的提出、发展、价值取向，并形成了创设学习情境的策略，即“两核心三要素”：“本单元将要学习的内容和将达成的目标、学习之后将采用的评价方式”两大核心内容；“创设学习导语、勾勒学习目标、明晰学习评价”三个关键要素。

关键词： 学习情境；发展；价值取向；创设策略

随着课程改革的纵深发展，核心素养成为国际课程改革的主基调，“聚焦核心素养”也成为我国课程育人的新方向。《义务教育课程方案（2022年版）》中进一步明确了“培养什么人、怎样培养人、为谁培养人”的问题，建构了“中国话语”体系。而课程核心素养的培养追求以学科大观念、大主题、大任务组织课程内容，创设学习情境，统筹规划目标、任务、活动、评价等要素，实施大单元教学。

基于此，本文拟就学习情境在课程改革中的发展、价值取向，以及创设策略做一阐述，探寻大单元教学的密码，促进学生学习方式的变革。

一、背景：情境概念在课程改革中的提出与发展

中华人民共和国成立以来的八次课程改革，从“师承苏联”到“落实双

* 本文系河南省教育科学规划一般课题“指向深度学习的小学课堂教学实践研究”（课题编号：2020YB0780）阶段性研究成果。

** 王明霞，郑州高新技术产业开发区尚文中学，中小学高级教师；汪艳丽，郑州中学第二附属小学校长，中小学高级教师。

基”，再到“义务教育、高中”两阶段设计，以及第八次课程改革所强调的“三维”，逐渐凸显了课程的育人功能，全面深化了素质教育的发展。与此同时，“情境”一词频繁出现在国家教育文件中，从课程实施与评价方面提出了具体要求。

就课程实施维度而言，2019年，中共中央、国务院印发的《关于深化教育教学改革全面提高义务教育质量的意见》提出，“强化课堂主阵地作用，切实提高课堂教学质量”，要求“融合运用传统与现代技术手段，重视情境教学，优化教学方式”[1]。2022年4月，《义务教育课程方案（2022年版）》颁布，课程实施部分指出，“注重真实情境的创设，增强学生认识真实世界、解决真实问题的能力”[2]。与此同时，各学科课程标准均围绕“增强课程实施的情境性和实践性”做出了具体阐述。

就课程评价维度而言，2019年11月，教育部印发的《关于加强初中学业水平考试命题工作的意见》提出“提高试题科学化水平”，明确要求“充分考虑城乡学生学习和生活实际，增强情境创设的真实性、典型性、适切性，提高试题情境设计水平”。2020年，教育部考试中心发布《中国高考评价体系》和《中国高考评价体系说明》，创造性地提出了考查载体，即试题情境，明确要求“通过设计生活实践情境和学习探索情境，实现对不同内容、不同水平学科素养的考查”。

由此，本文认为在国家课程改革中，通过学习情境、试题情境的创设进一步提高课堂教学质量，已逐步成为课堂改革的关键环节。

二、内涵：情境在课程改革中的价值取向

“情境”，在中国古代是两个独立的词，合而言之有两种基本意思：一是“带有感情的环境”；二是“事物表现的实际情况”“具体场合的情形”。有研究者认为，情境指学生在真实的生活世界中需要真正面对的问题环境，“即让学生回到真实的情境中解决真实的问题”。也有研究者认为，情境是连接学生体验、社会生活与所学知识技能的纽带，是学科素养形成、发展与表现的载体。基于“建构主义”和“情境认知”理论，还有研究者认为，情境是个体产生、建构知识的主客观背景，在这个背景中，个体通过和群体互动，用自己原有认

知结构中的经验赋予新知识某种意义，或对原有认知结构进行改造与重组[3]。所以，情境是一种学生个体主动加工知识的适时存在的场合、氛围，它因学生学习而存在，同时刺激学生学习行为的发生。

而“情境教育”的思想源远流长，最早可追溯到孔子树下讲学，苏格拉底在集市、剧院与人辩论，以及苏霍姆林斯基提出“活的教育”等。情境教育的发展，一般认为源于19世纪帕克、杜威、威廉姆·威尔特等对经验、实践活动、社区作用的重视，由英国语言学家帕默、洪贝等在20世纪30年代到60年代提出，并由李吉林老师在中国实践、发扬起来的[4]。

综上所述，学习情境是为学生创设的学习背景，强调打破知识的孤立性，将学习与学生生活无缝对接，从而赋予学科生命，使学科教学扎根于学生的具体生活和真实体验中。本文所指的学习情境本质上亦是如此，它是为实施单元教学而构建的宏观学习背景，这个背景将知识与生活无缝衔接，将学习活动与学习结果有机结合，为学生单元学习创设一个广阔而具体的场域。所以从某种意义上讲，学习情境是通过对单元学习达成核心素养的蓝图描绘，是教师预设的“看得到的风景”，它应贴近学习需求，链接学生生活，整合学习内容，明确学习结果，设定评价活动，呈现出学生持续、完整且有意义的学习过程，指引学生达向彼岸。

三、策略：学习情境创设的“两核心三要素”

学习情境创设的策略可概括为“两核心三要素”。两大核心内容：一是本单元将要学习的内容及将达成的目标；二是学习之后将采用的评价方式。具体来说，学习情境创设需要体现三个关键要素：创设学习导语、勾勒学习目标和明晰学习评价。

以教育部审定义务教育教科书小学语文学科“阅读策略单元”为例。教师整合、重组了第二、第三学段的四个自然单元，以学习任务群的视角进行大单元教学设计与实施。在单元学习之前，教师创设了这样的学习情境：

同学们，一串串文字是一个个美妙的音符，一篇篇文章是一幅幅美丽的图画。还记得那有趣的童话故事吗？还记得那神奇的自然现象吗？还记得那了不起的历史人物吗？……本单元，我们将继续在阅读中成长，感受作品中的喜怒哀乐，体会文字所传达的真善美；在美好的阅读中前行，跟随作者找准人生目标，丰富精神世界。本单元学完以后，我们将开展“我是阅读小达人”主题系列评比活动，包含“出彩少年、共沐书香”“阅读马拉松”等，通过这些活动评一评谁的阅读技巧更娴熟，谁的阅读方法更适宜，谁的阅读策略更高效。让我们积极准备，一展风采吧！

在这一学习情境中，包括了两大核心内容。一是明确了本单元将要学什么及将达成怎样的目标，即在学习之前，使学生知道本单元“我们将继续在阅读中成长，感受作品中的喜怒哀乐，体会文字所传达的真善美；在美好的阅读中前行，跟随作者找准人生目标，丰富精神世界”，将要达成的目标是“阅读技巧更娴熟，阅读方法更适宜，阅读策略更高效”。二是明确了学习之后将采用的评价方式，即参加“我是阅读小达人”主题系列评比活动，包括“出彩少年、共沐书香”“阅读马拉松”等。

具体来说，学习情境创设体现了三个关键要素。

其一，链接学生日常生活，创设学习导语。阅读伴随学生成长的每一天，从建立零散的、不系统的阅读经验，到学习阅读策略，逐渐从形象思维向抽象思维过渡，养成比较系统的、有目的性的阅读习惯。在这一学习情境中，“同学们，一串串文字是一个个美妙的音符，一篇篇文章是一幅幅美丽的图画。还记得那有趣的童话故事吗？还记得那神奇的自然现象吗？还记得那了不起的历史人物吗”是学习导语，链接了学生日常阅读生活，达成了唤醒学生的阅读体验、激发单元学习兴趣的目的，有效引导学生在丰富的阅读实践中提升阅读力和思考力。

其二，链接核心素养，勾勒学习目标。从三年级开始，统编教材有目的地编排了四个阅读策略单元：预测、提问、阅读要有一定的速度、有目的的阅读。这样编排有利于学生建立运用阅读策略的意识，获得必要的阅读策略，最终使学生爱上阅读，成为积极主动的阅读者。这一学习情境链接语文课程核心素养，勾勒了学习目标：“继续在阅读中成长，感受作品中的喜怒哀乐，体会文字所传达的真善美；在美好的阅读中前行，跟随作者找准人生目标，丰富精神世界”。这一学习目标的勾勒，引导学生整体感知了本单元的学习内容及所需达成的美好愿景。

其三，链接学科育人功能，明晰学习评价。在本单元的学习过程中，同学们将在阅读中学习策略，并运用阅读策略提高阅读质量。为此，教师在学生学习之前，指向语文学科的育人功能，提出明晰的学习评价，即开展“我是阅读小达人”主题系列评比活动，包含“出彩少年、共沐书香”“阅读马拉松”等。从而使学生认识到，单元学习之后的展演活动是自己的学习方向，是展现素养的舞台，从而努力斩获佳绩。同时使教师明确，单元学习评价是学生“走得到的景点”，需要在教学实践中思考“如何把学生带到那里去”。

四、结 语

总之，实施单元学习前创设的学习情境是对学生核心素养达成蓝图的描绘。我们应深入解读学习情境的发展、内涵以及建构策略，并在实施过程中去真正激发学生学习的愿望和使命感，同时也更好地推进“教—学—评”一体化理念的落实，促进新课标背景下学生学习方式的变革。

参考文献

［1］中共中央、国务院．关于深化教育教学改革全面提高义务教育质量的意见［EB/OL］.（2019-06-23）［2020-01-05］.www.scio.gov.cn.

［2］中华人民共和国教育部．义务教育课程方案（2022年版）［S］．北京：人民教育出版社，2022.

［3］高文，徐斌艳，吴刚．建构主义教育研究［M］．北京：教育科学出版社，2008：10.

［4］曹艳．李吉林语文情境教育思想研究［D］．成都：四川师范大学，2008.

知识结构：学生解决真实问题的思维路径

汪艳丽　上官勤　王明霞 *

摘要： 单元知识结构是站在学生学习的角度，围绕单元大观念，对相关重要的小观念及其关系进行的梳理建构，它本质上是学生解决实际问题的思维路径，旨在摸清学生学习上的重点、难点，打通学生解决问题的思维卡点，从而落实课程核心素养。

关键词： 单元大观念；单元知识结构；课程核心素养

2001 年，教育部启动了第八次基础教育课程改革，2011 年 12 月，正式颁布《义务教育课程标准（2011 年版）》（以下简称《标准》）。该《标准》体现了素质教育理念，强调教学方式方法的变革，构建新的课程体系。2022 年 4 月，教育部印发《义务教育课程方案和课程标准（2022 年版）》，反复强调加强知识间的内在关联，促进知识结构化。学习的本质就是建构知识，因此，强调知识结构化标志着我国课程改革对教育教学回归学习本质的呼唤。

一、单元知识结构的内涵及意义

一般认为的知识结构是指一个人经过专门学习培训后所拥有的知识体系的构成情况与结合方式，它包括知识的组成、知识的层级关系、知识点之间的前后依赖等。这样的知识结构是教材有形知识点的梳理、关系的建立，强调的只是知识的从属或衍生关系，并非对知识间的意义关联进行揭示或推理，因此在实际应用时不能做出合理的应激反应。我们强调的单元知识结构是在遇到挑战时能够随意调取知识以解决实际问题，也就是当面临实际复杂的问题时，学

* 汪艳丽，郑州中学第二附属小学校长，中小学高级教师；王明霞，郑州高新技术产业开发区尚文中学，中小学高级教师；上官勤，郑州中学第二附属小学数学教师。

生的知识是有组织的、条件化的，知道何时何条件运用该知识，为何运用该知识，怎么运用该知识等，因此这种知识结构确切地说是学生的认知结构，它主要采用动态的流程或方法论的思路来建立知识的内在关系，以期找到学生在复杂情境下解决问题的思维路径，从而培养科学的思维方式，提高学生的实践能力。

单元大观念是对单元中的种种小观念的本质提炼，那么单元大观念与重要的小观念之间是什么关系呢？本案中的单元知识结构就是在进行单元设计时，教师站在学生学习的角度，围绕单元大观念对相关重要小观念及其关系进行推断、揭示、建构。它是在单元教学之前，教师首先对单元内容实现真正理解的重要标志，以少统多、以简驭繁，以期在单元教学实施过程中引导学生深度学习，建构学生自己的认知体系。

二、单元知识结构的建构原则与策略

单元知识结构的建立，在意识层面解决了单元教学的整体性、系统性问题，是单元教学目标制订的前提，也是单元教学规划的基础。因此从某种意义上说，单元知识结构的建构原则同时也是建构策略。

从根本上说，单元知识结构的建立就意味着实现了真正理解与知识的迁移，也意味着学习在本课堂教学的发生，所以建构单元知识结构应遵循以下三大原则。

1. 围绕单元大观念

单元大观念是单元课程内容的一条总纲，也是总结与组织单元知识的透镜。在其观照下，单元孤立、零碎的知识具有了实际意义，就像一个人在集体中被赋予了社会职责从而具有某种使命一样，因此，单元知识结构的建立一定要围绕单元大观念，基于单元大观念进行瞬间下意识地追问，即单元大观念的关键是什么？“关键的”关键是什么？以此思维方式不断追问与回答，抽丝剥茧，寻根问底，步步为营。

2. 从学生学习出发

单元知识结构不是教师组织教学的步骤，也不是呈现教学内容的顺序安排，它不是教师教的思路，而是学生学的思路。因此教师在建构单元知识时一定要转变观念，将自己当作学生，从学生学习的角度，或者说从一个未知者的角度，一步步去探寻单元大观念下诸多相关重要的小观念之间的关系，这种关系是知识之间关联性的梳理，更是学生面对真实问题时的真实的思维之路。

3. 指向实践迁移

作为思维路径，单元知识结构最终的归宿在哪里？即解决问题的方法、策略。梳理种种重要的小观念及其关系之后，单元知识结构要落脚到解决问题的具体方案上来。从这个角度看，单元知识结构就像一座冰山，海平面之上的部分是解决问题的“法”，海平面下的则是“理”，所谓循理入法，以理驭法。

依据这三条原则，单元知识结构的建立可以遵循以下思路，即抓关键，析要素，结应用。如图 1 所示，基于单元大观念，追问并找到关键的小观念，然后对具有总括性的小观念进行解析，从不同角度分层细化，推出一个个小观念，最后归结到应用的策略、方法。

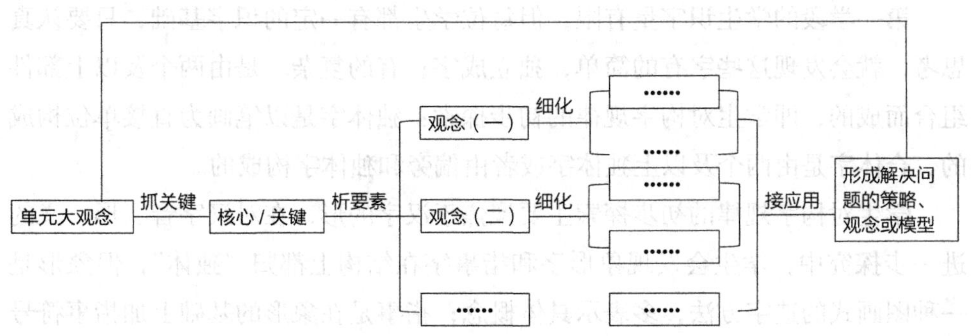

图 1　单元知识结构设计模式框架图

三、单元知识结构建构案例与解读

（一）小学语文第一学段“识字单元”的单元知识结构建构过程

1. 确立单元大观念

汉字是中华文明延续与发展的重要载体，其本身就蕴含着极其丰富的文化。统编教材的编写渗透了大量的汉字文化，主要体现在汉字字理、汉字演变过程及汉字故事。小学第一学段“识字单元”的设置，重在渗透汉字文化，体现汉字规律，着力于激发学生识字兴趣，指导识字方法，培养识字能力。为此，我们将“识字单元”的核心价值定位在“关注汉字的本质，辨析汉字音、形、义，传承汉字文化”。从而确立单元大观念：追根溯源识汉字。

2. 从学生学习出发

确立了单元大观念，我们站在学生思维的角度思考大观念形成的过程，图示知识之间的内在联系，看到“追根溯源识汉字”这一大观念，学生下意识的反应会是什么？“什么是汉字的根？什么是汉字的源？”汉字的本质是学生思维上的难点，也是结构图中的关键点。因此，结构图中大观念下的关键点便是“汉字是音、形、义的结合体。”

学生把握了汉字的本质，接着又会追问什么呢？如“汉字音、形、义之间的关系是怎样的？”也就是我们该如何辨析音、形、义识字？这指向对构字规律的探索，对应结构图中的“构造汉字有规律”。“构造汉字有哪些规律？”学生接着追问。结构图接下来的部分便是针对学生的这个思考点建构的。

第一学段的学生识字量有限，但每位学生都有一定的识字基础，只要认真思考，就会发现这些字有的简单，独立成字；有的复杂，是由两个及以上部件组合而成的，即学生对构字规律的初步探索：独体字是以笔画为直接单位构成的，合体字是由两个及以上独体字或者由偏旁和独体字构成的。

学生对构字规律的初步探索主要聚焦于汉字的形，在对汉字音、形、义的进一步探究中，学生会发现象形字和指事字在结构上都归“独体”，但象形是一种图画式的造字方法，多表示具体概念；指事是在象形的基础上加指事符号以标识字义所指，多表示抽象概念。会意字和形声字在结构上归“合体”，会意字是根据事物间的某种关系示意进行造字的方法；形声字由表示汉字意义类属的形旁和提示读音的声旁复合成体的造字方法。

3. 指向实践迁移

“了解了构字规律，我们真的能运用它认识生活中的汉字朋友吗？”学生会进一步探寻。学生在认识有关人的身体与行为、天地四方、自然万物等方面的常用字时，会发现可以迁移运用象形和指事造字法。在认识家庭生活、学校生活、社会生活中的常用字时，发现会意、形声造字法运用较多。从而在实践中挖掘汉字的字源字理时，将抽象的文字符号具体化和形象化，实现追根溯源识汉字，真正内化大观念。

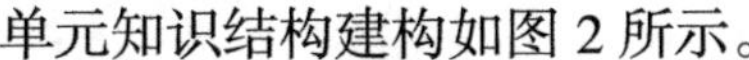

单元知识结构建构如图 2 所示。

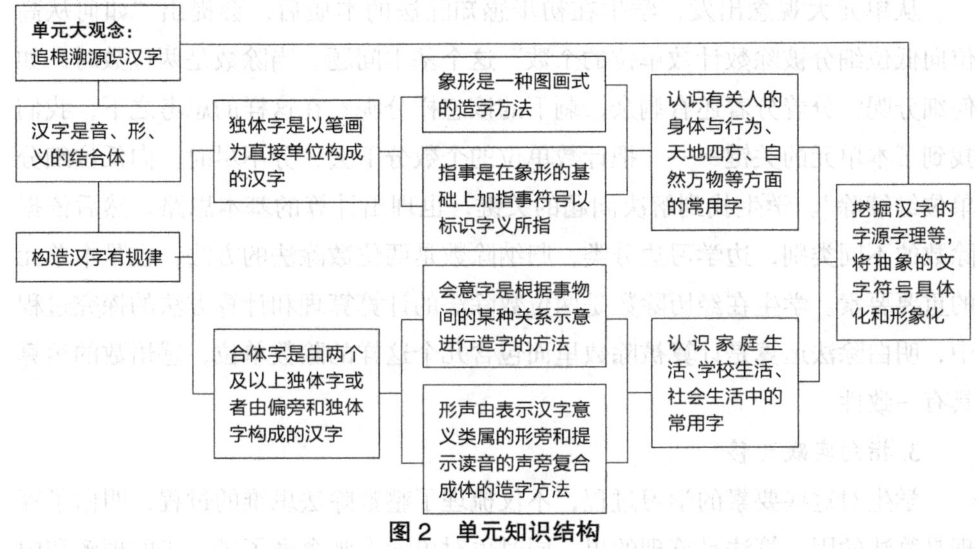

图 2　单元知识结构

（二）小学数学四年级上册“除数是两位数的除法”单元知识结构建构过程

1. 确立单元大观念

小学阶段有关整数除法计算，教材分三个阶段学习：二年级下册（除法的认识）、三年级下册（除数是一位数的除法）、四年级上册（除数是两位数的除法）。本单元“除数是两位数的除法”是学习整数除法的最后阶段，要求学生掌握两位数除三位数的计算方法，主要包括除的顺序、商的书写位置、余数必须比除数小等。除数是两位数的除法与除数是一位数的除法算理相同，只是试商难度增大，所以本单元的难点是掌握灵活试商的方法，重点在掌握整数除法的算法，理解整数除法的算理。

从算法的角度来看，计算实际上是计数单位与计数单位的运算、计数单位的个数与计数单位的个数的运算。整数除法只有计数单位的个数参与运算，因此，我们要抓住被除数的计数单位的个数如何被除数这样的单位依次细分，从而确立单元大观念：除法是把被除数计数单位的个数从高位向低位依次细分。

2. 从学生学习出发

从单元大观念出发，学生在初步感知除法的本质后，会提出“如何从高位向低位细分被除数计数单位的个数”这个基本问题。当除数是两位数时，如何细分呢？分着分着还有剩余，剩下的该怎样分呢？在这样的思考之下，我们找到了本单元的关键——“把计数单位的个数分下去，分不尽时，向低位细分单位继续除”。学生找到解决问题的关键，也理出计算的基本思路。然后依据除数的不同类别，边学习边分类，归纳除数是两位数除法的方法，也是本单元的重要要素。学生在经历除数是两位数除法的计算算理和计算方法的探究过程中，明白除法运算是计算被除数里面包含几个这样的除数单位，感悟数的运算具有一致性。

3. 指向实践迁移

学生对这些要素的学习过程，不仅梳理了整数除法思维的过程，明白了算理是算法的因、算法是算理的果，同时也对单元大观念做了进一步的理解和内化。在此基础上，我们揭示除法的本质，总结整数除法的计算方法，打通了四则运算的内在联系，使知识结构化、系统化、逻辑化，并统领整个除法领域的学习，学以致用，为学生自主迁移探究小数和分数除法提供支撑。

在单元大观念的统领下，结合本单元的知识和学生已有的知识经验和认知特点，建构了单元知识结构，如图 3 所示。

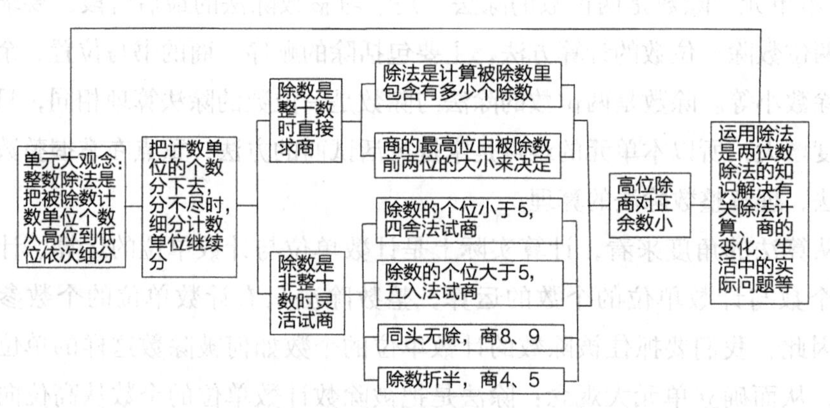

图 3　单元知识结构

从根本上来说，单元教学的目的就是实现知识结构化。教师在教学设计时建构单元知识结构，通过教学实施，引导学生提炼出单元大观念，围绕单元大观念一步步展开学习，总结一个个重要的小观念并建构出它们之间的关系，从而形成单元知识结构，这既是学习真正发生的过程，也是落实课程核心素养的过程，更是学生参与实践并用所学知识解决问题的过程。

参考文献

［1］中华人民共和国教育部．义务教育课程方案（2022 版）［S］．北京：人民教育出版社，2022

［2］卢臻，许巧枝，康明达．教学评一体化教学［M］．郑州：河南科学技术出版社，2017.

学习任务：学生展开自主学习的有效载体*

刘　娜　汪艳丽**

摘要： 学习任务的创设是课堂教学落实学生核心素养的重要工作，为确保单元教学中学习任务的质量，设计应遵循情境性、系统性、一致性的原则，强调以单元大观念为统领，围绕基本问题设计前置任务、研学任务、展演任务等学习任务组群，促使学生经历建构知识、运用知识的过程。

关键词： 学习任务；自主学习；有效载体

《义务教育课程方案（2022年版）》（以下简称《方案》）在“课程实施”部分强调大单元教学，通过开展主题化、项目式学习等综合性教学活动，促进学生举一反三、融会贯通，加强知识间的内在关联，促进知识结构化[1]。与此一致，本文所说的学习任务即大单元教学中的综合性教学活动，它是学生学习发生、发展的有效载体，也是落实学生核心素养的广阔平台。

一、认识学习任务

随着课程改革的不断推进，义务教育阶段教师专业化程度逐步加深，学生学习生态正在逐步改善，但也存在种种影响教育教学质量提升的问题，尤其在《方案》出台以后，我们应更加清醒深刻地审视教学中存在的问题，担负起新时代赋予我们的使命。这种使命，主要在于转变教学观念，创设能促进学生知识建构的学习任务，从而密切学习与生活的联系，增强学生学习的内驱力，培养学生的思维能力。

---

* 本文系2021年度河南省基础教育教学研究室专项课题“指向学科核心素养的小学单元教学设计与实施的研究”（课题编号：JCJYC212501101）的阶段性研究成果。

** 刘娜，郑州高新技术产业开发区外国语小学校长，中小学高级教师；汪艳丽，郑州中学第二附属小学校长，中小学高级教师。

学习任务，字面释义为有明确目的的学习活动。“任”有信任、任命之义，“务”指事情、事务。任务，就是指人们在日常生活、工作、娱乐活动中所从事的各种各样有目的的活动，通常指上级交派的工作及担负的责任等。

《方案》“课程实施”部分提出，深化教学改革要注重“做中学”，引导学生参与学科探究活动，经历发现问题、解决问题、建构知识、运用知识的过程，体会学科思想方法；同时也须加强知识学习与学生经验、现实生活、社会实践之间的联系，注重真实情境的创设，增强学生认识真实世界、解决真实问题的能力。《义务教育语文课程标准（2022年版）》“课程理念”部分提出，教学应遵循学生身心发展规律和核心素养形成的内在逻辑，以生活为基础，以语文实践活动为主线，以学习主题为引领，以学习任务为载体，整合学习内容、情境、方法和资源等要素，设计语文学习任务群，要求从学生语文生活实际出发，创设丰富多彩的学习情境，设计富有挑战性的学习任务，激发学生的好奇心、想象力、求知欲，促进学生自主、合作、探究学习。《义务教育英语课程标准（2022年版）》“课程理念”部分也提出，学生应围绕真实情境和真实问题，激活已知，参与到指向主题意义探究的学习理解、应用实践和迁移创新等一系列相互关联、循序递进的语言学习和运用活动中。《义务教育数学课程标准（2022年版）》“教学建议”部分强调要重视单元整体教学设计，体现数学知识之间的内在逻辑关系，以及学习内容与核心素养表现的关联，注重发挥情境设计与问题提出对学生主动参与教学活动的促进作用，适当采取主题活动或项目学习的方式，促进学生对教学内容的整体理解与实际应用。另外，《义务教育道德与法治课程标准（2022年版）》“评价建议”部分提出“任务指向”，依据学业质量标准和学习内容的不同特点，综合考查学生面对真实问题情境，在完成相应的学习任务过程中，展现出的核心素养达成情况；同时指出学习任务应具有多样性，任务设计应具有合适的思维水平层级[1]。此外，诸如《义务教育体育与健康课程标准（2022年版）》等均对学习任务设计提出了明确建议。

可以看出，虽然各课程标准在学习任务这一名称的表述上不一而足，但其内涵是一致的，即学习任务是为落实学生核心素养而创设的有意义的活动，也可以说是课堂教学过程中学生为达成单元目标而需完成的实践作业。华东师范大学崔允漷教授等在《语文学习任务究竟是什么？》一文中强调“学习任务”

应契合新课标所强调的“实践”的思想，认为语文学习任务是素养导向的语文实践活动，其实质是真实情境下的语言文字运用[3]。华东师范大学吴刚平教授等主编的《新方案、新课标、新征程》一书也指出，通过任务型、项目化的内容汇聚机制和动力激发机制，让学科知识、学习过程和学习结果嵌套整合，更具操作性、具身性和体验性，整个教学转向知识建构型教学，突出学生与学科知识的意义关联和价值关系，实现教学活动的意义增值[4]。

综上所述，学习任务既是学习活动，又是综合性的课中作业，还可以是用以考量学习表现的评价活动，它在整个单元教学中多位一体，一贯到底，是单元教学中学生展开自主学习的有效载体。所以本案中的学习任务在设计上强调与单元大观念、单元目标一致，围绕单元基本问题创设学生喜闻乐见的真实性情境任务，它贯穿课前、课中、课后整个知识建构的过程，学习任务之间相互联系、循序进阶。它与《义务教育语文课程标准（2022 年版）》中“学习任务群”的理念相通，但架构方式不同。

二、设计学习任务

根据课前、课中、课后不同的学习目的，统筹设计前置任务、研学任务、展演任务等“三位一体”的学习任务组群，同时匹配相应的评价量表。其中前置任务用于单元学习之前，“未学先做”，初步试做“有形成果”，目的是唤醒学生旧知，在失误中寻找学习上的“惑”，从而对学习新知产生预期；研学任务主要是课堂教学过程中展开的探究新知的活动，边学边修改“有形成果”，以期形成解决问题的思路、模型、策略等；展演任务则主要指课后的交流、分享活动，在展示“有形成果”的过程中，进一步发现问题，完善学习表现。三项任务各自独立又互相交叉，可随时进行任务之间的转换，在循环往复中建构知识，落实“教—学—评”一体化[2]，让学习精准高效，素养真实可见。学习任务内在逻辑关系如图 1 所示。

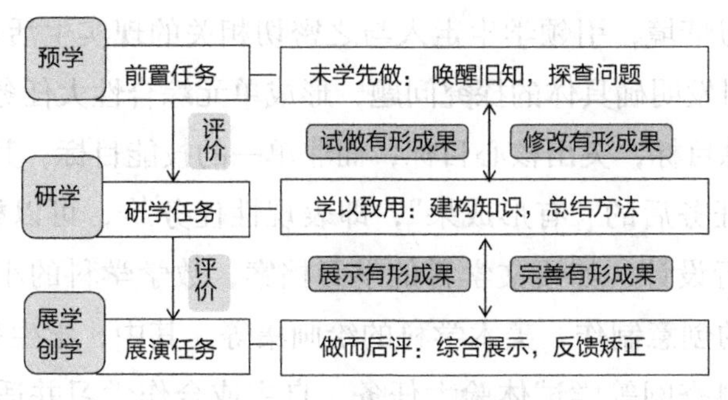

图 1　学习任务内在逻辑关系

（一）设计原则

1. 情境性原则

根据学生年龄特点和已有经验，结合基本问题的核心价值，学习任务须创设真实的生活情境，从而促使学生经历发现问题寻找方法、解决问题建构知识、应用方法优化生活的探究过程。学生在这个过程中领悟到“学了有用、学是为了用”，从而激发学习内驱力。

2. 系统性原则

前置、研学、展演三项学习任务内在关联，有序展开，相辅相成。其中前置任务一做到底，学前试做，学中修改，学后展示；研学任务与单元目标一体设计，任务之间目的一致，情境相通，知识相连；展演任务则更像一个真实性的总结评价，是对学生研学活动的验收，也是对单元目标落实的检测。学生从中体验到“建构一体、螺旋上升”的快乐，从而发展思维能力。

3. 一致性原则

单元大观念统领下，针对单元目标设计学习任务，针对学习任务制定评价量表，做到目标、任务、评价三者高度一致。有什么样的目标，就要有什么样的学习任务及评价量规，这是“教—学—评”一体化的基本原则。促使学生“心中有目标、学中有标尺”，从而时刻明确自己“学得怎么样、哪里再努力”，确保学习效率的提升。

（二）设计方法

1. 前置任务

前置任务是单元学习的开启。设计中要重点关注三点要素：其一是情境。

创设真实的学习情境，引领学生走入与之密切相关的现实生活；其二是包容。在具体情境中引发明确具体的探究问题，形成单元综合性大任务，该任务指向单元大观念与总目标，突出核心目标，而非单一的技能目标；其三是可见。要明确完成学习任务后的“有形成果”，即表现性任务[5]，可以根据不同学科、内容的特点进行设计，如语文学科的学习档案，数学学科的小论文、调查报告，科学学科的创意制作，美术学科的绘画集等。其中，学生根据已有经验、预习收获、资料查阅等尝试体验大任务，自主或合作学习并适当解决相关问题，在试做中形成初步的“有形成果”，建立对大观念的浅层认识。

此环节为“预学”。可根据单元内容灵活安排课时，一般情况下不设置课时，作为单元学习前置的实践性预习活动，学生在课下进行综合体验；也可以设置单元前 1 课时。根据前置任务的体验与达成情况，学生整体感知单元主旨、学习目标与知识结构，明确个人优势与劣势、经验与不足，从而制订个人单元学习计划；教师则从中更加精准分析并把握学情，提前对教学方案进行科学合理的优化调整。

2. 研学任务

研学任务是单元学习的主体部分，是学生建构知识结构、发展核心素养的重中之重。它涵盖以下几个关键要素。

（1）基本问题统领学习。围绕单元大观念，确立要解决的基本问题和该问题指向的核心价值，统领整个单元的学习。

（2）精学实评搭建支架。单元目标分解课时目标，基本问题分解课时问题，单元综合性大任务分解课时任务群，学习任务匹配评价量表。根据前期全面系统的分析，基于单元目标，按照单元知识结构的思维路径，结合教材内容整合分析，在真实的生活情境中，通过前置任务中“有形成果”的完成情况，逐步将分解的任务引向深入，建立思维的关联性、进阶性。每一阶段的学习都建立在上一阶段学习的基础之上，是下一阶段的旧知识，也可以作为下一阶段的前置任务。学习中不断用总结的方法、形成的意识来修改完善“有形成果”，边学边评，环环相扣，知识在旧知识与新知识的循环往复中得以系统建构。其中，学生在具体探究、合作交流中充分体验大任务，积极主动参与，精准有效解决相关问题，在系统学习中形成较为完善的“有形成果”，建立对大观念的基本认识。

此环节为“研学”。作为单元学习的主干，要占据大部分课时，可根据内容灵活安排。总体要做到单元整合、目标统领、问题导引、任务驱动、评价跟进。学生在研学中不断修订并完善前置任务，整理“有形成果”，其中融入作业的设计与落实，是课内与课外的结合，完善和促进学生的学习表现，归纳学习方法，创生学科思想，落实素养目标；教师在引领学生不断挑战、完成并评测研学任务的过程中，心中有目标、眼中有学生、胸中有章法，基于真实证据监控并调适教学。

3. 展演任务

展演任务是单元学习的总结与拓展。基于前面的真实情境，在前置、研学整个过程中学生对大任务有了系统学习，经历探究实践、合作互学、总结提炼、修改优化，形成了属于自己或团队较为完善的“有形成果”。在此设置展演任务，情境中采用交流展示、比赛评选等形式进行总结性评价，确立优秀范本、总结学习收获，强化应用拓展。从中进一步完善“有形成果”，建立对大观念的整体认识。

此环节为“展学”，也蕴含着“创学”。可根据单元内容灵活安排课时，一般设置为单元后的1课时，也可以延伸至课下的实践活动。通过多种形式对单元学习成果进行展示与评价，表现学科本质，学生对单元目标的达成度、自我学习情况有了较为全面客观的评定，对比他人成果不仅能够找到差距、弥补不足、增强信心，更能为接下来的学习提供参考、明确目标，还能在相互碰撞中激发新的思考，创生新的智慧；教师把学生展示作为单元总结性评价的依据，对单元达标情况进行全面分析，及时反思教学中的成败与关键，并非意味着单元学习的结束，而是另一个新的学习阶段的开始，对教学具有指导意义，对个人专业发展潜移默化中起到积极促进作用。

根据学习任务的设计原则与方法，以人教版《数学》小学三年级下册第七单元“小数的初步认识”为具体案例，体现更为直观、明晰的思路，如图2所示。

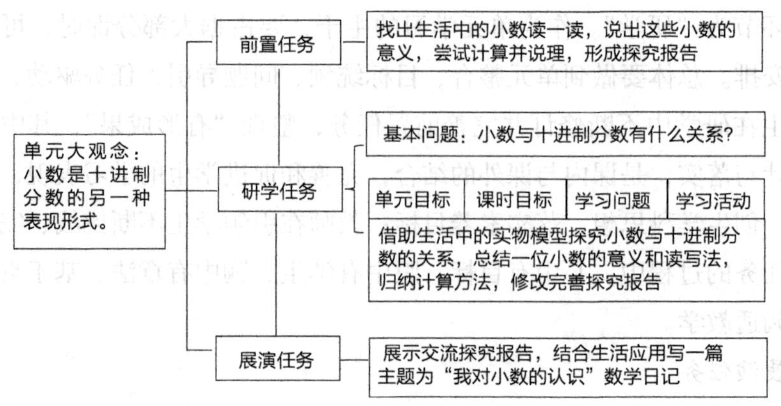

图 2 “小数的初步认识”案例

（三）匹配评价

学生评价是单元教学的导向标，是决定核心素养能够落实到学生身上的关键[4]。各学科《义务教育课程标准（2022 年版）》中均明确描述“学业质量”，学业质量是学生在完成课程学习后的学业成就表现；学业质量标准是以核心素养为主要维度，结合课程内容，根据不同学段学业成就表现的关键特征的具体刻画，反映课程目标的达成度[5]。在此研制评价量表是和新课标的精准对接。评价量表体现评价的规则与标准，与学习任务匹配设计，即“有任务必有评价”，其核心是素养目标的具体分解与分层呈现，即对单元目标的细化，并结合学情对指标进行不同等级的具体描述。全过程反映学生应用知识解决实际问题的技能、思想、意识与方法等，理性对应思维发展、观念建立、习惯养成情况，不断用事实证据指导教学、确保质量。

具体设计思路：

围绕三项学习任务，设计三组相对应的评价量表。

第一组为前置任务评价量表。在生活情境中引出聚焦基本问题的真实性大任务，自主设疑，评估旧知，引发认知冲突，激发学习期待。

第二组为研学任务评价量表。包含两个方面，其一是具体任务完成情况评价量表，其二是学生课堂表现评价量表，均为表现性评价。第一个量表中一个评价维度对应一项核心学习任务，通过各环节学习结果的反馈，及时改进教与学的策略；第二个量表中一个评价维度对应一项关键学习方式，引导学生发现自身潜能，改进学习态度与习惯，逐步达成知行合一。

第三组为展演任务评价量表。全班展示交流、依标互评，总体反馈学习情况，及时诊断目标达成度，适时矫正，达到学以致用。

根据评价量表的设计思路，以人教版《数学》小学五年级下册第六单元“分数的加法和减法”示例第一组“前置任务评价量表”，设计“布展规划图”评价量表。见表1。

表1 “布展规划图”评价量表

维度	评价等级标准		
	A	B	C
布展规划图	能够设计一份布局合理、美观的展区规划图，并用分数表示出每一块区域约占总面积的几分之几	能够设计一份展区规划图，但不够合理或美观，能用分数表示出每一块区域约占总面积的几分之几	在他人的帮助下能够设计一份展区规划图，不能用分数表示出部分区域约占总面积的几分之几

每个评价项目分为A、B、C三个等级，全面覆盖每一名学生，每一个环节。评价中坚持内容的全面性，形式的多样性，主体的多元性。至此，本单元学生是否达到了预先的学习目标，达到了什么样的程度，师生在学习之初、之中、之后均能及时反馈矫正、调整思路，有明确的基准和方向。

三、结论与建议

（一）学习任务设计

（1）打破框架，规避模式。不同学科、不同内容均有其独特的属性，学习任务的设计并不是一成不变的，在设计中建议全面分析、整合资源、创新思路，紧紧围绕学生思维进阶与素养发展，避免模式化。

（2）任务统领，内部关联。同一单元的学习任务，建议设计一个以基本问题为核心的综合性真实任务，贯穿在前置、研学、展演任务之中，一条主线把学生已有经验与新知学习、知识建构与实际应用的内部逻辑关联起来。

（3）学评一体，任务有效。没有评价的任务常常是低效或无效的，建议在设计学习任务的同时，一定要随之研制评价量表，两者要统一构思。评价量表中维度的确定要和任务相匹配，其层级和具体指标要清晰明确、具体可评。

（二）学生素养发展

（1）有理想，明确学习方向。学生在全面、全程体验学习任务之中，始终朝向大观念的建立，落实基本问题的解决与目标的达成，心中始终有明确的方向。在此更能发展方向意识，落实理想与行动的一致。

（2）有本领，掌握学习方法。在任务的系统学习中，学生的认知逐步建立起内在的逻辑关系，梳理完善方法、形成观念意识、评价跟进调适，始终把握科学有效的学习方法。在此更能发展思维能力，落实本领与行动的一致。

（3）有担当，强化学习应用。学习任务来源于真实的生活，学生通过探究并解决实际问题，能够将学科学习与社会应用有机结合起来，明确学习的意义和价值。在此更能发展自主学习的意识，落实担当与行动的一致。

（三）教师专业成长

（1）提高理论水平。学习任务的设计对教师提出了更高的要求，建议教师加强教育教学理论的学习，深入开展学科教研活动，研究与实践、设计与实施相结合，不断总结经验、审视不足，丰富认知、优化做法。

（2）把握学科本质。学习任务的设计建立在对学科本质的精准把握之上，建议教师认真研读新课标，对义务教育阶段的教材做到统筹把握，对各学段学情进行全面分析，从而设计出系统有效的学习任务。

（3）实现学科育人。学习任务的设计指向学生核心素养的发展，建议教师更新认识，让单元大观念统领素养目标，将素养目标细化分解到学习任务之中，不再是单一地“教”学科知识，而是通过学科实现整体育人。

参考文献

［1］教育部义务教育课程方案和课程标准（2022 年版）［S］. 北京：人民教育出版社，2022.

［2］卢臻，许巧枝，康明达. 教学评一体化教学 · 目标与设计［M］. 郑州：河南科学技术出版社，2017.

［3］文艺，崔允漷. 语文学习任务究竟是什么［J］. 课程 · 教材 · 教法，2022（1）：42.

[4] 吴刚平，安桂清，周文叶 . 新方案　新课标　新征程：义务教育课程方案和课程标准（2022 年版）研读［M］. 上海：华东师范大学出版社，2022.
[5] 特蕾西·K. 希尔 . 设计与运用表现性任务——促进学生学习与评估［M］. 杜丹丹，杭秀，译 . 福州：福建教育出版社，2019.

第二篇　实践案例

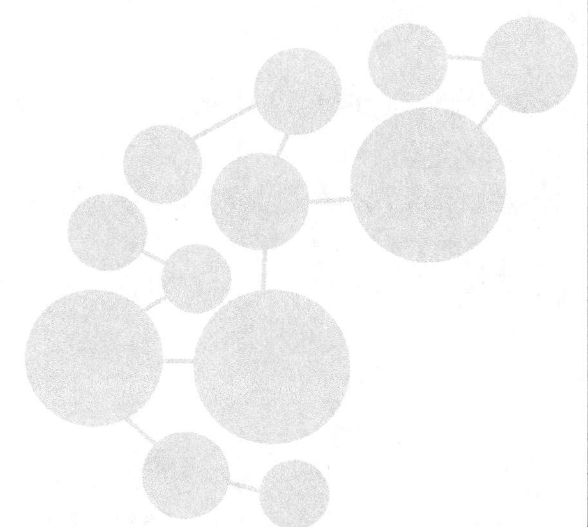

小数是十进制分数的另一种表现形式

——人教版《数学》小学三年级下册第七单元“小数的初步认识”

刘楠楠 *

一、制订基于核心素养的单元目标

“小数的初步认识”属于“数与代数”领域的“数与运算”主题，是认识小数的起始课。对小数意义的理解贯穿整个单元，主要让学生借助具体的量（米、分米、厘米；元、角、分）和几何直观图，感受小数和十进制分数之间的关系，建立直观模型，初步认识小数，解决生活中简单的实际问题。在探究过程中，发展学生的数感，培养学生的计算能力、推理意识和应用意识。根据构建本单元体系时的生长点，确定“如何理解十进制分数与小数的关系”为基本问题，形成“小数是十进制分数的另一种表现形式”的单元大观念。

（一）提炼单元大观念

1.课程标准分析

【内容要求】

结合具体情境，初步认识小数，学会进行一位小数的加减法。

在实际情境中，运用数和数的运算解决问题。

【学业要求】

能直观描述小数，能比较简单的小数的大小；会一位小数的加减运算，形成数感、符号意识和运算能力。

---

* 刘楠楠，郑州高新区外国语小学。

【学业质量标准】

能结合具体情境初步认识小数，能进行简单小数的加减运算，形成数感、运算能力和初步的推理意识。

在有关“小数的初步认识”的相关课程标准摘引中多次出现“结合具体情境”，说明课程标准非常重视学生的生活经验，所以教学时可以让学生在具体的“量”中展开小数的学习，引导学生在具体情境中感悟小数的意义。另外，小数大小的比较和小数加减法也应该在具体情境的支持下进行，促进学生学习的正迁移。课程标准还提出“在实际情境中，运用数和数的运算解决问题”，给足学生独立思考和解决问题的空间，体现了解决问题策略的多样性和合理性。结合课程标准，本单元的目标主要是发展学生的数感、符号意识、运算能力、推理意识和应用意识，使学生获得有关小数的基本知识和基本技能；在与他人交流的过程中，敢于质疑和反思，形成基本的数学思想，建立十分之几与一位小数的联系；通过参与数学学习活动，获得基本的活动经验。

2. 教材分析

“小数的初步认识”属于“数与代数”领域的“数与运算”主题，指向学生“数感”的发展，是学生认识小数的起始课。虽说是起始课，但学生也是有一定的认知基础的。“万以内数的认识”中学习的整数十进制为十进制分数和小数十进制的理解打下基础；“分数的初步认识”是探究小数意义的基础，本单元的学习主要是将十进制分数转化成小数，所以分数的初步认识是前提，也是探究小数本质的关键；四年级学习的“小数的意义和性质”“小数的加法和减法”都是小数的再认识、再探究，是知识的拓展与延伸。本单元教学内容多以学生熟悉的生活场景为情境，通过米尺、数轴、几何图等各种表征帮助学生初步认识小数，解决简单的实际问题。通过本单元的学习，学生知道小数的意义，会读写一位小数和两位小数，能比较一位小数的大小，会计算一位小数的加减法，为四年级下册学习小数的意义、性质、加减法打下基础。图 1 是小学阶段与“小数的初步认识”相关的内容。

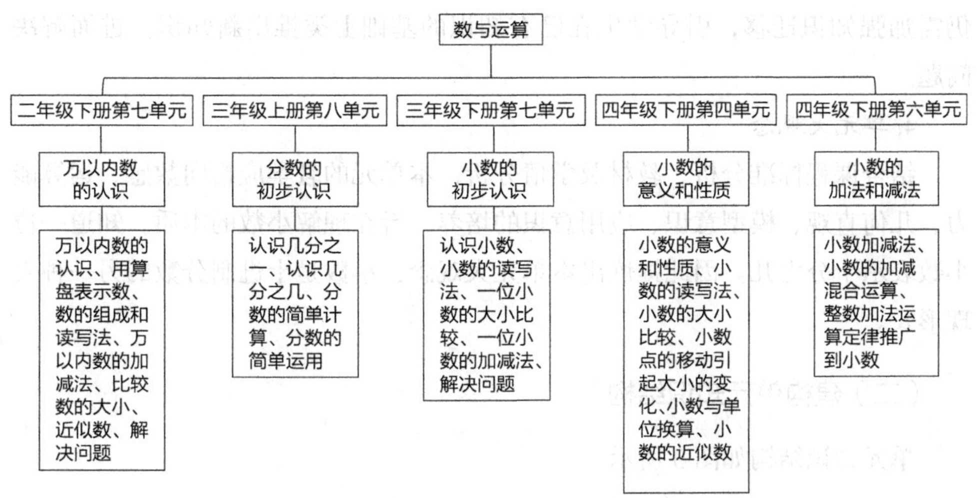

图 1 小学阶段与“小数的初步认识”相关的内容

本单元一共 4 个课时，分别是小数的意义与读写、一位小数的大小比较、简单的小数加减法和解决问题，其中前两个课时均指向小数意义的理解，后两个课时均指向数的运算，如图 2 所示。

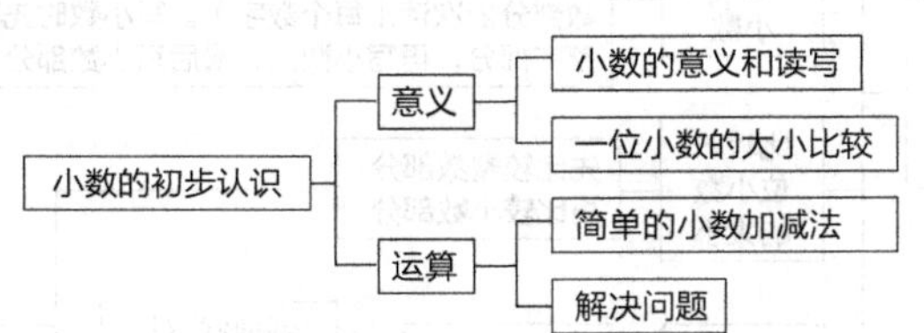

图 2 “小数的初步认识”的意义和运算

3. 学情分析

从年龄特点上看，三年级学生正处于由低年级转向中年级的过渡期，好奇心强，乐于探究，愿意联系自己的生活实际，集体意识和自我评价意识开始形成。同时，三年级学生以具体形象思维为主，抽象逻辑思维还处于初步发展阶段，模型意识淡薄，但已经可以进行初步的分析和归纳。

从知识经验上看，三年级学生已经有了丰富的实际生活经验，也经常接触小数，所以小数的读写对学生来说不是难点，通过预习就能基本掌握。本节课的难点在于对小数意义的理解，学生已经学习过整数的十进制，也初步认识了分数，积累了一些借助几何直观分析问题的经验，这些都为本节课难点的突破打下基础。另外，三年级学生已经具备一定解决相关问题的能力和经验，但仍需加强知识迁移，引导学生在已有知识的基础上类推出新知识，进而解决问题。

4. 单元大观念

结合课程标准分析、教材及学情分析，本单元的教学应指向数感、运算能力、几何直观、模型意识、应用意识的培养，旨在理解小数的本质，知道一位小数表示十分之几。因此提炼出本单元大观念：小数是十进制分数的另一种表现形式。

（二）建构单元知识结构

单元知识结构如图 3 所示。

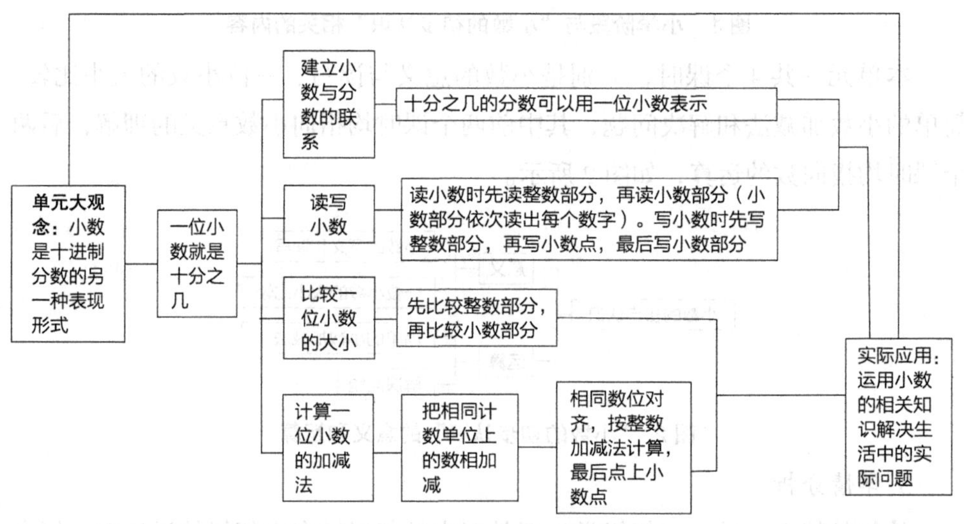

图 3　建构单元知识结构

（三）表述单元目标

（1）结合具体情境和几何直观图，能说出小数的意义，能读写不超过两位的小数，形成“小数是十进制分数的另一种表现形式”的观念。

（2）经历探索过程，归纳出小数比较大小和加减法计算的方法，形成数感、运算能力和推理意识。

①通过对比、分析，能够总结出比较小数大小的方法，并能正确比较一位小数的大小。

②结合具体情境，能说出小数加减法的算理和算法，会正确计算一位小数加减法。

（3）联系现实生活实际，会运用小数加减法解决简单的实际问题，提高解决问题的能力，发展学生的应用意识。

二、创设学习情境和评价任务

（一）学习情境

在进行测量和计算时，往往不能正好得到整数的结果，这时常用小数来表示。你都在哪些地方见过小数呢？温度计上、文具店里、商场里……趁周末的时间和妈妈逛一次超市，看看超市里有哪些小数，读出这些小数，想一想这些小数的意义。挑选两件商品进行结算，帮妈妈计算一下用手机支付时应输入的金额。通过本单元的学习，你一定发现了生活中处处有小数、处处用到小数，请结合自己的生活实际，写一篇关于“认识小数”的数学日记，展示你对小数意义的理解和对小数计算方法的总结。

（二）评价任务

评价任务如图 4 所示。

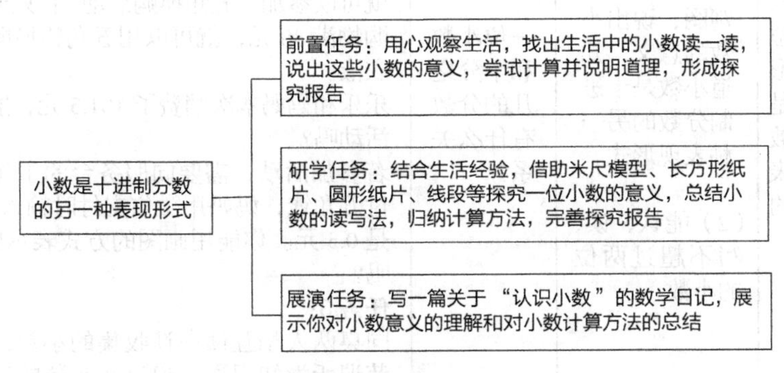

图 4　评价任务

课时总体规划：前置任务课前完成，研学任务 3 课时，展演任务 1 课时，本单元共 4 课时。

三、设计学习活动方案

（一）前置任务

用心观察生活，找出生活中的小数，读出这些小数。挑选两件价格是小数的商品，说一说这两个小数的意义，帮妈妈计算一下在用手机支付时应输入的金额。想一想，你是怎样计算的？将探究小数读法和意义的过程在 A4 纸上呈现出来，形成探究报告，并与组内成员分享交流。

（二）研学任务

研学任务见表 1。

表 1 研学任务

基本问题：如何理解十进制分数与小数的关系？			
单元目标	课时目标	学习问题	学习活动
（1）结合具体情境和几何直观图，能说出小数的意义，能读写不超过两位的小数，形成“小数是十进制分数的另一种表现形式”的观念 （2）…… （3）……	第 1 课时： （1）结合具体情境和几何直观图，说出小数的意义，知道小数是十进制分数的另一种表现形式。 （2）能认、读、写不超过两位的小数	一位小数和十分之几的分数有什么关系？	**任务 1：** 借助米尺模型、长方形纸片、圆形纸片、线段等探究 0.1 元、0.1 米的含义，归纳总结得出结论：一位小数可以用分母是 10 的分数来表示。 **任务 2：** 超市里正在举行周年庆活动，消费满 88 元就可以参加“五角换购活动”：只要一次性购物满 88 元，就可以用五角钱换购一桶洗衣液。 乐乐和妈妈本次消费了 101.5 元，能够参加活动吗？ 若参加活动，需要向服务台的工作人员支付五角钱，妈妈用微信支付时输入 0.5，就是 0.5 元。你能用画图的方式表示出 0.5 元吗？ **任务 3：** 同桌两人相互读一读收集的小数，根据本节课所学知识说一说这些小数的意义。用红笔修改探究报告中“小数的意义与读写”部分相关内容并对这部分内容进行总结

续表

<table>
<tr><th>单元目标</th><th>课时目标</th><th>学习问题</th><th>学习活动</th></tr>
<tr>
<td rowspan="2">（1）结合具体情境和几何直观图，能说出小数的意义，能读写不超过两位的小数，形成“小数是十进制分数的另一种表现形式”的观念。

（2）经历探索过程，归纳出小数比较大小和加减法计算的方法，形成数感、运算能力和推理意识。

（3）联系现实生活实际，会运用小数加减法解决简单的实际问题，提高解决问题的能力，发展学生的应用意识</td>
<td>第 2 课时：
通过对比、分析，能够总结出比较小数大小的方法，并能正确比较一位小数的大小</td>
<td>结合小数的意义，说一说怎样比较一位小数的大小</td>
<td>任务 4：
牛奶营养丰富，含有较多的优质蛋白，钙含量丰富。妈妈准备采购一些纯牛奶，超市里纯牛奶的价格如下：
<table>
<tr><td>种类</td><td>蒙牛</td><td>金典</td><td>光明</td><td>三元</td></tr>
<tr><td>单价 /（元 / 盒）</td><td>4.0</td><td>4.4</td><td>3.5</td><td>2.7</td></tr>
</table>
请把纯牛奶的价格按从大到小的顺序排列。写出你的想法并说明理由，小组内展示、评价。
任务 5：
每 100ml 纯牛奶中所含的营养成分如下表：
<table>
<tr><td>成分</td><td>蛋白质</td><td>脂肪</td><td>碳水化合物</td><td>钙</td></tr>
<tr><td>质量（g）</td><td>3.6</td><td>4.4</td><td>5.0</td><td>0.12</td></tr>
</table>
每 100ml 纯牛奶中，什么营养成分最多？什么营养成分最少？</td>
</tr>
<tr>
<td>第 3 课时：
结合具体情境，能说出小数加减法的算理和算法，会正确计算一位小数加减法</td>
<td>怎样计算一位小数加减法？计算时小数点为什么要对齐？</td>
<td>任务 6：
从超市出来，乐乐和妈妈一起来到了文具店，乐乐想选购一些文具，店里的各种文具价格如下：
（1）买一个卷笔刀和一支铅笔一共多少钱？
（2）一个卷笔刀比一支铅笔贵多少钱？
根据题意列出算式，并在小组内交流：你是如何计算的？计算时应注意什么？总结出一位小数加减法的算法</td>
</tr>
</table>

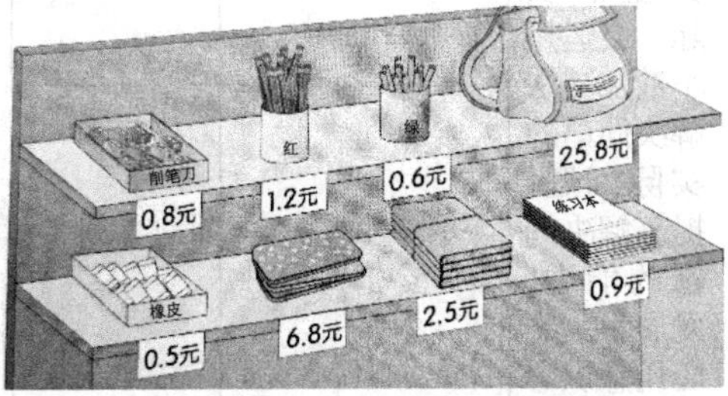

续表

单元目标	课时目标	学习问题	学习活动
（1）结合具体情境和几何直观图，能说出小数的意义，能读写不超过两位的小数，形成“小数是十进制分数的另一种表现形式”的观念。 （2）经历探索过程，归纳出小数比较大小和加减法计算的方法，形成数感、运算能力和推理意识。 （3）联系现实生活实际，会运用小数加减法解决简单的实际问题，提高解决问题的能力，发展学生的应用意识	第 3 课时：结合具体情境，能说出小数加减法的算理和算法，会正确计算一位小数加减法	怎样计算一位小数加减法？计算时小数点为什么要对齐？	**任务 7：** 根据图中的信息，提出一个用加法解决的问题，一个用减法解决的问题，并解答。 **任务 8：** 根据本节课所学知识，用红笔修改探究报告中“小数加减法”部分相关内容并对计算方法进行总结
	第 4 课时： 联系生活实际，会运用小数加减法解决简单的实际问题	怎样理解“还可以买到什么文具”？	**任务 9：** 从超市出来，乐乐和妈妈一起来到文具店，乐乐想选购一些文具，店里的各种文具价格如下： 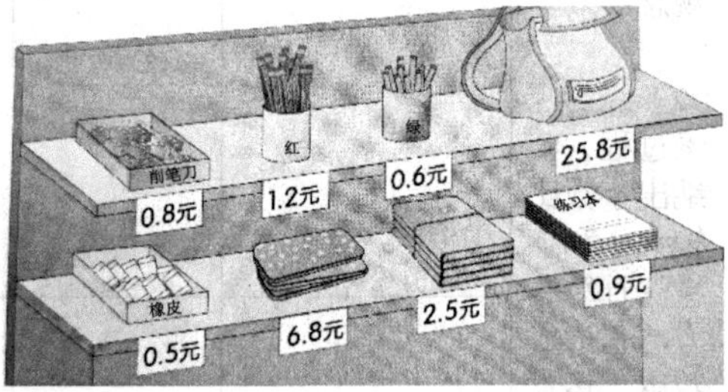 卷笔刀 0.8元　红 1.2元　绿 0.6元　25.8元 橡皮 0.5元　6.8元　2.5元　练习本 0.9元 乐乐带了 5 元钱，买了一个卷笔刀和一支绿铅笔后，还可以买到什么文具？ 根据题意先写出想法，组内交流并及时评价。 **任务 10：** 结合实际生活，编写一道用小数加减法解决的问题，同桌两人交换解答

（三）展演任务

结合自己的生活经验，写一篇关于“认识小数”的数学日记，日记内容要展示你对小数含义的理解和对小数的计算方法的运用。

四、研制评价量表

根据单元学习目标，共制订 3 组评价量表，每个评价量表以 A、B、C 为等级进行评价。第一个评价量表对应前置任务，由学生依据评价标准自评、互评。第二个评价量表对应研学任务，以教师评价和学生评价相结合的方式进行评价。同时对学生的课堂表现进行评价，小组合作情况由组内成员按照评价标准互相评价，听讲情况由教师和学生共同评价，巩固练习由教师评价。第三个评价量表对应展演任务，以教师评价为主，也可根据情况选择学生互评的评价方式。

（一）前置任务评价量表

“生活中的小数”评价量表见表 2。

表 2 “生活中的小数”评价量表

维度	评价等级标准		
	A	B	C
读生活中的小数，表述一位小数的实际意义	能找到生活中的小数并正确读出，能结合实例准确、完整地表述一位小数的实际意义	能找到生活中的小数并正确读出，不能结合实例完整表述一位小数的实际意义	能找到生活中的小数但不能正确读出，也不能结合实例表述一位小数的意义

（二）研学任务评价量表

“小数的初步认识”评价量表见表3。

表3 “小数的初步认识”评价量表

维度	评价等级标准		
	A	B	C
小数的含义	能准确表述一位小数是十分之几，能把十分之几的分数改写成一位小数	能准确表述一位小数是十分之几，但不能把十分之几的分数改写成一位小数	不能说明小数的含义
读写小数	能正确读写不同类型的小数	能正确读写一位小数	不能正确读写一位小数
比较一位小数的大小	能够正确比较一位小数的大小，并能说明理由	能够正确比较一位小数的大小，但不能说明理由	不能比较一位小数的大小
一位小数的加减法	能够正确笔算一位小数加减法，并能说明算理	能够正确笔算一位小数加减法，但不能说明算理	不能正确笔算一位小数加减法，不能说明算理
解决简单的实际问题	能准确分析题意，正确列式解答	能准确分析题意，正确列式，但计算出错	不能正确列式解答

“课堂表现”评价量见表4。

表4 “课堂表现”评价量表

维度	评价等级标准		
	A	B	C
小组合作	能完整清晰地表达自己的观点，认真倾听他人的发言，针对问题积极讨论、认真记录	能表达自己的观点但不够完整，需要他人补充；能够认真倾听他人的发言；针对问题能够参与讨论，但不能完整记录	不能完整表达自己的观点，能倾听他人的发言，但不能积极讨论、不会记录
听讲情况	能积极主动回答教师提出的问题，及时完成课堂任务，课堂上主动质疑，能够清晰地表达自己的观点	能回答教师提出的问题，也能够完成课堂任务，但课堂上缺乏主动	不能回答教师提出的问题，不能完成课堂任务，课堂上缺乏主动
巩固练习	巩固练习能按要求工整书写，按时全部完成，正确率较高	巩固练习能按要求工整书写，全部完成，但正确率中等	巩固练习不能按时全部完成，正确率较低

（三）展演任务评价量表

“数学日记”评价量表见表5。

表5 “数学日记”评价量表

维度	评价等级标准		
	A	B	C
数学日记写作	能够完整记录生活经历，准确表达数学信息，正确列式并说明列式理由，能够完整表达数学思路，逻辑清晰	能够完整记录生活经历，但不能准确表达数学信息，能正确列式，但不能说明列式理由。能结合自己的算式表达自己的数学思路，但表达逻辑性不强，数学语言不准确	能完整记录生活经历，但不能准确表达数学信息，不能正确列式解答，数学语言不准确

五、教学设计反思

1.单元教学设计和传统教学设计的区别

传统的教学设计以课时为单位，独立设计教学活动，情境没有关联性，课程没有延展性，以课时学习目标为最终目标，容易把教学目标落到知识层面而忽略素养的培养。但是，单元教学设计会整体把握知识点，抓住知识本质，指向学生的未来发展，能很好地为学生铺设一条学习路径，促进学生发展。以本单元为例：本单元共设计了前置任务、研学任务和展演任务，三个任务又可以看作一个贯穿整个单元的大任务，每个任务情境相连，但目标不同。前置任务作铺垫，通过此任务让学生在生活实际层面初步认识小数，说出小数的意义。这个阶段学生只会说出小数的实际意义，但并不能在数学层面解释其意义，更没有模型意识；研学任务探本质，通过不同的学习活动，探究小数的本质，归纳出一位小数表示十分之几，本质就是十进制分数的另一种表现形式。通过研学任务，可以使学习的层次更深一步；展演任务展收获，学习结束，让学生以数学日记的形式总结自己的收获，寓学于乐。整个教学设计以任务为载体，让学生经历初步感知—探究本质—知识应用的逐步提高过程，由原来生活中小数的初步认识升华到数学层面小数的初步认识，思维水平也经历了从具体到抽象的转化过程，初步培养了学生的模型意识，所有的活动均指向探究知识本质和达成素养目标。

2. 单元教学设计的关键点

（1）课程内容结构化。

《义务教育数学课程标准（2022 年版）》确立了核心素养导向的课程目标，强调课程内容的组织重点是对内容进行结构化整合，探索发展学生核心素养的路径。由此可见，素养导向下教学实践中要突出整体化、结构化和一致性。单元教学设计应使学生在已有数学知识经验结构基础上，借助教师对小学数学教学内容的整体理解与适切的课程开发，经历个性化的连续、关联、循环的认知转化，促进结构思维并实现心智转换，发展结构化学习的方法与思想。

（2）指向核心素养。

单元教学设计的实质是结构化学习，而结构化学习指向核心素养的建构，具有整体性、关联性和发展性特征。所以，单元教学设计要从整体上把握教材，建立知识之间的联系。教学设计的目的不能局限于知识，更要侧重于学生能力的培养，关注点应在学生未来的发展上。在进行单元教学设计时，应按照“分析课程内容—把握知识本质—探寻思维路径—评价学习效果”的路径设计，做到“教—学—评”一体化，帮助学生形成伴随一生的思考和解决问题的能力，使之会想事、会做事，这也是发展学生核心素养的根本所在。

小数加减法是相同计数单位的个数相加减

——人教版《数学》小学四年级下册第六单元“小数的加法和减法”

段晓珊　汪艳丽*

一、制订基于核心素养的单元目标

“小数的加法和减法”属于“数与代数”领域“数与运算”这一主题。本单元的教学内容是小数的加法和减法计算、加减混合运算及整数加法运算定律推广到小数。学生已学习过整数加减法和一位小数加减法，在已有知识经验上推出小数加减法计算的算理和方法，实现整数加减法到小数加减法的迁移，并形成系统的知识链。在此过程中形成小数加减法是相同计数单位的个数相加减的观念，体会加减法运算具有一致性。基于学生思维路径，提出“数位相同与数位不同的小数如何相加减”这个基本问题，来学习小数加减法计算，逐步构建单元知识结构，形成数感、运算能力，培养学生分析问题、解决问题的能力。

（一）提炼单元大观念

1. 课程标准分析

【内容要求】

能分别进行简单的小数加、减、乘、除运算及混合运算（以两步为主，不超过三步）；能解决小数的简单实际问题。

【学业要求】

能进行小数的加减运算，形成数感、符号意识和运算能力。

能运用运算定律进行简便运算，解决相关的简单实际问题，形成运算能力。

*段晓珊　汪艳丽，郑州中学第二附属小学

【学业质量标准】

结合具体情境，能进行简单的小数加减运算，形成数感、运算能力和初步推理意识。

结合现实生活，能尝试运用所学的数学知识和方法描述、表达、分析、解释实际问题，形成量感和初步的应用意识，以及分析问题与解决问题的能力。

《义务教育数学课程标准（2022年版）》中规定“数与运算”包括整数、小数和分数的认识及其四则运算。数的运算重点在于理解算理、掌握算法，数与运算之间有密切的关联。学生经历算理和算法的探索过程，理解算理，掌握算法。感悟数的运算及运算之间的关系，体会数的运算本质上的一致性，形成运算能力和推理意识。

《义务教育数学课程标准（2022年版）》在学业要求中规定通过将小数加减运算与整数运算进行比较，引导学生初步了解运算的一致性，培养学生的运算能力。通过实际问题和具体计算，引导学生用归纳的方法探索运算定律、用字母表示运算定律，感知运算定律是确定算理和算法的重要依据，使学生形成初步的代数思维。

通过本单元的学习，学生能够感悟加减法运算具有一致性。在原有知识的基础上能说出小数加减法的本质是相同计数单位的个数相加减。通过操作、比较等丰富多彩的活动，对数学形成一定的求知欲，具有学习数学的兴趣，初步养成独立思考、合作探究等良好的学习习惯。

2. 教材分析

（1）相关教材内容梳理。

小数加法和减法属于“数与代数”领域“数与运算”主题。纵向梳理加减法运算的学习过程，将小学阶段的加减法知识整理成“知识轴”，可以明确本单元知识点在全册教材中的作用及价值。加减法运算分布于一年级上册“口算”，二年级上册“笔算”，二年级下册“混合运算”，三年级下册“简单的一位小数加减法”，四年级下册“运算定律和小数加减法”，五年级下册“分数加减法”。根据以上的加减法运算知识安排，我们可以知道小数加减法知识点的学习顺序和整数加减法是相同的，都经历笔算、混合运算、运算定律这样由简到繁、由易到难的学习顺序。这样统一模式的学习顺序，有利于实现整数加减法到小数加减法的迁移，并形成系统的知识链。小数加减法对五年级分数加减

法的学习起着重要的迁移作用。学生理解小数加减法背后算理的核心本质，并能和整数加减法的核心算理相融合，才能为今后分数加减法的深入学习打好坚实的基础。这部分内容又是今后学习小数乘除法竖式计算、小数四则混合运算等知识的重要基础。

（2）教材内容整合分析。

本单元的教学内容以小数的意义和性质为前提，以整数加减法笔算为基础，从一步计算到两步计算再到灵活计算，形成正向迁移，进而学习小数加减法。本单元原本的教学内容安排了四个课时，分别是位数相同的小数加减法、位数不同的小数加减法、小数加减混合运算及简便运算。在第一课时只呈现小数部分数位相同的情况，笔者认为如果只呈现小数位数相同的情况，不利于学生理解小数点对齐的本质。因此，将教材中例 1 和例 2 的内容进行整合，通过对比，更能启发学生的深层次思考；在新知识学习完之后，再增加一个课时作为新知识的应用。我们要做的就是将零散分布的旧知识去延伸，提取最本质的元素，从而落实本单元的核心素养。因此本单元学习内容安排为四个课时，具体内容安排如图 1 所示。

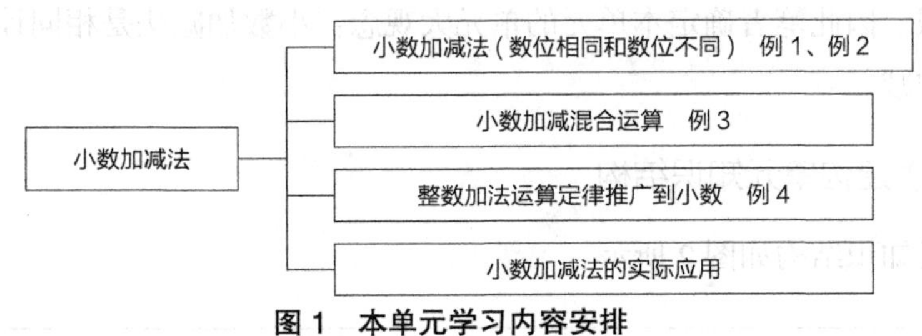

图 1 本单元学习内容安排

3. 学情分析

（1）年龄特点。

四年级孩子的年龄一般是 9 ~ 11 岁，处于儿童期的后期阶段。大脑发育正好处于内部结构和功能完善的关键期，是培养孩子学习能力、情绪、意志力和学习习惯的最佳时期。这一时期孩子的记忆力、理解能力、思维能力和表达能力快速发展；孩子的逻辑和抽象思维能力开始增强，归类、对比和推理等能力开始增强；对学习能力的培养将会起到事半功倍的效果。在本单元小数加减法的学习过程中，可以适当让学生自主探究，提高学习兴趣，教师适时引导并给予肯定和鼓励。

（2）知识经验。

在三年级，学生已经能借助“元、角、分”等计量单位来理解一位小数加减法的算理，并掌握算法。本单元是在学习过小数的初步认识、简单的一位小数加减法计算、小数的意义及性质这些知识之后进入小数加减法运算阶段。根据课前调查，在学习本单元知识时学生会产生以下问题：①小数部分位数相同的小数加减法准确率较高，位数不同的小数加减法准确率较低，说明大部分的学生已经掌握了小数部分位数相同的小数加减法计算技能，而小数部分位数不同的小数加减法的算法和算理，学生的理解还不到位；②学生对于小数加减法的关注停留在算法层面。只有部分学生认为竖式计算需要“小数点要对齐”，很多学生仅停留在“进位”“退位”等算法层面。在新知识面前，学生缺少对“已知”和“未知”、“算理”和“算法”的融合和沟通，教师要做的就是将零散分布的旧知识去整合去延伸，提取最本质的元素，从而落实本节课的核心素养。

4. 单元大观念

基于以上课程标准、教材分析和学情分析，笔者认为本单元的教学难点是对“计数单位相同，才能直接相加减”算理的理解，也就是相同计数单位的个数相加减。因此笔者确定本单元的单元大观念：小数加减法是相同计数单位的个数相加减。

（二）建构单元知识结构

单元知识结构如图2所示。

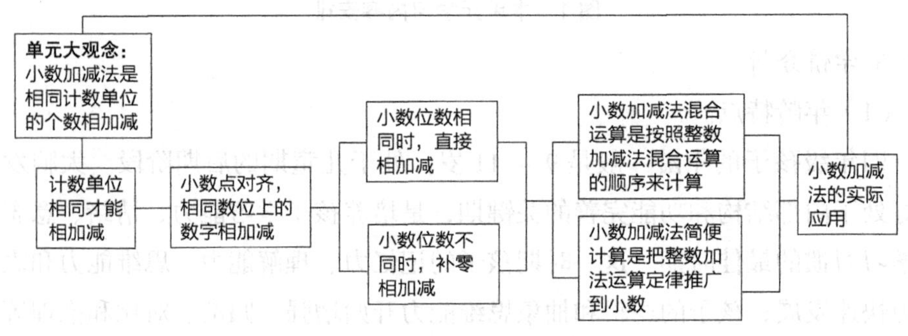

图2　单元知识结构

（三）表述单元目标

（1）通过探究建立小数加减法是相同计数单位的个数相加减的观念，并能

正确计算小数加减法。

（2）结合已有的知识经验，归纳出小数加减法的计算方法，形成数感、符号意识和运算能力。

①结合具体情境，能说出运算顺序并能进行小数加减混合运算。

②通过计算、对比等活动，能运用运算定律进行小数加减简便计算。

（3）在具体的情境中，能运用小数加减法计算的相关知识解决日常生活中的实际问题，提高分析问题与解决问题的能力。

二、创设学习情境和评价任务

（一）学习情境

学生在三年级已经认识了小数，能借助具体的十进制数量单位（人民币、长度等）为载体，会进行简单的一位小数加减计算。四年级又学习了小数的意义，认识了小数的计数单位和数位。我们接着探究小数加减法的计算，猜想小数加减法又该怎么计算呢？超市中商品琳琅满目，每一件商品都有标价。在日常购物，记录自己购买商品的标价，核算总价，并在购买清单中图文结合写出小数加减法的计算过程。学习结束后，我们将举行以“最佳采购员”为主题的学科研讨会，汇报有关小数加减法计算方面的收获。根据同学们的发言及具体汇报情况，届时会评选出最佳采购员，还请同学们积极参加哦！

（二）评价任务

评价任务如图 3 所示。

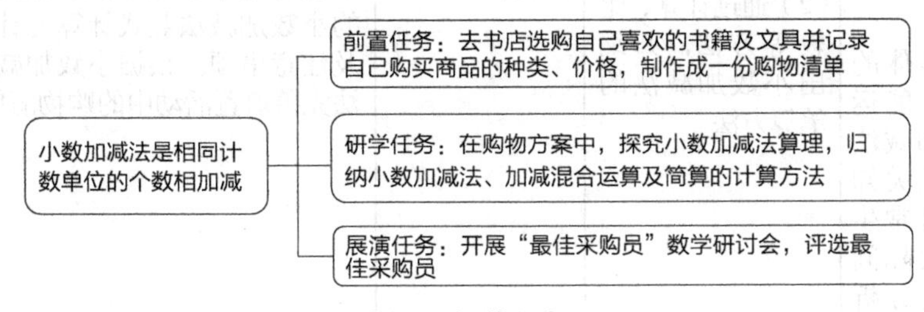

图 3　评价任务

课时总体规划：前置任务课前完成，研学任务 3 课时，展演任务 1 课时，本单元共 4 课时。

三、设计学习活动方案

（一）前置任务

你喜欢购物吗？周末和父母一起购物吧。选购自己喜欢的书籍及文具，选取两件或者多件商品并制作成一份购物清单，详细记录购买商品的种类和价格。我们将会在研学活动中根据所学的知识完善自己的购物清单。

（二）研学任务

研学任务见表 1。

表 1　研学任务

基本问题：数位相同与数位不同的小数如何相加减？			
单元目标	课时目标	学习问题	学习活动
（1）通过探究建立小数加减法是相同计数单位的个数相加减的观念，并能正确计算小数加减法。 （2）结合已有的知识经验，归纳出小数加减法的计算方法，形成数感、符号意识和运算能力。 （3）在具体的情境中，能运用小数加减法计算的相关知识解决日常生活中的实际问题，提高分析问题与解决问题的能力	第 1 课时： （1）说出小数加减法与整数加减法之间的联系，能形成小数加减法是相同计数单位个数相加减的观念。 （2）通过计算、比较等方法，归纳出小数加减法的笔算方法	在竖式计算时小数部分位数相同和不同的小数如何相加减？	**任务 1：** 书店推出了最新的畅销儿童读物和学习用品优惠活动：《数学家》，16.3 元 / 本；《童话选》，24.46 元 / 本；《神奇的大自然》，18.54 元 / 本；太空橡皮，4.54 元 / 块；动物铅笔，4.7 元 / 根。从中选购两个物品，计算总价与差价，列竖式写出自己的计算过程及解决方法。 **任务 2：** 学生展示自己的购物清单，小组合作交流探究小数与整数加减法之间的联系，说出小数加减法的算理。 **任务 3：** 学生总结小数部分位数相同与不同的小数加减法竖式计算的计算方法及注意事项。根据小数加减计算方法完善前置活动中的购物清单

续表

单元目标	课时目标	学习问题	学习活动
(1)通过探究建立小数加减法是相同计数单位的个数相加减的观念，并能正确计算小数加减法。 (2)结合已有的知识经验，归纳出小数加减法的计算方法，形成数感、符号意识和运算能力。 (3)在具体的情境中，能运用小数加减法计算的相关知识解决日常生活中的实际问题，提高分析问题与解决问题的能力	第2课时： (1)能说出小数加减混合运算的顺序，并能正确进行计算。 (2)结合现实生活，能运用小数加减法的知识解决实际问题	小数加减混合运算时该如何相加减?	**任务4:** 在商店的促销活动中，50元选购3个或3个以上物品进行购买。不能用完50元，要有剩余零钱。列出综合算式，写出自己的思路。 **任务5:** 小组合作交流不同的购物方案，写出所选物品总价及找零的计算方法。 **任务6:** 学生能说出小数连加、连减及加减法混合运算的顺序，在小组汇报中归纳小数加减混合运算的方法及注意事项。根据混合运算更正自己的计算，完善前置活动中的购物清单
	第3课时： (1)通过计算、比较等活动，能运用运算定律进行小数加减法的简便计算。 (2)结合现实生活，能运用小数加减法计算的知识解决实际问题	如何根据数据特点进行小数加减法的简便计算?	**任务7:** 根据书店推出的促销活动，选购多种商品，用完50元。选取合适的物品购买，设计购买方案，用综合算式表示自己购物的过程。 **任务8:** 小组合作交流自己的购物方案，说明自己的思路与想法。 **任务9:** 学生总结不同方案中根据数据特点选用合适的运算定律进行简便计算；归纳小数加减法简便运算的计算方法及注意事项。根据简算合理完善前置活动中的购物清单

(三)展演任务

举行“最佳采购员”学科研讨会。在研讨会上学生图文结合详细介绍自己的购物过程，用数学语言表述解决问题的过程(写出购买物品种类、总价、付钱及找零的全过程)。其他同学对展示的购物清单提出建议和评价，根据汇报情况，师生共同评出最佳采购员。

四、研制评价量表

依据前置任务、研学任务和展演任务，设计相对应的评价量表。第一组是前置任务评价量表，根据制作的购物清单来评价学生的学习情况。第二组研学任务评价量表有两个，其中一个评价量表针对本单元相应的课程内容，另外一个评价量表针对学生课堂表现。评价主体以学生自评和教师评价为主。通过可量化的评价标准帮助学生衡量自己的学习结果，并帮助学生找到薄弱知识，及时进行针对性的补救。第三组展演任务评价量表针对学生学习完本单元之后的内容展示进行评价。评价量表均从不同维度设计了 A、B、C 三个等级，各等级的标准清楚可测，操作简单。

（一）前置任务评价量表

“购物清单”评价量表见表 2。

表 2 “购物清单”评价量表

维度	评价等级标准		
	A	B	C
记录商品情况	能详细分类记录购买的商品种类、价格	能记录购买的商品种类、价格	没有记录自己购买的商品种类、价格
小数加减计算	能根据记录的信息，用多种方法算出商品总价	能根据记录的信息，用一种方法算出商品总价	不能计算商品总价

（二）研学任务评价量表

“小数加减法计算”评价量表见表 3。

表 3 “小数加减法”计算评价量表

维度	评价等级标准		
	A	B	C
数位相同和数位不同的小数加减法	能准确说出小数加减法的算理；正确熟练计算小数加减一步计算，全部正确	能说出小数加减法的算理；能熟练地笔算小数加减一步计算，有 1 ～ 2 道题目出错	不能说出小数加减法的算理；基本能笔算小数加减法，出现大量计算错误

续表

维度	评价等级标准		
	A	B	C
小数加减混合运算	能按照正确的运算顺序，熟练计算各类小数加减混合运算，在计算中全部正确	能按照正确的运算顺序，比较熟练地计算各类小数加减混合运算，在计算中有1～2道题目出错	能计算各类小数加减混合运算，但是出现大量计算错误
小数加减简便计算	能根据数字特点，用数学语言熟练说出对应的运算定律，能熟练选用合适的运算定律进行简便计算，全部正确	能用自己的语言熟练说出运算定律，较熟练地选用运算定律进行简便计算，只有1～2道题目出错	不能说出运算定律，但能运用运算定律进行简便计算，但是出现大量计算错误。或不会运用运算定律进行简便计算

“课堂表现”评价量表见表4。

表4　“课堂表现”评价量表

维度	评价等级标准		
	A	B	C
课堂参与情况	能自始至终积极参与探究活动，注意力集中，课堂上活跃	课堂上能参与学习，偶尔注意力不集中，较活跃	课堂上参与活动少，经常走神
小组合作	能独立思考后，积极主动地在小组内说出自己的想法	能独立思考，在同伴的询问下能主动表述自己的想法	独立思考后，不敢在小组内交流
语言表述能力	能用流畅、标准的数学语言清楚表述自己的想法	能用自己的语言清楚流畅表述自己的想法	能大概表述出自己的想法

（三）展演任务评价量表

“最佳采购员”评价量表见表5。

表5　“最佳采购员”评价量表

维度	评价等级标准		
	A	B	C
小数加减法计算	能利用不同的方式（举例或图示等）表示出多种小数加减法的计算过程	在购物清单中，只能用一种方法正确地进行小数加减计算	在购物清单中不能正确计算商品总价

续表

维度	评价等级标准		
	A	B	C
汇报语言	能清晰地说出自己的购物过程	能大概说出购物过程	不能说出购物过程

五、教学设计反思

大单元教学设计关注学生的认知基础，尊重学生的思维过程，在教学中尽量注意数学思想与方法的渗透、数学知识与数学技能的达成，做到有机的统一。

在本单元学习中，学生通过自主探究位数相同与不同的小数加减的笔算方法，然后汇报交流，初步总结出建立在小数意义上的小数加减法的计算方法。在学生思维碰撞的过程中，发现小数加减法与整数加减法计算方法的相同之处，说出小数加减法计算的关键：小数点对齐即数位对齐才能相加减。探究背后的本质是只有计数单位相同才能相加减，因此得出本单元的大观念。

本单元在大观念的引领下，以单元知识结构作支撑，依据单元目标引导学生通过对笔算、混算、简便计算的探究与思考，归纳出小数加减法计算、混合运算和简便计算的方法。在整个单元设计中结合具体生活情境，在熟悉的生活情境下，学生通过计算、比较、类推等方式理解算理，巩固计算方法，从而提高学生的应用意识，最终使学生学为所用。本单元的核心是发展学生的运算能力，而学生运算能力的培养离不开对算理和算法的分析与理解。以有探究意义的算理作为“生长点”，不仅基于学生的认知基础，同时还具有思维发展的空间，学生收获的不仅仅是计算的技能，更有对计算本质的理解、探究方法的感悟及积极主动的情感体验。将算法与算理逐步统一的过程正是学生将小数加减法纳入整数运算系统，扩充运算知识链的过程。在教学中我们应经常让学生联系旧知识与新知识，让新知识生长在旧知识上，再用所学到的知识去解决生活中的问题，感悟数学学习的价值所在，增强学好数学的信心，在实践中培养学生解决问题的能力。

分数加减法是相同分数单位个数的加与减

——人教版《数学》小学五年级下册第六单元“分数的加法和减法”

刘　娟*

一、制订基于核心素养的单元目标

“分数的加法和减法”属于“数与代数”领域的“数与运算”主题，数与运算的教学是通过整数、小数、分数的运算，进一步感悟计数单位在运算中的作用，感悟运算的一致性。学生通过分数加减法的算理和算法的探究，明确加减法运算本质是“相同计数单位的数才能相加减”，形成“加减法是相同计数单位的个数的加与减”的单元大观念，感悟数的运算具有一致性。基于以上分析，我们提出“分数加减法与整数、小数加减法的计算方法与算理有什么联系”这个基本问题，引领学生借助迁移，沟通联系，统筹算理和算法，提升运算能力和推理意识等数学核心素养。

（一）提炼单元大观念

1. 课程标准分析

【内容要求】

能进行简单的小数、分数四则运算和混合运算，感悟运算的一致性，发展学生的运算能力和推理意识。

【学业要求】

能进行简单的小数和分数的四则运算和混合运算（不超过三步），并说明运算过程。能在较复杂的真实情境中，选择恰当的运算方法解决问题，增强学生的运算能力并形成推理意识。

* 刘娟，郑州高新区外国语小学

基于对《义务教育学科课程标准（2022 年版）》的理解，数的运算的教学应注重对整数、小数和分数四则运算的统筹，进一步感悟运算的一致性，从整体上理解和掌握运算的算理和算法，认识计算方法的共性与差异，提升学生的运算能力和推理意识。

教学中要借助具体真实的情境，引导学生从分数意义的角度，形成对同分母分数加减法算理的本质理解；异分母分数加减法的学习，则建立在同分母分数加减法计算方法的基础之上，借助迁移，沟通联系，理解、归纳概括出“相同计数单位的数才能相加减”这一本质，引导学生理解通分的目的是得到同样的计数单位，进一步理解计数单位对分数表达的重要性，理解整数、分数、小数的加减运算都要在相同计数单位下进行，感悟加减运算的一致性。

2. 教材分析

（1）相关教材内容梳理。

《义务教育数学课程标准（2022 年版）》指出：数与代数是义务教育阶段学生数学学习的重要领域。在小学三个学段，学生将学习“数与运算”和“数量关系”两个主题的内容。

分数加减法属于“数与运算”主题，主要包括整数、小数和分数的运算等，其中整数的运算集中在一至四年级完成，小数的运算在三年级和五年级学习，分数的运算在三年级上学期出现，在六年级完成全部学习内容。教材《数学》（人教版）中关于分数运算分为三个阶段进行学习，如图 1 所示。

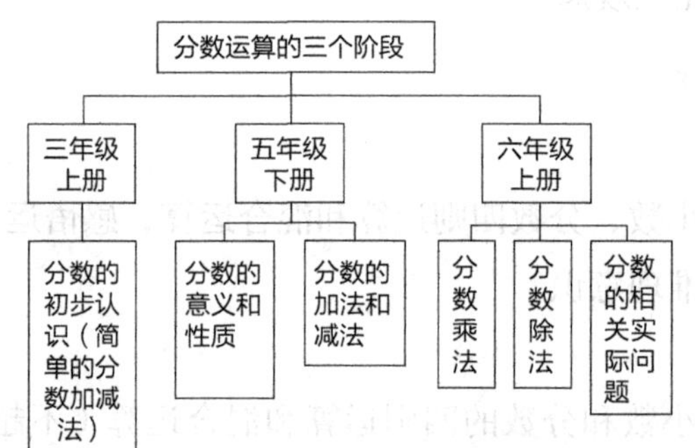

图 1　教材《数学》（人教版）中分数运算的三个阶段

在三年级《数学》上册“分数的初步认识”单元的学习中，教师指导学生在具体情境中，借助几何直观，结合分数的含义，说明算理，体会算法，会计算简单的同分母分数的加减法。

五年级《数学》下册“分数的加法和减法”教学内容分为同分母分数加减法、异分母分数加减法和分数加减混合运算。同分母分数加减法的学习，借助具体真实的情境，从分数意义的角度，形成对同分母分数加减法算理的本质理解；异分母分数加减法的学习，则建立在同分母分数加减法计算方法的基础之上，借助迁移，沟通联系，理解、归纳概括出“相同计数单位的数才能相加减”这一本质；分数加减混合运算则运算顺序与整数、小数相同，运算定律同样适用。

六年级《数学》上册集中学习分数乘法、分数除法和分数实际问题。

（2）教材内容整合分析。

分数加减法的意义与整数、小数加减法的意义是完全相同的，分数加减法运算的本质是“相同计数单位的数相加减”，这与整数、小数加减法是保持一致的。可是，整数、小数的计数单位是“十进制”，学生经过前期的学习和沟通，已经形成计数单位的模型。同时，由于分数的计数单位不像整数、小数那样是“十进制”，受已有知识的影响，学生不易理解分数单位即分数的计数单位，很难将分数加减法的算理与整数、小数加减法的算理建立联系。一旦这种联系建立，同分母分数加减法的学习将有据可依，异分母加减法的运算也会水到渠成。

本单元学习活动的设计，重视数形结合，帮助学生更好地理解分数加减法的算理，避免了机械的、单纯的记忆弊端，同时继续渗透转化的思想方法。例如，异分母分数加减法为什么要转化成同分母分数，更应通过数形结合，将平均分的份数不同（也就是分数单位不同）的图形，转化为份数相同的图形，帮助学生理解算理，掌握算法。

“分数的加法和减法”的学习也将为六年级上册的分数乘除法计算和分数、小数、百分数四则混合运算作好铺垫。

整合后的内容结构与课时见表1。

表1 整合后的内容结构与课时

整合后的内容结构	课时
单元起始课“计数单位——数、合、分”	1
分数的加法和减法	1
分数加减混合运算	1
解决问题	1
综合实践“七巧板中的分数问题”	1

3.学情分析

从年龄特点来看，五年级学生的思维已经向抽象思维过渡，逐步形成并具备初步的迁移类推、归纳概括能力。分数加减法的学习需要有效沟通整数、小数的加减法运算原理，借助迁移，建立联系，从而掌握运算方法。这一阶段的学生已经具备这些必备水平和能力。

从知识经验来看，学生在三年级《数学》上册已学过一些简单的同分母分数加减法，有一定的基础，但是当时只采用直观的方法进行教学，没有引导学生总结出一般的计算方法。同时，统一分数单位所涉及的通分等知识，在五年级《数学》下册第四单元“分数的意义和性质”中已完成学习，并建立起“分数单位”的概念。同时，从三年级开始，学生已系统学习了整数的混合运算顺序及运算定律，并且知道“整数加减法”的运算定律在小数加减法运算时同样适用，为本单元的学习作好铺垫。

4. 单元大观念

根据上述分析，单元内容明确指向分数加减法的算理、算法和解决问题，与整数、小数加减法的算理和算法是一致的，因此提出本单元大观念：分数加减法是相同分数单位个数的加与减。

（二）构建单元知识结构

单元知识结构如图 2 所示。

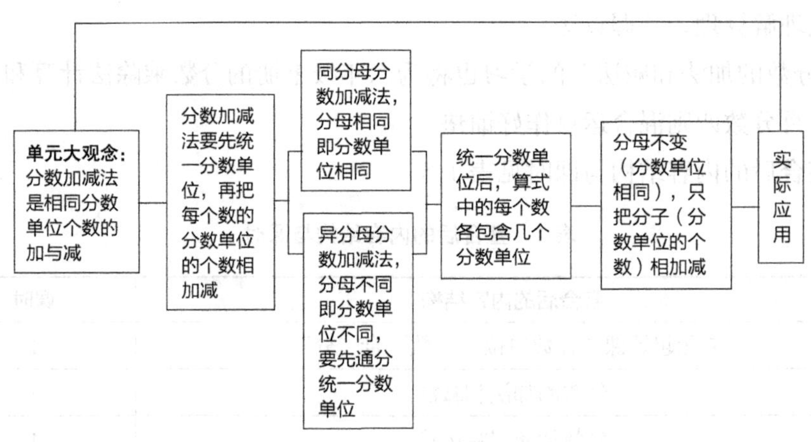

图 2　单元知识结构

（三）表述单元目标

（1）通过具体生活情境，说出分数加减法与整数、小数加减法之间的联系，形成“加减法就是相同计数单位的个数的加与减”的整体认知。

（2）通过分数加减法计算的探究活动，能说出分数加减法的计算原理，总结计算方法并正确计算，培养学生运算能力和推理意识。

①在具体情境中，可以说出分数加减法的意义与整数加减法的意义相同。

②学生画一画、涂一涂，准确讲解同分母和异分母分数加减法的算理，能说出计算方法并会正确计算。

③通过计算、推理，得出“分数加减混合运算顺序与整数相同”“整数加减法运算定律对于分数加减法仍然适用”的结论，能运用运算定律进行简便计算。

（3）能用分数加减法解决简单的实际问题，形成几何直观和初步的应用意识，提高解决问题的能力。

二、创设学习情境和评价任务

（一）学习情境

阳光小学要进行“我的文化我的班”班级文化建设评比，五（1）班的同学分工布置教室展区，有手工、书法、绘画、科学实验等。在班级文化版面的设计布置过程中，要用到整数、小数、分数的加减运算。我们已经知道：整数、小数加减法计算时，要把数位对齐，是为了保证“相同计数单位的数相加减”。可是，分数加减法又该如何计算？它与整数、小数加减法计算又有什么联系与区别呢？让我们一起继续探究分数加减法的计算原理及方法。学习结束后，我们将举办以“七巧板中奥秘多”为主题的学科展演会，请同学们按照“提出猜想—尝试计算—沟通联系—总结方法—解决问题”路径展示自己的学习过程，并用自己喜欢的形式向他人介绍“一副七巧板中每个图形面积各占正方形面积的几分之几”，分享中国传统文化的多样性和趣味性吧！

（二）评价任务

评价任务如图3所示。

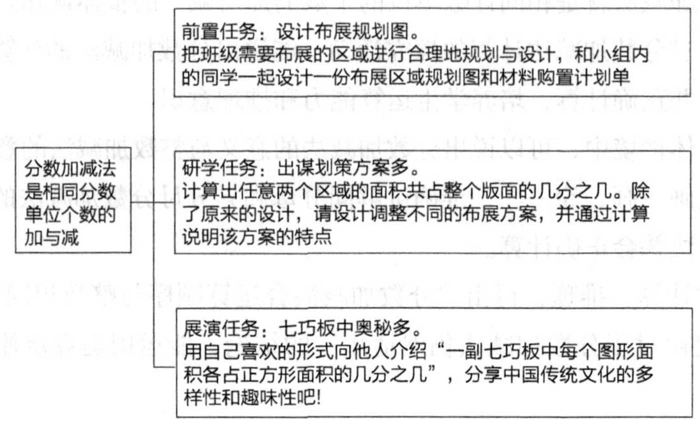

图3　评价任务

课时总体规划：前置任务课前完成，研学任务5课时，展演任务1课时，本单元共6课时。

三、设计学习活动方案

（一）前置任务

阳光小学要进行“我的文化我的班”班级文化建设评比，五（1）班的同学们分工布置教室。请你把班级需要布展的区域进行合理的规划与设计，和小组内的同学一起设计一份布展区域规划图和材料购置计划单。设计和购置材料的过程中要用到整数、小数和分数的相关计算，请你回忆整数、小数的加减法计算方法和算理，并在此基础上，推想分数加减法该怎样计算呢？试着举例验证自己的猜想。

（二）研学任务

研学任务见表 2。

表 2　研学任务

<table>
<tr><td colspan="4">基本问题：分数加减法与整数、小数加减法的计算方法与算理有什么联系？</td></tr>
<tr><th>单元目标</th><th>课时目标</th><th>学习问题</th><th>学习活动</th></tr>
<tr><td rowspan="2">（1）通过具体生活情境说出分数加减法与整数、小数加减法之间的联系，形成“加减法就是相同计数单位的个数的加与减”的整体认知。

（2）通过分数加减法计算的探究活动，能说出分数加减法的计算原理，总结计算方法并正确计算，培养学生的运算能力和推理意识。

（3）能用分数加减法解决简单的实际问题，形成几何直观和初步的应用意识，提高解决问题的能力</td><td>第 1 课时：
（1）能从班级文化布置的情境中提取不同数据（整数、小数、分数），并说出它们的计数单位是什么。
（2）正确说出整数、小数加减法计算方法之间的联系</td><td>（1）如何统一分数的分数单位？

（2）整数、小数加减法计算方法和算理有什么联系？</td><td>任务 1：
找出班级文化设计图中的相关数据：版面的长和宽、购置材料所花的钱、不同的布展区域占展板总面积的分率……说一说收集到的数据的计数单位分别是什么？各有几个这样的单位？
任务 2：
举例说明整数、小数加减法计算方法和算理的一致性，并采用思维导图的形式进行展示（主题：加减法的计算）</td></tr>
<tr><td>第 2 课时：
（1）在具体情境中，能说出分数加减法的意义与整数加减法的意义相同。
（2）学生画一画、涂一涂，展示发现算法的过程，并准确讲解算理。
（3）能说出同分母和异分母分数加减法的计算方法，会正确计算</td><td>怎样计算同分母分数、异分母分数加减法？</td><td>任务 3：
每个小组负责两个展区的布置。请大家从设计图中任意挑选两个展区，并计算出这两个展区共占整个版面面积的几分之几。较大的展区比较小的展区多占整个版面的几分之几？
任务 4：
分数加减法有几种情况？同分母分数、异分母分数加减法的计算方法和算理是什么？请将你的结论补充在“加减法的计算”思维导图中，体现整数、小数、分数加减法计算的一致性</td></tr>
</table>

续表

单元目标	课时目标	学习问题	学习活动
（1）通过具体生活情境说出分数加减法与整数、小数加减法之间的联系，形成“加减法就是相同计数单位的个数的加与减”的整体认知。 （2）通过分数加减法计算的探究活动，能说出分数加减法的计算原理，总结计算方法并正确计算，培养学生的运算能力和推理意识。 （3）能用分数加减法解决简单的实际问题，形成几何直观和初步的应用意识，提高解决问题的能力	第3课时： （1）通过计算，说出“分数加减混合运算顺序与整数相同”，并会熟练正确计算。 （2）通过推理，得出“整数加减法运算定律对于分数加减法仍然适用”的结论，能运用运算定律进行简便计算	（1）分数加减混合运算的顺序是什么？ （2）怎样计算更简便？	**任务5：** 第五小组的同学们分组制作手工展品，材料选择的过程中用到分数加减混合运算，这是他们的算式。 思考：左右两边的算式有什么关系？ $1-\frac{11}{20}-\frac{2}{5}$　　$1-(\frac{11}{20}+\frac{2}{5})$ 我的计算： 我的思考： 我的结论： **任务6：** 加减法的计算有一致性，混合运算的运算顺序、运算定律与整数小数也是一致的。请你将这个发现在“加减法的计算”思维导图中整理体现
	第4课时： （1）会采用摘录信息、画示意图的方式理解题意，并分析数量关系。 （2）能够独立、正确解决实际问题	怎样才能把自己的想法更直观清晰地展示出来呢？	**任务7：** 请你从科学展区介绍的实验中，提取相关数学信息，并画图表示。算一算：倒出多少杯牛奶？多少杯水？ **任务8：** 利用分数加减法还可以解决生活中的哪些实际问题呢？请你采用数学故事或绘本的形式记录下来，并和大家分享
	第5课时： （1）通过观察、操作、推理和交流等活动，说出七巧板中各块之间的面积数量关系。 （2）利用七巧板熟练掌握分数加减法计算，探究七巧板中与分数有关的奥秘	一副七巧板中每个图形面积各占整个正方形的几分之几？	**任务9：** 按照“提出猜想—尝试计算—沟通联系—总结方法—解决问题”路径展示自己探究分数加减法计算方法和算理过程。 **任务10：** （1）寻找$\frac{1}{2}$、$\frac{3}{4}$。 （2）寻找八分之几、十六分之几。 （3）请你用七巧板拼出一个有趣的图案，并计算这个图案中的部分区域占总面积的几分之几。 **任务11：** 用自己喜欢的形式向他人介绍“一副七巧板中每个图形面积各占正方形面积的几分之几”，分享中国传统文化的趣味

（三）展演任务

举办以“七巧板中奥秘多”为主题的学科展演会，按照“提出猜想—尝试计算—沟通联系—总结方法—解决问题”路径展示自己的学习过程，并用自己喜欢的形式向他人介绍“一副七巧板中每个图形面积各占正方形面积的几分之几”，分享中国传统文化的多样性和趣味性。

四、研制评价量表

根据单元教学目标及前置任务、研学任务、展演任务，设计三组相对应的评价量表。第一组是前置任务评价量表。第二组评价量表由研学任务评价量表和课堂表现评价量表两部分组成，研学任务评价量表中每一个评价项目对应本单元的学习活动，采用学生自评、互评及教师评价相结合的方式，对学生的学习活动实行多元化评价；课堂表现评价量表则从三个不同的维度对学生的课堂情况进行评价。第三组是展演任务评价量表，在单元学习结束后进行，组内根据每个人的总结和展演进行互评。每个评价项目分为 A、B、C 三个等级，可以对学生的学习过程及结果进行有效评价。

（一）前置任务评价量表

“设计布展规划图”评价量表见表 3。

表 3　“设计布展规划图”评价量表

维度	评价等级标准		
	A	B	C
布展规划图	能够设计一张布局合理、美观的展区规划图，并用分数表示每一块区域约占总面积的几分之几	能够设计一张展区规划图，但不够合理或美观，能用分数表示出每一块区域约占总面积的几分之几	在他人的帮助下能够设计一张展区规划图，不能用分数表示出部分区域约占总面积的几分之几

（二）研学任务评价量表

“分数的加法和减法”评价量表见表 4。

表 4 “分数的加法和减法”评价量表

维度	评价等级标准		
	A	B	C
沟通联系	能正确说出整数、小数、分数的计数单位，正确说出整数、小数加减法计算方法之间的联系	能说出整数、小数、分数的计数单位，不能完整说出整数、小数加减法计算方法之间的联系	不能准确说出整数、小数、分数的计数单位，不能完整说出整数、小数加减法计算方法之间的联系
分数加法和减法的意义和计算	能准确地表述“分数加法就是把两个数合并成一个数的运算”“分数减法是指已知两个分数的和与其中一个加数，求另一个加数的运算”	能表述出分数加减法的各部分名称，但意义表达不完整	能表述出分数加减法的各部分名称，但不会表述意义
	能在探究分数加法和减法的活动中，完整总结计算方法，并说出与整数加减法的关系	会正确计算分数加法和减法，但不能说出与整数加减法的关系	不能正确计算分数加法和减法，也不能说出与整数加减法的关系
分数加减法混合运算及简便运算	能正确总结出“整数加法运算定律对于分数加法同样适用”，并会选择合适的方法进行分数加减混合运算	能正确总结出“整数加法运算定律对于分数加法同样适用”，能说出分数加减混合运算的顺序，不会选择合适的方法计算分数加减混合运算	能正确总结出整数加法运算定律对于分数加法同样适用，能说出分数加减混合运算的顺序，不会选择合适的计算方法，也不能正确计算分数混合运算
分数加减法解决问题	能准确利用示意图正确分析数量关系，正确列式解答	能正确画出示意图，正确分析数量关系，但不能正确列式解答	能正确画出示意图，但不能正确分析数量关系，不能正确列式解答

“课堂表现”评价量表见表 5。

表 5 “课堂表现”评价量表

维度	评价等级标准		
	A	B	C
小组合作	能积极参与小组学习活动，认真倾听、讨论、记录	能比较积极地参与小组学习活动，倾听、讨论、记录不够认真	需在同伴的提醒下参与小组学习活动，倾听、讨论、记录不能很好地完成

续表

维度	评价等级标准		
	A	B	C
听讲情况	认真听讲、记笔记，积极和教师互动，主动质疑	听讲、记笔记比较认真，和教师互动较少，偶尔质疑	听讲、记笔记不够认真，不和教师互动，需要教师不断提醒
巩固练习	能按时按要求完成巩固练习，质量高	能基本完成巩固练习，质量较好	在他人的督促下能完成巩固练习，质量不好

（三）展演任务评价量表

“七巧板中奥秘多”评价量表见表6。

表6 “七巧板中奥秘多”评价量表

维度	评价等级标准		
	A	B	C
梳理展示学习及探究过程	能够按照“提出猜想—尝试计算—沟通联系—总结方法—解决问题”路径展示自己的学习过程。 向他人介绍、展示时，能清楚地描述内容，大方自信	能够大致按照“提出猜想—尝试计算—沟通联系—总结方法—解决问题”路径展示自己的学习过程。 向他人介绍、展示时，能简单描述内容，大方自信	在他人的提示下，能够大致按照“提出猜想—尝试计算—沟通联系—总结方法—解决问题”路径展示自己的学习过程。 向他人介绍、展示时，需要引导才能描述自己的内容
探究七巧板中与分数有关的奥秘	能正确、熟练地介绍“一副七巧板中每个图形面积各占整个正方形的几分之几”	能正确介绍“一副七巧板中每个图形面积各占整个正方形的几分之几”，但不够熟练	不能正确介绍“一副七巧板中每个图形面积各占整个正方形的几分之几”

五、教学设计反思

1. 统整教材，突出整体性和一致性

《义务教育数学课程标准（2022年版）》指出：数的运算的教学应让学生感知数的加减运算要在相同数位上进行，体会简单的推理过程。基于此，笔者设置了单元起始课“计数单位——数、合、分”，引领学生感知数及其单位的一致性，感受数的运算算理的一致性，帮助学生排除认知干扰，突破数域限制，从整体上感知运算法则、运算顺序、运算定律的一致性。

2. 统整目标，明晰思路

由外在表现到学科本质，由核心素养到知识能力，层层链接、步步倒逼，以此建构课程结构，制订出单元目标，本单元“学什么”“怎么学”“学到什么程度”，教师整体有了深刻的认识和明晰的思路。

单元教学目标的制订，围绕课程标准对相关内容进行分析，结合本节课的体系架构，制订出了可操作、可评、可测的单元目标，为评价任务的统一提供依据。

3. 统整学习活动，让学生学习更有效、高效

学习活动的设计始终与目标匹配，围绕单元大观念，将基本问题序列贯穿其中，以促使学生进行理性思考。学习活动之后，由基本问题向评价任务延伸，引导学生回到所要构建的大观念中，对学习活动进行模型建构，形成数学意识。

本单元的学习活动设计，以班级文化布置为大情境，分设“展区的布置”“手工装饰”“有趣的科学展区”“好玩的七巧板”四个主题活动，明确的实施路径将学生的学习活动逐步引向深入，让学生在探究中逐步明晰算理，掌握算法，进而解决实际问题。

总之，找到知识间的内在联系，轻松地将新知识纳入已有的知识系统中，将散沙式的知识点串成结构式的知识链，让“繁多”变“精简”，让简单的课变得“厚实”，学会联系地看待问题，将核心素养的培养真正落到实处。

乘法是利用口诀把计数单位的个数合起来

——人教版《数学》小学四年级上册第四单元“三位数乘两位数”

李乙可　汪艳丽*

一、制订基于核心素养的单元目标

“三位数乘两位数”属于“数与代数”领域整数乘法学习的最后一个阶段。本单元通过迁移旧知识，总结整数乘法的一般方法，并以整数乘法为基础，探讨乘法运算中的一些规律，培养学生运算能力和推理意识。在此基础上联系生活，对常见的数量关系进行适时、适度的提炼和总结，促进知识的内化和应用，最终指向模型意识和应用意识的培养。由此可见，抓住乘法运算的本质是学习本单元的基础，进而确定以“如何确定竖式中第二部分的积”的基本问题作为研究路径，形成“乘法是利用口诀把计数单位的个数合起来”的单元大观念。

（一）提炼单元大观念

1. 课程标准分析

【内容要求】

探索并掌握多位数的乘法，感悟从未知到已知的转化。

在具体情境中，认识常见数量关系：总价 = 单价 × 数量、路程 = 速度 × 时间，能利用这些关系解决简单的实际问题。

能解决生活中的简单问题，并能对结果的实际意义作出解释，通过探索简单规律的过程，形成初步的模型意识和应用意识。

【学业要求】

能计算三位数乘两位数。

*李乙可　汪艳丽，郑州中学第二附属小学。

能在真实情境中，发现常见数量关系，并利用常见数量关系解决问题。形成初步的模型意识、几何直观意识和应用意识。

【学业质量标准】

能进行整数四则运算，形成运算能力和初步的推理意识。

结合现实生活，能尝试运用所学的数学知识和方法描述、表达、分析、解释实际问题，运用常见的数量关系解决问题，形成初步的量感和初步的应用意识，以及分析问题和解决问题的能力。

通过数学学习的过程，通过操作、游戏等丰富多彩的活动，对数学形成一定的求知欲，具有学习数学的兴趣，初步养成独立思考、合作探究等良好的学习习惯。

《义务教育数学课程标准（2022 年版）》要求培养学生会用数学的眼光观察现实世界、数学的思维思考现实世界、数学的语言表达现实世界。通过对现实世界中基本数量关系的观察，能够直观理解所学知识及其现实背景，逐步养成从数学角度观察现实世界的意识与习惯，初步形成模型意识和应用意识，提升解决问题的能力。数学思维主要表现为运算能力和推理意识。三位数乘两位数作为整数乘法运算学习的最后一部分知识，具有一定的总结性和概括性。在此基础上引导学生探讨乘法运算中的一些规律，加强学生对知识的内化，在参与探索运算规律的活动中培养数感和推理意识。

2. 教材分析

（1）相关教材内容梳理。

本单元学习整数乘法的计算，属于“数与代数”领域。小学阶段有关整数乘法计算的整体知识结构分为三个层次，分别是二年级上册（乘法的认识）、三年级上册（两三位数乘一位数）、三年级下册（两位数乘两位数）和四年级上册（两三位数乘两位数）。本单元“三位数乘两位数”是小学整数乘法的最后一个阶段，不仅要让学生掌握整数乘法的计算技能，还应在此基础上引导学生探讨乘法运算中的一些规律，掌握简单的具有实际背景的常见数量关系，能够用符号（包括数）或含有符号的式子表达数量之间的关系，以培养学生运用乘法运算解决实际问题的能力，为后续进一步学习乘法运算作准备。

（2）具体内容安排。

本单元是在“两位数乘两位数”的基础上学习的，主要包括三个板块：三

位数乘两位数笔算、积的变化规律、常见数量关系。第一个板块是例 1 和例 2，即“三位数乘两位数”笔算乘法。两个例题是按一般到特殊的形式编排，即例 2 一般是在例 1“三位数乘两位数笔算”的基础上，学习因数末尾有 0 或第一个因数中间有 0 的两种特殊的乘法笔算。第二个板块是例 3，即积的变化规律，通过计算有联系的乘法题组，观察、分析、概括出规律。第三个板块是例 4 和例 5，即乘法中两个常见的数量关系，通过列举、概括得出更为一般的数量关系。

本单元内容主要有两方面的作用：一是总结整数乘法的一般方法，对整数乘法的算理和算法进行回顾与整理；二是注意对数学规律的总结与提炼。本单元内容在涉及探索规律时，比较关注相关规律或数学模型的结构化提炼。例如，两组常见数量关系的提炼，清楚而又简洁，便于学生理解与运用，而对“积的变化规律”的内容编排，也同样清楚地提出了要求，将发现的规律用较为规范的语言表述出来。

本单元具体内容安排如图 1 所示。

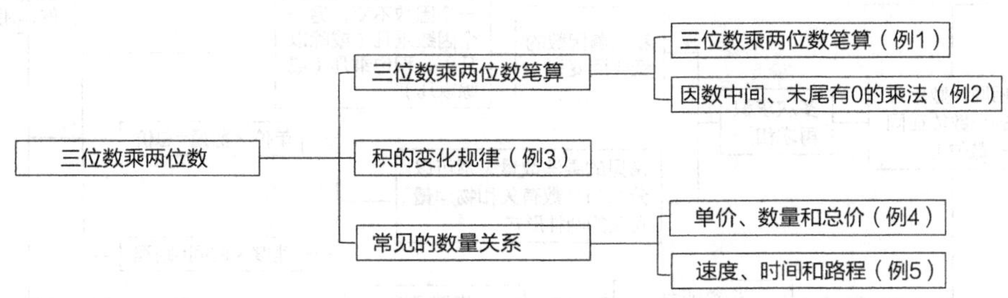

图 1 本单元具体内容安排

3. 学情分析

（1）年龄特点。

四年级的学生已具备独立思考、小组合作学习的能力，他们对于知识充满好奇，乐于探究、乐于发现，已经初步积累数学学习的基本活动经验。

（2）知识经验。

本单元是小学阶段笔算乘法的中级阶段，学生已经掌握了三位数乘一位数和两位数乘两位数笔算，已有乘法计算法则的支撑，对算理、算法的理解和探索并不会感到困难。但是由于因数数位的增加，计算的难度也会相应地增加，计算步骤较多，要顾及的问题也很多，计算中容易出错。因此学习这部分内容有利于学生完整地掌握整数乘法的计算方法，并为进一步学习小数乘法打好基础。

本单元学习的常见数量关系：单价 × 数量 = 总价、速度 × 时间 = 路程，这些内容对学生来说不算复杂，但简单的内容要让学生形成系统的认识，并不是一件容易的事情。因此学习这部分内容要重点关注学生已有的生活经验，经历从生活中的具体问题抽象成数学模型的过程。

4. 单元大观念

综上所述，本单元既是对整数乘法运算的总结，也是对其知识的内化和应用，其基础都是乘法运算，所以抓住乘法运算的本质是本单元的重中之重。对此确定本单元的大观念：乘法是利用口诀把计数单位的个数合起来。

（二）建构单元知识结构

单元知识结构如图 2 所示。

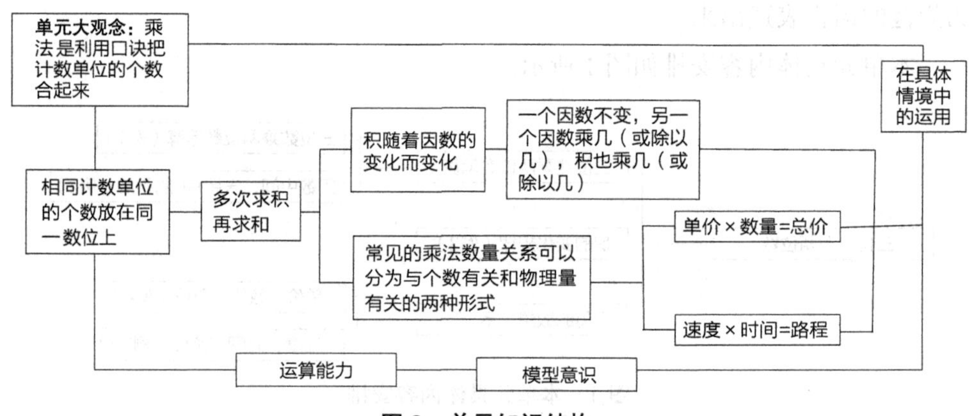

图 2　单元知识结构

（三）表述单元目标

（1）通过建立两位数乘两位数与三位数乘两位数的联系，形成乘法是利用口诀将计数单位的个数合起来的意识。

①联系两位数乘法的相关知识，归纳三位数乘两位数的一般方法，形成整数乘法的基本观念。

②通过自主探究，归纳因数中间或末尾有 0 的竖式的简便写法，归纳多位数乘两位数的一般方法。

（2）通过观察、计算、对比两组乘法算式，能用简洁的语言表达积的变化规律，获得探索规律的一般方法，初步形成推理意识。

（3）在真实的生活情境中，能运用常见的数量关系解决实际问题，形成初步的模型意识和应用意识，培养分析和解决问题的能力。

二、创设学习情境和评价任务

（一）学习情境

四月天，春意盎然。为了加强同学们的集体意识，开拓视野，感受生活，学校计划举行“我们春游啦”实践活动，一起走进绿博园，感受春天的气息。为确保师生安全，保障活动顺利进行，需要做一个计划方案，提前规划行程、租车、门票等事项，从这些事项中筛选出需要解决的乘法问题。通过讨论交流，小组充分利用图、表、文字等形式表达解决问题的过程。学习结束后，以简易计划书的形式进行汇报展示，详细介绍活动中相关乘法问题的解决过程。

（二）评价任务

评价任务如图 3 所示。

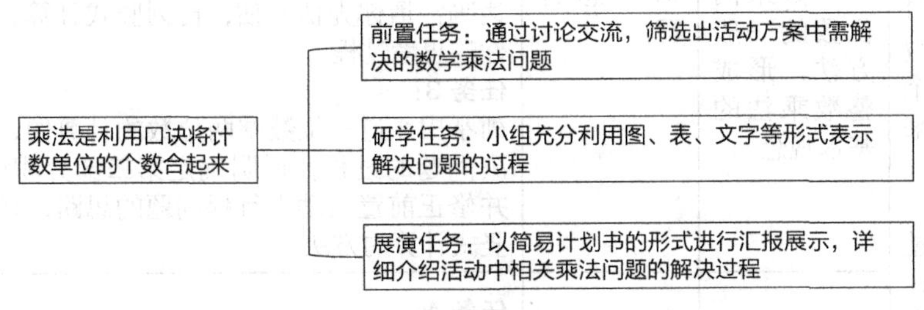

图 3 评价任务

课时总体规划：前置任务 1 课时，研学任务 5 课时，展演任务 1 课时，本单元共 7 课时。

三、设计学习活动方案

（一）前置任务

同学们，本学期我们将举行“我们春游啦”实践活动，一起走进绿博园，感受春天的气息。首先，给同学们发放绿博园宣传手册，我们学校一共有 32

个班级，平均每班50人，一共需要发放多少本宣传册呢？

为确保师生安全，保障活动顺利进行，我们需要提前策划春游活动的方案，今天我们就一起来当小小策划师，提前规划一下吧。全班讨论，列举春游活动中应提前规划的事项，从事项中筛选出需要解决的数学乘法问题。

（二）研学任务

研学任务见表1。

表1 研学任务

基本问题：如何确定竖式中第二部分的积？			
单元目标	**课时目标**	**学习问题**	**学习活动**
（1）通过建立两位数乘两位数与三位数乘两位数的联系，形成乘法是利用口诀将计数单位的个数合起来的意识。 （2）通过观察、计算、对比两组乘法算式，能用简洁的语言表达积的变化规律，获得探索规律的一般方法，初步形成推理意识 （3）……	第1课时：联系两位数乘法的相关知识，归纳三位数乘两位数的一般方法，形成整数乘法的基本观念	第二部分的积该怎样写？	**任务1：** 笔算下面各题，说一说你是如何列竖式计算的。 43×26=　45×12= **任务2：** 为确保出行安全，学校准备租大巴车去绿博园。经大巴车司机介绍，大巴车平均每分钟行驶865米，从学校到绿博园一共46千米。52分钟能到达吗？请你先估一估，再列竖式计算，并说明你的思考过程。 **任务3：** 列举出3道三位数乘两位数的计算题，记录解决问题的过程，说明确定第二部分积的方法，并修正前置活动中行程问题的思路，详细说明竖式计算的方法
	第2课时：能用简便写法列因数中间或末尾有0的竖式，归纳多位数乘两位数的一般方法	列竖式时，如何处理“0”和“非0”数字的对位问题？	**任务4：** 笔算下面各题，说一说你是如何计算的。 151×23=　507×4=　280×3= **任务5：** 参与本次活动的教师共有106人，四年级学生共有310人。经上网查询，绿博园成人门票每人20元，儿童门票每人10元。请你算一算全体教师和四年级学生一共要花费多少钱买门票？请列竖式计算，并说明你的思考过程。 **任务6：** 列举出3道因数中间或末尾有0的三位数乘两位数计算题，说明解决问题的过程。详细记录说明前置活动中门票问题的思路，总结多位数乘两位数的一般方法

续表

单元目标	课时目标	学习问题	学习活动
（1）通过建立两位数乘两位数与三位数乘两位数的联系，形成乘法是利用口诀将计数单位的个数合起来的意识。 （2）通过观察、计算、对比两组乘法算式，能用简洁的语言表达积的变化规律，获得探索规律的一般方法，初步形成推理意识。 （3）在真实的生活情境中，能运用常见的数量关系解决实际问题，形成初步的模型意识和应用意识，发展分析和解决问题的能力	第3课时：能用简洁的语言正确表达积的变化规律，并能灵活解决简单的实际问题	两数相乘，积会随着因数的变化发生什么变化？	**任务7：** 当天园区为不同年级的学生举行了“数学智力大比拼”的游戏比赛，四年级的比赛规则如下： 请观察下面两组算式： （1）6×2=12　　（2）20×4=80 6×20=120　　10×4=40 6×200=1200　　5×4=20 说一说从上面的例子中，你发现了什么规律？请你仿照上面例子，举例验证你的发现。 **任务8：** 绿博园计划改造一块草地，请你利用所学知识尝试帮忙解决，并详细记录你的思考过程。改造要求如下：长不变，宽增加到24米。扩大后的草地面积是多少？ 200平方米　8米 **任务9：** 完善前置活动中提出的问题，记录发现规律的过程，并举例说明你是如何应用规律的
	第4课时： （1）能用简洁的语言表达“单价、数量、总价”之间的关系。 （2）能正确运用数量关系解决简单的实际问题	结合生活经验说一说单价、数量和总价之间有什么关系？	**任务10：** 经了解租车公司有A、B两种车型。A种车，每辆120元，需要租32辆。B种车，每辆车100元，需要租40辆。请你帮忙算一算租哪种车最省钱。 （1）先画图或用文字说明数量之间的关系，再列式解答。 （2）生活中这样的问题还有很多，请你举例说一说。 **任务11：** 绿博园计划种植一批冬青苗，请你利用所学知识尝试帮忙解决，并详细记录你的思考过程。60～70厘米高度的冬青苗每捆12元，80～100厘米高度的冬青苗每捆18元，现有经费50元，想买3捆冬青苗，有多少种买法？ **任务12：** 根据以上所学知识，完善前置活动中提出的租车问题，并记录有关单价、数量和总价问题的收获

续表

<table>
<tr><th>单元目标</th><th>课时目标</th><th>学习问题</th><th>学习活动</th></tr>
<tr>
<td>（1）通过建立两位数乘两位数与三位数乘两位数的联系，形成乘法是利用口诀将计数单位的个数合起来的意识。

（2）通过观察、计算、对比两组乘法算式，能用简洁的语言表达积的变化规律，获得探索规律的一般方法，初步形成推理意识。

（3）在真实的生活情境中，能运用常见的数量关系解决实际问题，形成初步的模型意识和应用意识，发展分析和解决问题的能力</td>
<td>第 5 课时：
（1）结合具体情境，能说出速度的概念并能正确使用复合单位表示速度。

（2）能正确运用速度、时间、路程之间的数量关系解决简单的实际问题</td>
<td>结合生活经验说一说速度、时间和路程之间有什么关系</td>
<td>任务 13：
（1）你在生活中听说过“速度”一词吗？和同学们分享一下你对速度的理解。
（2）从绿博园门口到活动场地大约有 1500 米，徒步前行每分钟可以走 108 米，从园门口到活动场地徒步 13 分钟能到达吗？
①先画图或用文字说明数量之间的关系，再列式解答。
②生活中这样的问题还有很多，请你举例说一说。
任务 14：
利用今天所学知识独立完成下表，并记录你的发现。
<table>
<tr><th>交通方式</th><th>速度/(千米/时)</th><th>时间/时</th><th>路程/千米</th></tr>
<tr><td>动车</td><td>200</td><td>1</td><td></td></tr>
<tr><td>小汽车</td><td>100</td><td></td><td>200</td></tr>
<tr><td>公交车</td><td></td><td>4</td><td>200</td></tr>
</table>
任务 15：
修正思路，完善前置活动中提出的徒步行走的路程问题，并记录有关速度、时间和路程问题的收获</td>
</tr>
</table>

（三）展演任务

举行成果交流会，以简易计划书的形式进行汇报展示，详细介绍活动中相关乘法问题的解决过程，并能举一反三。通过学生互评和教师点评，评选出“最佳策划师”。

四、研制评价量表

依据前置任务、研学任务和展演任务，设计相对应的评价量表。第一组是前置任务评价量表，从“回忆、筛选”两个项目评价学生的学习情况。第二组研学任务评价量表中每一个评价项目对应本单元相应的课程内容，评价主体以学生自评和教师评价为主。通过可量化的评价标准帮助学生衡量自己的学习结果，并帮助学生找到薄弱知识及时进行有针对性的补救。第三组展演任务评价量表针对学生学习完本单元之后的内容展示和举一反三进行评价。评价量表均从不同维度设计了 A、B、C 三个等级，各等级的标准清楚可测，操作简单。

（一）前置任务评价量表

“提出方案筛选问题”评价量表见表 2。

表 2　“提出方案筛选问题”评价量表

维度	评价等级标准		
	A	B	C
两位数乘两位数算理和方法	能准确计算，并能准确说出两位数乘两位数的计算过程	能准确计算，但说不出计算过程	不会计算
数学乘法问题的筛选	能筛选出所有与乘法有关的数学问题	能筛选出 1 ~ 2 个与乘法有关的数学问题	不理解题意，不会筛选

（二）研学任务评价量表

“解决问题完善方案”评价量表见表3。

表3 “解决问题完善方案”评价量表

维度	评价等级标准		
	A	B	C
三位数乘两位数笔算	能准确说出每一部分积表示的含义，并能正确计算出结果	无法准确表达出每一部分积表示的含义，能准确计算出结果	不能表达出每一部分积表示的含义，不会列竖式计算
因数中间或末尾有0的乘法	能准确书写竖式的简便写法，并能准确计算出结果	不会用竖式的简便写法，但能准确计算出结果	不会列竖式计算
积的变化规律	能正确列式计算，并能用标准的数学语言准确说出“积的变化规律”	只能正确列式计算出结果	不理解题意，不会列式计算
单价 × 数量 = 总价	能正确列式计算，并能用数学语言准确表达数量关系	能正确列式计算。但不会用数学语言表达数量关系	不理解题意，不会列式计算
速度 × 时间 = 路程	能正确填写表格并准确表达数量关系。能发现其中蕴含的积的变化规律	只能正确填写表格并准确表达数量关系	只能正确填写表格

“课堂表现”评价量表见表4。

表4 “课堂表现”评价量表

维度	评价等级标准		
	A	B	C
倾听	认真听课，看向发言人，没有走神、讲闲话等现象	听课比较认真，偶尔有走神、讲闲话等现象	听课不认真，走神、讲闲话现象比较严重
表达	积极举手发言，主动质疑，并有自己的见解	能举手发言，答案中自己的思维较少	很少发言，不表达自己的观点
小组合作	善于与人合作，虚心听取别人的意见	能与人合作，能接受别人的意见	缺乏与人合作的精神，难以听取别人的意见

（三）展演任务评价量表

“成果交流汇报方案”评价量表见表 5。

表 5 “成果交流汇报方案”评价量表

维度	评价等级标准		
	A	B	C
展示内容	内容全面（包含笔算乘法、积的变化规律和常见数量关系），并能详细介绍解决过程	汇报内容不全面（只包含其中的两种），能详细介绍解决过程	汇报内容不全面，只能计算，不能用语言描述解决过程
举一反三	能举出至少 3 个不同类型的例子，例子表述清楚，并能正确计算	能举出 1 ～ 2 个不同类型的例子，并能正确计算	没有举出例子

五、教学设计反思

1. 与传统教学的区别

本单元以大情境贯穿始终，在大情境的驱动下，学生主动思考与本单元内容相关的问题，尝试用数学的眼光观察现实世界，深刻体会“数学来源于生活并应用于生活”这句话。研学活动中给学生机会思考、表达、交流，自主学习新知识的过程中遇到哪些需要关注的问题和困惑，学生可以用文字或图文表达自己的思考过程或质疑的问题。教师依据对学习内容与学生认知情况的理解，设计思考“脚手架”，使学生在有导向的思考中提升数学思维能力，一方面促进学生思考，另一方面也为教师引发学生探讨、交流提供资源。

2. 设计的关键点

本单元的学习不仅要让学生掌握整数乘法的计算技能，还应当让学生掌握简单的具有实际背景的常见数量关系，学会用数学的语言表达现实世界。在对常见数量关系的设计上，注重小学生的认知特点，以实际例子来说明数量之间的关系，以例说理，由表及里，只有当间接经验真正转化为儿童的直接经验的时候，它才具有教育价值，才能成为人的发展资源，帮助学生在解决问题的过程中建构数量关系模型，从而提高解决实际问题的能力。

总之，只有能够读懂教材、读懂学生、读懂课堂，引导学生从数学的角度和思维去思考问题，用数学的方法解决问题，学生的核心素养才能落地、生根。

有余数的除法表示平均分后有剩余

——人教版《数学》小学二年级下册第六单元“有余数的除法”

王 倩 汪艳丽 李 健*

一、制订基于核心素养的单元目标

“有余数的除法”是“表内除法”知识的延伸和拓展。通过“表内除法”的学习，学生已经能熟练地运用除法算式表示平均分正好分完的情况。要想学会用有余数的除法表示平均分后有剩余的情况，就需要将操作过程、语言表达、符号表征之间建立关系。借助具体情境中的直观操作，通过观察对比、分析归纳，将分的过程、口算的过程、竖式书写的过程、语言表达的过程建立联系，为学生建构合理的知识结构提供支撑点，从而实现对有余数除法含义的真正理解，形成单元大观念：“有余数的除法表示平均分后有剩余”。

（一）提炼单元大观念

1. 课程标准分析

【内容要求】

（1）在具体情境中，了解四则运算的意义。

（2）在解决生活情境问题的过程中，体会数与运算的意义，形成初步的运算能力。

（3）在简单的生活情境中，运用数和数的运算解决问题，能解释结果的实际意义，形成初步的应用意识。

【学业要求】

（1）能描述四则运算的含义，能熟练口算表内除法，形成初步的运算能力。

* 王倩 汪艳丽 李健，郑州中学第二附属小学。

（2）能在解决问题的过程中，体会其中的道理，解释计算结果的实际意义，感悟数学与现实世界的关联，形成初步的应用意识。

“有余数的除法”属于“数与代数”的内容，需要学生了解除法运算的意义。要想达成这样的要求，就需要在具体的情境中，通过操作、对比、归纳等数学任务，理解有余数除法的含义。

运算能力的培养离不开对算理和算法的探究，教学时可以结合具体的情境和动手实操开展学习任务，让学生在理解算理的过程中概括总结出算法。运算能力的培养在第一学段要注重计算的质量，在保质的情况下适当提升计算速度，培养学生计算技能与运算能力。

应用意识的培养，需要让学生经历从现实生活或具体情境中发现并抽象出数学问题的过程，积累发现和提出问题、分析和解决问题的经验，了解解决问题方法的多样性，掌握用有余数的除法解决问题的方法与策略，提升解决问题的能力。

2. 教材分析

在除法计算中，能够整除的是少数，有余数的除法是大量存在的。从小学生学习的角度看，“有余数的除法”是表内除法知识的延伸和拓展。教材在安排上，首先，不断将有余数的除法与刚学习的表内除法的两种情况对比呈现，并借助大量的操作帮助学生理解余数及有余数的除法的含义，理解余数和除数的关系，同时体会有余数除法与表内除法的关系。其次，将除法竖式的教学安排在理解了有余数的除法的含义、明白了余数与除数的关系之后，突出了引入除法竖式的必要性和作用，同时为试商的教学做好准备。最后，教材单独编排试商的试题，突出试商的方法，为今后继续学习一位数除多位数等除法奠定基础。

为培养学生解决问题的能力，教材在最后还安排了用有余数的除法的知识解决简单的实际问题，让学生了解解决方法的多样性，提升解决问题的能力，促使学生思维能力的发展。

本单元具体内容如图 1 所示。

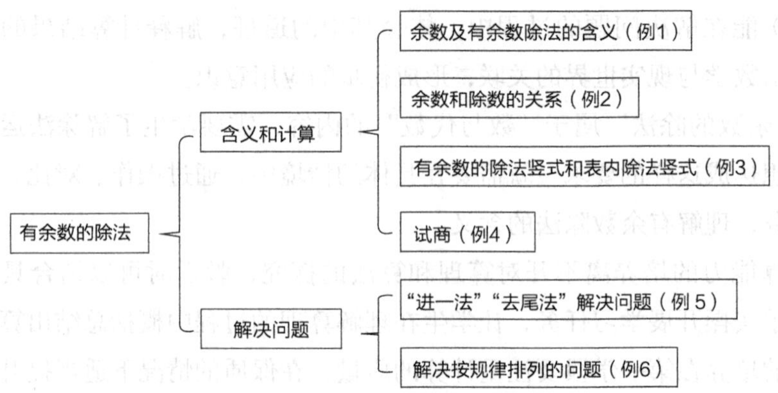

图 1　本单元具体内容

3. 学情分析

从年龄特点上看，二年级学生的思维还是以具体形象思维为主，想完成由形象思维向抽象思维的转变，就要借助动手操作，将形象思维与抽象思维结合起来，把复杂的数学问题变得简明、形象，让学生亲自去实验、去体验知识的形成过程，揭示问题本质。

从知识经验上看，在二年级“表内除法”的学习中，学生已经积累把物体进行平均分的学习经验，理解平均分的含义，知道要把一些物体平均分，可以用除法计算，会用表内除法解决问题。同时学生在生活中或数学学习中也经历过分东西有剩余的情况，但学生对“余数”的概念是朦胧的。通过前测，我们发现 84% 的学生不知道什么是余数，对其意义了解并不清晰，因此对有余数除法的含义及余数概念的理解是学生面临的新挑战。我们还了解到，虽然 100% 的学生都能解决表内除法的问题，但对除法竖式基本都不了解，其中有 41% 的学生完全不了解除法竖式，还有 41% 的学生认为除法竖式应该是 $\begin{array}{r}48\\ \div\ 6\\ \hline 8\end{array}$ 这样的，16% 的学生只是知道要用 厂 的形式列竖式，但并不会计算，只有 2% 的学生会正确运用竖式计算除法。究其原因，这与除法竖式的特殊性有关，因而除法竖式的教学也是有余数除法教学的一个重点和难点。

4. 单元大观念

结合课程标准、教材及学情分析，我们发现，将平均分后有剩余的情况与有余数除法算式建立联系是学生理解有余数除法的含义、竖式写法及解决问题的关键所在，也是本单元的核心内容，因此我们确定单元大观念：有余数的除

法表示平均分后有剩余。

（二）建构单元知识结构

单元知识结构如图 2 所示。

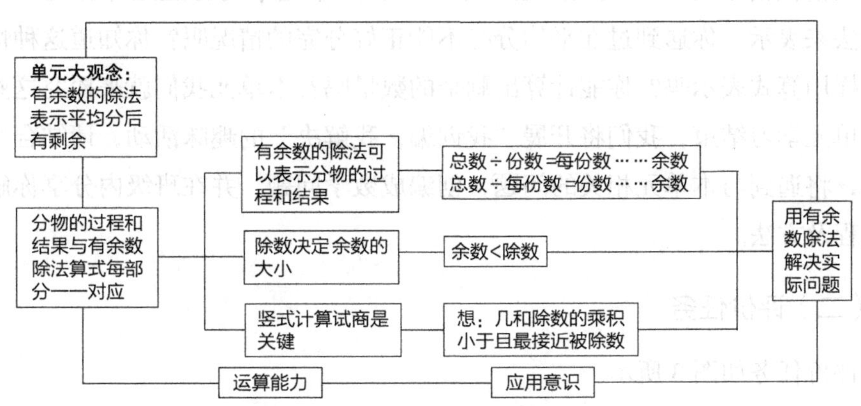

图 2　单元知识结构

（三）表述单元目标

（1）能用有余数的除法表示生活中平均分有剩余的情况，知道余数与除数的大小关系，形成“有余数的除法表示平均分后有剩余”的观念。

（2）经历除法竖式的书写过程，学会用除法竖式计算除法，培养运算能力。

①通过计算、比较等任务，学会用除法竖式计算除法，并能描述竖式中每个数所表示的含义。

②经历试商的过程，概括试商的基本方法，能较熟练地进行有余数的除法的口算和笔算。

（3）在具体的情境中，能用有余数的除法解决生活中的简单问题，使学生形成符号意识和应用意识。

二、创设学习情境和评价任务

（一）学习情境

在前面的学习中，我们知道分东西时，如果是平均分且正好分完，可以用除法来表示。你遇到过在平均分时不能正好分完的情况吗？你知道这种情况该怎样用算式表示吗？你能计算出剩余的数量吗？本单元我们就来探究这些问题。单元学习结束，我们将开展“我创编，我解决”的趣味活动，请结合生活实际，将遇到与本单元相关的问题，创编成数学问题，并在班级内分享你解决的过程及方法。

（二）评价任务

评价任务如图 3 所示。

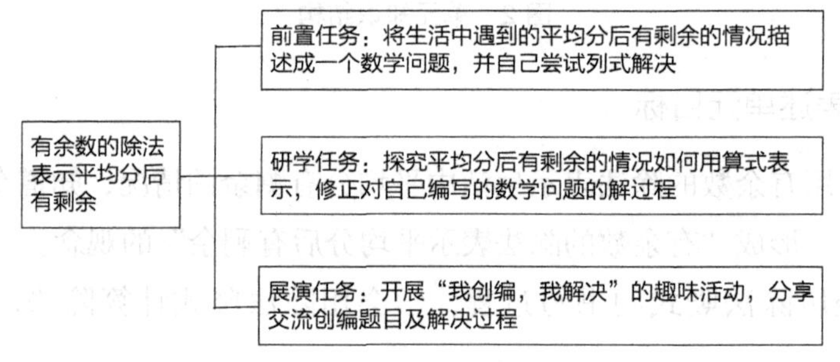

图 3　评价任务

课时总体规划：前置任务于课前完成，研学任务 6 课时，展演任务 1 课时，本单元共 7 课时。

三、设计学习活动方案

（一）前置任务

在平均分东西时，如果正好分完，就可以用除法表示，如果不能正好分完，又该怎么表示呢？请你用数学语言描述你遇到的实际问题，并尝试列式解决。

（二）研学任务

研学任务见表 1。

表 1　研学任务

基本问题：平均分后有剩余的情况该怎样用算式表示？

单元目标	课时目标	学习问题	学习活动
（1）能用有余数除法表示生活中平均分后有剩余的情况，知道余数与除数的大小关系，形成“有余数的除法表示平均分后有剩余”的观念。 （2）经历除法竖式的书写过程，学会用除法竖式计算除法，培养运算能力。 （3）在具体的情境中，能用有余数的除法解决生活中的简单问题，形成符号意识和应用意识	第 1 课时：能根据情境列出有余数除法的算式，说出每部分的含义，形成“有余数的除法表示平均分后有剩余”的观念	平均分后有剩余的情况怎样用算式表示？	**任务 1：** 在前置任务中大家提出了数学问题：二年级组领取了 8 瓶洗手液、9 瓶消毒液，准备平均给 4 个班级，每班可以分到几瓶洗手液，几瓶消毒液？用算式表示的方法总结平均分后有剩余的情况。 （1）利用手中的学具表示分的过程和结果，列出除法算式。 （2）对比两个算式，说一说它们的区别，并解释产生这样区别的原因。 （3）总结平均分后有剩余的情况用算式表示的方法。 **任务 2：** 参照例题完善前置任务中描述的数学问题，检查、修正自己的算式
	第 2 课时：能说出余数与除数的大小关系并能主动利用余数与除数的关系判断结果是否正确	有余数除法算式中，余数与除数有什么关系？	**任务 3：** 根据下面分物的情境，小组合作探究余数与除数的关系。 每班准备领取 4 包垃圾袋，学校上期结余 9 包垃圾袋，够分给几个班？若结余 10 包够分给几个班？ 11 包、12 包呢？ （1）可以借助学具摆一摆，列出算式。 （2）观察余数的变化规律，思考余数的变化范围与什么有关。 （3）解释余数比除数小的道理。 **任务 4：** 判断下面的计算结果是否正确，并说明理由。 40 ÷ 5=7 …… 5 **任务 5：** 检查前置任务算式中余数是否小于除数并修正

续表

<table>
<tr><th>单元目标</th><th>课时目标</th><th>学习问题</th><th>学习活动</th></tr>
<tr><td rowspan="3">（1）能用有余数除法表示生活中平均分后有剩余的情况，知道余数与除数的大小关系，形成“有余数的除法表示平均分后有剩余”的观念。
（2）经历除法竖式的书写过程，学会用除法竖式计算除法，培养运算能力。
（3）在具体的情境中，能用有余数的除法解决生活中的简单问题，形成符号意识和应用意识</td><td>第 3 课时：通过计算、比较等任务，学会用除法竖式计算除法，并能描述竖式中每个数所表示的含义</td><td>有余数的除法怎样列竖式计算？</td><td>任务 6：
探究并总结有余数除法的竖式计算方法。
菲菲家还剩余 32 只口罩，若每天用 6 只，这些口罩可以用几天？
（1）借助小棒摆一摆，用算式表示分的过程和结果。
（2）观察竖式正确写法，讨论横式和竖式间的相同和不同之处，总结竖式写法。
任务 7：
探究没有余数时的竖式写法。如果有 36 只口罩，每天用 6 只，可以用几天？先独立思考，尝试列出竖式，并解释含义，再对比平均分 32 只和 36 只口罩的除法竖式，总结相同和不同之处</td></tr>
<tr><td>第 4 课时：经历试商的过程，概括试商的基本方法，能较熟练地进行有余数的除法的口算和笔算</td><td>怎样求出有余数除法算式中的商？</td><td>任务 8：
43 ÷ 7=（　）……（　）
26 ÷ 4=（　）……（　）
请用竖式计算，并在小组内说一说你是怎样找到正确的商的，总结试商的方法，即“几与除数相乘接近且小于被除数”。
任务 9：
用竖式验证前置任务中的计算是否正确</td></tr>
<tr><td>第 5 课时：能用“进一法”和“去尾法”解决与有余数除法相关的实际问题，并能说明理由</td><td>用有余数除法解决问题时，如何根据具体的情境选择合适的策略解决问题？</td><td>任务 10：
解决下面问题，说一说解决两个问题时方法上有什么不同之处。
郑州某医院派出 22 名医务人员支援疫情发生地，每辆车可以坐 6 人，可以坐满几辆车？至少需要几辆车呢？
（1）在解决问题的过程中你遇到了什么问题？请提出来，并尝试小组解决。
（2）说一说你选择这样解决的理由。
（3）总结根据具体情境选择“进一法”和“去尾法”的方法</td></tr>
</table>

续表

单元目标	课时目标	学习问题	学习活动
（1）能用有余数除法表示生活中平均分后有剩余的情况，知道余数与除数的大小关系，形成“有余数的除法表示平均分后有剩余”的观念。 （2）经历除法竖式的书写过程，学会用除法竖式计算除法，培养运算能力。 （3）在具体的情境中，能用有余数的除法解决生活中的简单问题，形成符号意识和应用意识	第 6 课时：能总结出根据余数确定答案的方法，并能解决生活中与规律有关的实际问题	在用有余数除法解决问题时，如何根据余数来确定答案？	**任务 11：** 解决下面问题，说一说你是用什么方法得出结论的，并进行总结。 疫情被控制住后，人们自发地高举着彩旗，欢迎医务人员归来。 仔细观察，照这样的规律摆下去，第 16 面小旗应该是什么颜色？按规律接着往后摆，第 21 面小旗应该是什么颜色？ （1）你是用什么方法得出结论的？有没有比较快的方法？小组讨论，把找到的方法表述清楚。 （2）总结如何根据余数来确定答案。 **任务 12：** 检查前置任务中解决问题策略是否正确，并修正

（三）展演任务

开展“我创编，我解决”的趣味活动。在生日会上来了几位好朋友，你开心地把准备好的各种食物分享给大家，请你根据情境，创编一道“有余数除法”的数学问题，并自己解决。先组内交流分享，其他组员评价，再班级展示。

四、研制评价量表

依据前置任务、研学任务和展演任务，设计相对应的评价量表。每组评价量表均从不同维度设计了A、B、C三个等级，各等级的标准清晰可测。前置任务与研学任务由学生依据评价标准进行自评、互评，展演任务由学生、小组、教师依据评价标准共同评价。评价标准帮助学生衡量自己的学习过程，不断地修正，达成学习目标。

（一）前置任务评价量表

“描述及解决问题”评价量表见表2。

表2 “描述及解决问题”评价量表

维度	评价等级标准		
	A	B	C
描述问题	能用规范的数学语言描述有余数除法问题	能用自己的语言大致描述有余数除法问题	不能提出有余数除法问题
解决问题	能正确列出有余数除法的算式，并解决问题	能用画图或其他方式解决问题，但不能正确列出有余数除法的算式	不能解决问题且不能正确列出有余数除法的算式

（二）研学任务评价量表

“研学任务”评价量表见表3。

表3 “研学任务”评价量表

维度	评价等级标准		
	A	B	C
含义	能正确列出有余数除法的算式，并能正确解释每一部分的含义	能正确列出有余数除法的算式，不能正确解释每一部分的含义	不能根据情境正确列出有余数除法的算式
余数与除数的关系	能说出余数的变化规律，能解释余数比除数小的道理	能说出余数的变化规律，但说不清楚余数比除数小的原因	不会确定余数
竖式计算	能正确列式，竖式格式书写规范，计算正确	能正确列式，竖式格式书写规范，计算结果出现个别错误	不能正确列式，竖式格式书写不规范
解决问题	能根据题意选择合适的策略正确地解决问题，并能有条理地表达自己的思路和方法	能根据题意选择合适的策略正确地解决问题，但不能清楚地表达自己的思路和方法	不能正确地解决问题

“课堂表现”评价量表见表4。

表4 “课堂表现”评价量表

维度	评价等级标准		
	A	B	C
书写	认真、完整，竖式数位能自觉对齐	比较认真，偶尔不完整，竖式数位偶尔不能对齐	潦草、不完整，竖式数位总是不能对齐
听讲	上课能认真倾听教师讲话和同学的发言	上课有时走神，但是提醒后能及时改正	上课基本不能认真听讲
参与学习	能主动参与学习任务，对数学有好奇心、有兴趣，有合作交流意识和独立思考习惯	能主动参与学习任务，对数学有好奇心、有兴趣，没有合作交流意识和独立思考习惯	需在提醒下参与学习任务，对数学没有好奇心、没有兴趣，没有合作交流意识或独立思考习惯

（三）展演任务评价量表

“我创编我解决”见表5。

表5 “我创编我解决”评价量表

维度	评价等级标准		
	A	B	C
创编问题	能用规范的数学语言创编有余数除法问题	能创编有余数除法问题，但语言不规范	不能创编有余数除法问题
解决问题	能根据题意选择合适的策略正确地解决问题，并能有条理地表达自己的思路和方法	能根据题意选择合适的策略正确地解决问题，但不能清楚地表达自己的思路和方法	不能正确地解决问题

五、教学设计反思

1. 大单元主题下的教学设计让知识系统化

大单元主题下的教学设计具有整体性、系统性，能够避免传统教学设计带来的知识割裂及教师无法整体、系统地把握教学内容等问题。做好大单元主题下的教学设计，可以使教师对整个单元的知识结构有很清楚的认识，知道在什么时候讲到什么程度，更好地把握教材内容。学生学到的也不再是碎片化的知识，而是在大的任务情境下，通过自主探索、解决问题所形成的整体的、系统的知识，从而建构知识体系。

2. 站在学生学的角度建构单元知识结构

一直以来，我们都是站在教师教的角度去建构单元知识结构的，但经过培训，我们发现，这样做只是帮助教师厘清了知识之间的联系，学生却并不清楚知识之间的关系，困惑点依然不能解开。于是，我们改从学生学的角度出发，思考学生要通过怎样的路径才能建构起单元知识结构。例如，要想让学生学会用有余数除法表示平均分有剩余的情况，就要将语言表征与算式表征建立对应关系，而不仅仅是理解含义，这样才能真正帮助学生打开困惑点。这样由量变到质变的过程，也让我们深刻体会到，只有把教师的“教”转变为学生的“学”，才能真正地帮助学生建构起知识体系。

整数除法是把被除数计数单位个数从高位向低位依次细分

——人教版《数学》小学四年级上册第六单元“除数是两位数的除法”

上官勤　汪艳丽　陈　瑞*

一、制订基于核心素养的单元目标

“除数是两位数的除法”是“数与代数”中“数与运算”的主题，是对整数除法的一次扩展、总结，对提升学生的计算技能具有重要的意义。学生在经历除数是两位数除法的算理和计算方法的探究过程中，明白除法运算是计算被除数里包含几个这样的除数单位，形成“整数除法是把被除数计数单位个数从高位向低位依次细分”的单元大观念，感悟数的运算具有一致性。因此，基于学生的思维路径，我们提出“如何细分被除数计数单位的个数”这个基本问题，找到解决细分被除数计数单位个数的关键，逐步构建单元知识结构，使学生的运算能力、推理意识、应用意识等核心素养落地。

（一）提炼单元大观念

1.课程标准分析

【内容要求】

在具体情境中，探索并掌握多位数的除法，感悟从未知到已知的转化。

【学业要求】

能计算两位数除三位数。

* 上官勤　汪艳丽　陈瑞，郑州中学第二附属小学。

【学业质量标准】

能进行整数四则运算，培养学生的运算能力和初步的推理意识。

结合现实生活，能尝试运用所学的数学知识和方法描述、表达、分析、解释实际问题，运用常见的数量关系解决问题，培养学生的初步的应用意识，以及分析问题与解决问题的能力。

经历数学学习的过程，对数学形成一定的求知欲，具有学习数学的兴趣，初步养成独立思考、合作探究等良好的学习习惯。

从学业要求可以看出，课程标准对这部分内容的要求分为两个方面：一方面是让学生经历获取探索知识的过程，给学生提供充足的探索空间和思考空间，让学生通过各种学习活动，理解三位数除以两位数除法的算理；另一方面是能够熟练计算除数是两位数的除法，并能解决简单的实际问题。

《义务教育数学学业质量标准》提出“能进行整数四则运算，形成运算能力和初步的推理意识”。运算能力不仅包括根据计算法则正确计算，还要理解算理。算理为法则提供依据，法则使算理可操作化。不难看出，教学中学生既要归纳算法，又要理解算理，在理解算理的基础上掌握算法，进行“理法交融”学习。

通过本单元的学习，学生获得有关除法运算的基础知识、基本技能、基本思想和基本活动经验；提高发现问题、提出问题、分析问题和解决问题的能力；激发学生学习数学的兴趣，初步养成独立思考、合作探究等良好的学习习惯。

2. 教材分析

整数除法的计算属于“数与代数”内容，教材分三个阶段学习：二年级下册（表内除法、有余数的除法）、三年级下册（除数是一位数的除法）、四年级上册（除数是两位数的除法）。“除数是两位数的除法”是学习整数除法的最后阶段，要求学生掌握两位数除三位数的计算方法，主要包括除的顺序、商的书写位置、余数必须比除数小等。本单元的重点是理解除数是两位数除法的算理，灵活运用算法进行计算。除数是两位数的除法与除数是一位数的除法算理相同，只是试商难度增大，所以本单元的难点是掌握灵活试商的方法。

本单元主要内容有口算除法和笔算除法。学生通过探索、发现、总结计算方法的过程，提高灵活解决问题的能力。在进行试商的过程中，重点培养学生

的数感；在“摆小棒”“总结算法”的过程中，培养学生的运算能力，理解算法与算理之间的关系；在“探究商的变化规律”的过程中，培养学生的推理意识；在“计算并解决问题”中，培养学生的应用意识。

本单元具体内容安排如图 1 所示。

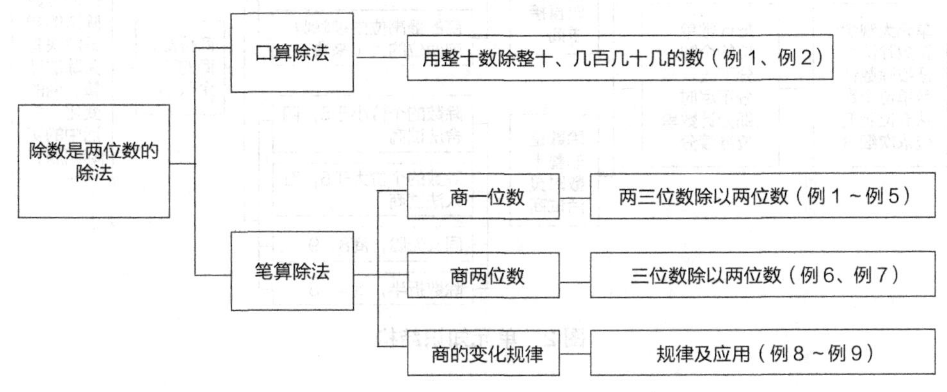

图 1 本单元具体内容安排

3. 学情分析

从年龄特点上看，四年级学生对新知识具有一定的好奇心和求知欲，有一定的独立思考能力和探究学习的经验。例如，在二年级下册表内除法（二）中，学生已经会用“类比迁移”的方法，尝试探索新的计算。除数是两位数的除法与除数是一位数的除法算理相同，所以可以用类比迁移的方法进行学习。但是，本单元计算较多，学生容易出错，缺少耐心和细心，应多关注学生的心理状态。

从知识经验上看，学生已经在二年级学习过表内除法和有余数的除法，三年级学习过除数是一位数的除法，掌握了除数是一位数除法的算理和算法。但是在用两位数除的过程中计算比较复杂，有时需要试两三次才能求出正确的商。因此，学习除数是两位数除法的关键是引导学生掌握试商方法，这也是本单元教学的难点。

4. 单元大观念

综上所述，除数是两位数的除法与除数是一位数的除法的算理是相同的，都是从被除数高位起，逐一细分每一数位上计算单位的个数，所以确定本单元的大观念是：整数除法是把被除数计数单位个数从高位向低位依次细分。

（二）建构单元知识结构

单元知识结构如图 2 所示。

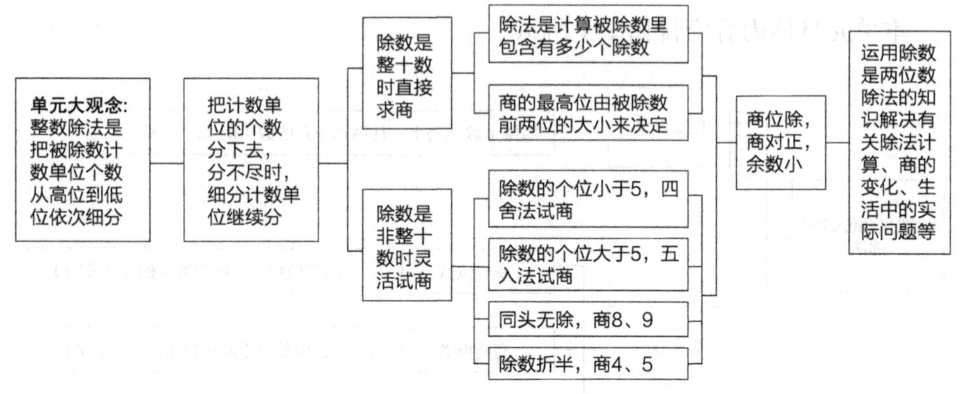

图 2　单元知识结构

（三）表述单元目标

（1）通过建立除数是一位数的除法和除数是两位数的除法的联系，形成整数除法就是把被除数计数单位个数进行依次细分的观念。

（2）通过除数是两位数除法的探索活动，能说出整数除法的算理，归纳计算方法，培养数感、运算能力和推理意识。

①在具体情境中，能正确口算整十数除整十数、几百几十的数并说出算理。

②结合具体情境，借助小棒演示平均分的过程，说出除法计算的过程。

③通过比较不同类型的计算，归纳除数是两位数除法的算法并正确计算。

④通过计算、观察、比较等活动，推理、发现、总结出商的变化规律。

（3）在具体的情境中，能运用所学的数学知识，解决有关整数除法的实际问题，形成初步的应用意识。

二、创设学习情境和评价任务

（一）学习情境

在我国古代，人们很早就掌握了数的除法运算。最早使用是在先秦时期，在《筭数书》中，关于除法的表示方式共有 7 类 19 种。我们已经学习过除数

是一位数的除法，掌握了除法的基本方法，如除的顺序、商的书写位置、正确比较余数等。如果除数是两位数该怎样计算呢？我们将再次探究除法计算，验证猜想。学习结束后，我们将举行以“除法计算，百家论坛”为主题的学科研讨会，请同学们图文结合从“猜想—发现问题—提出问题—分析问题—解决问题”五个方面展示研学过程中自己的学习经历，汇报有关除法计算方面的收获。

（二）评价任务

评价任务如图 3 所示。

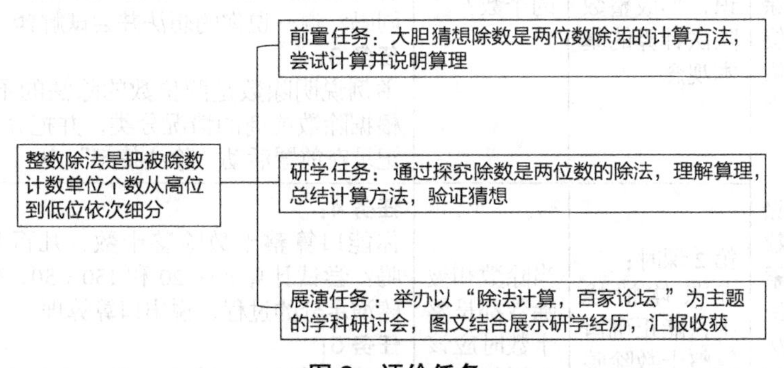

图 3　评价任务

课时总体规划：前置任务 1 课时，研学任务 8 课时，展演任务 1 课时，本单元共 10 课时。

三、设计学习活动方案

（一）前置任务

除法分为等分除和包含除。我们在三年级时已经学习过除数是一位数的除法，回忆并说出除数是一位数除法的算理和算法。请举例说一说除数是两位数除法有哪些不同情况，并进行分类。猜一猜它们该怎样计算，说一说你的猜想。

（二）研学任务

研学任务见表 1。

表 1　研学任务

<table>
<tr><td colspan="4">基本问题：除数是两位数的除法如何细分被除数计数单位的个数？</td></tr>
<tr><th>单元目标</th><th>课时目标</th><th>学习问题</th><th>学习活动</th></tr>
<tr><td>（1）通过建立除数是一位数的除法和除数是两位数的除法的联系，形成整数除法就是把被除数计数单位个数进行依次细分的观念。</td><td>第 1 课时：
师生分类整理除数是两位数的不同情况，联系除数是一位数的相关知识，形成整数除法计算的基本观念</td><td>除数是两位数的除法如何细分被除数计数单位的个数？</td><td>任务 1：
除数是一位数的除法如何细分被除数计数单位个数？举例从除的顺序、商的书写位置、余数比除数小等方面，说一说除数是一位数的除法被除数计数单位的个数细分的计算过程。
任务 2：
除数是两位数的除法与除数是一位数的除法有哪些相同点和不同点？它们的计算观念相同吗？说一说你的想法并尝试解释。
任务 3：
举例说明除数是两位数的除法的不同情况，根据除数或商的情况分类，并把分类的结果记录在前置活动“除法猜想”中</td></tr>
<tr><td>（2）通过除数是两位数除法的探索活动，能说出整数除法的算理，归纳计算方法，培养数感、运算能力和推理意识。</td><td>第 2 课时：
在具体情境中，能正确口算整十数除整十数、几百几十的数并说出算理</td><td>当除数和被除数都是整十数时应该怎样细分被除数计数单位的个数？</td><td>任务 4：
你能口算整十数除整十数、几百几十的数吗？尝试计算 80 ÷ 20 和 150 ÷ 50，借助摆小棒演示分的过程，说出口算算理。
任务 5：
口算 5 道整十数除整十数、几百几十的数的除法算式，并用算式或文字表示出口算算理。
任务 6：
在“除法猜想”中归类整理能口算的情况，检查计算过程并修订，记录学习心得</td></tr>
<tr><td>（3）在具体的情境中，能运用所学的数学知识，解决有关整数除法的实际问题，形成初步的应用意识</td><td>第 3 课时：
结合具体情境，借助小棒演示平均分的过程，说出除法计算的过程</td><td>当除数是整十数时，该怎样细分被除数计数单位的个数？</td><td>任务 7：
我们可以用口算的方法计算被除数和除数都是整十数的情况，但当只有除数是整十数，又该怎样计算呢？笔算 92 ÷ 30 和 178 ÷ 30，借助小棒演示平均分的过程，说出计算过程。
任务 8：
计算下面各题，与同伴互说计算过程。
85 ÷ 40 =　　565 ÷ 80 =
任务 9：
在“除法猜想”中详细记录除数是整十数除法的计算过程，注意标注出计算过程中商的位置</td></tr>
</table>

续表

单元目标	课时目标	学习问题	学习活动
（1）通过建立除数是一位数的除法和除数是两位数的除法的联系，形成整数除法就是把被除数计数单位个数进行依次细分的观念。 （2）通过除数是两位数除法的探索活动，能说出整数除法的算理，归纳计算方法，培养数感、运算能力和推理意识。 （3）在具体的情境中，能运用所学的数学知识，解决有关整数除法的实际问题，形成初步的应用意识	第 4 课时： 通过比较不同类型的计算，归纳除数是两位数除法的算法并正确计算	除数接近整十数时，怎样计算更简单？	**任务 10：** 在前置活动“除法猜想”中，有学生提到当被除数和除数都不是整十数时，我们还可以把他们看成整十数来计算。你同意他的观点吗？请运用迁移类推的方法尝试计算 84 ÷ 21 和 430 ÷ 62，然后在小组内分享你的思考过程，说明除的顺序和“试商”方法。 **任务 11：** 先观察下列算式的特点，再计算，最后结合所列竖式与同伴互说计算过程。 96 ÷ 32=　　98 ÷ 34= 143 ÷ 22=　　480 ÷ 63=
	第 5 课时： 通过比较不同类型的计算，归纳除数是两位数除法的算法并正确计算	除数接近整十数时，怎样计算更简单？	**任务 12：** 我们已经学会把类似 21、62 这样的除数看作接近整十数来试商，还有像 28、59 这样的除数也接近整十数，我们又该怎样试商呢？大胆猜测，计算 197 ÷ 28，再与同伴分享自己试商、调商的过程。 **任务 13：** 先观察下列算式的特点，再计算，最后结合所列竖式与同伴互说计算过程。 63 ÷ 18=　　297 ÷ 59=
	第 6 课时： 通过对比不同的试商方法，会根据除数的特点灵活试商，培养学生的思维灵活性	除数不接近整十数的两位数除法，怎样计算更容易？	**任务 14：** 在起始课“除法猜想”中有学生提到被除数和除数都不接近整十数的情况，也可以把它们看成整十数来计算。你同意他的观点吗？尝试计算 240 ÷ 26，小组内交流思考过程，对比不同的试商方法，验证猜想。 **任务 15：** 计算下面一组题，结合竖式能出每一步的计算过程和调商道理。 96 ÷ 16=　　104 ÷ 26=　　182 ÷ 24= **任务 16：** 总结前几节课的试商方法，完善“除数猜想”中有关试商部分的内容，举例要典型，说理要清晰

续表

单元目标	课时目标	学习问题	学习活动
（1）通过建立除数是一位数的除法和除数是两位数的除法的联系，形成整数除法就是把被除数计数单位个数进行依次细分的观念。 （2）通过除数是两位数除法的探索活动，能说出整数除法的算理，归纳计算方法，培养数感、运算能力和推理意识。 （3）在具体的情境中，能运用所学的数学知识，解决有关整数除法的实际问题，形成初步的应用意识	第7课时：经历商是两位数的除法笔算过程，归纳除数是两位数除法的计算方法，并能正确计算	除数是两位数的除法，商可能是几位数？	**任务17：** 前置活动中，有学生猜测：商可能是一位数，还可能是两位数，什么时候会出现商是两位数呢？ （1）尝试计算612÷18。 （2）在小组内交流你的思考过程，说清楚61个10除以18，商几余几，应该如何继续除？ （3）总结确定商是一位数和商是两位数的方法。 **任务18：** 完成下面各题，并与同伴互说计算过程。 989÷43=　　762÷38= **任务19：** 在“除法猜想”中从除的顺序、商的位置、商的位数三方面，完善有关商是两位数除法的计算方法
	第8课时：通过计算、观察、比较等活动，推理、发现、总结出商的变化规律	商的变化有什么规律？	**任务20：** 商会随着被除数和除数的变化而变化。大胆猜一猜商的变化规律，并举例验证你的猜想。 **任务21：** 计算下面各题，并说出简便计算的依据。 8100÷90=　　480÷20=　　360÷60= **任务22：** 在“除法猜想”中，详细记录有关商的变化规律
	第9课时：运用商不变的规律简便计算，发现余数随除数或被除数变化而变化的规律	运用商不变的规律计算时，余数发生了什么变化？	**任务23：** 先计算840÷50，再验算，你发现了什么问题？猜一猜出现问题的原因，寻找解决问题的办法，得出“余数随除数或被除数变化而变化的规律”。 **任务24：** 请简便计算下面各题，并说出余数。 540÷20=　　670÷30=　　980÷50= **任务25：** 修订完善“除法猜想”活动记录，并写出心得

（三）展演任务

举办以“除法计算，百家论坛”为主题的学科研讨会，请利用多种方式（举例、图示等）表述不同情况下除数是两位数除法的计算过程，从“猜想—

发现问题—提出问题—分析问题—解决问题”五个方面展示研学过程中自己的学习经历，汇报有关除法计算方面的收获。

四、研制评价量表

依据前置任务、研学任务和展演任务，设计相对应的评价量表。第一组是前置任务评价量表，从“回忆、列举、猜想”三个维度评价学生的学习情况。第二组研学任务评价量表中，每一个评价维度对应本单元相应的课程内容。通过可量化的评价标准帮助学生衡量自己的学习结果，并帮助学生找到薄弱知识，及时进行针对性补救。同时采用学生自评、互评及教师评价相结合的方式对学生的课堂表现进行多元化评价。第三组是展演任务评价量表，针对学生学习完本单元之后的过程展示和结果展演进行评价。评价量表均从不同维度设计了 A、B、C 三个等级，各等级的标准清楚可测，操作简单。

（一）前置任务评价量表

“除法是两位数除法的猜想”评价量表见表 2。

表 2　“除法是两位数除法的猜想”评价量表

维度	评价等级标准		
	A	B	C
回忆除数是一位数除法的算理和方法	能熟练举例计算，并说出除数是一位数除法的算理和计算方法	能举例计算并说出计算过程	只会计算，不会用语言表述计算过程
列举除数是两位数除法的不同情况	能举例写出除数是两位数除法的三种不同情况	能举例写出除数是两位数除法的两种不同情况	能举例写出除数是两位数除法的一种不同情况
除数是两位数除法的计算的猜想	能联系旧知识，敢于大胆猜想和尝试计算，并能分享自己的猜想	能猜想并尝试计算	敢于猜想，但不能计算

（二）研学任务评价量表

“验证猜想”评价量表见表 3。

表 3　“验证猜想”评价量表

维度	评价等级标准		
	A	B	C
形成整数除法计算的观念	能将除数是一位数的除法计算观念类推到除数是两位数除法上，并能举例清晰说理	能将除数是一位数的除法计算观念类推到除数是两位数的除法上，但不能清晰说理	说不清楚除数是一位数的除法与除数是两位数的除法之间的关系
口算	1 分钟内能正确口算 10 题以上并能说出算理	1 分钟内能正确口算 8 ～ 9 题并能说出算理	1 分钟内能正确口算 8 题以下，不能说清楚算理
商是一位数	1 分钟内能正确笔算各类除数是两位数的除法 4 题以上，并能完整说出计算过程	1 分钟内能正确笔算各类除数是两位数的除法 2 ～ 3 题，并能说出计算过程	1 分钟内能正确笔算各类除数是两位数的除法 2 题以下，说不出计算过程
“四舍”法试商	能根据除数的特点正确试商，计算出正确的结果，结合竖式能说出每一步的计算过程	能根据除数的特点有目的的试商并正确计算出结果，能大致说出计算过程	不能根据除数的特点试商，计算出现错误
“五入”法试商	根据除数的特点正确试商，计算出正确的结果，结合竖式能说出每一步的计算过程和调商道理	根据除数的特点有目的的试商，并正确计算，能大致说出每一步的计算过程	不能根据除数的特点试商，计算出现错误
灵活试商	能根据除数的特点择优选择试商的方法，并正确计算，结合竖式能说出每一步的计算过程	能根据除数的特点选择试商的方法，计算出正确的结果	不能计算出正确的结果
商是两位数	能正确笔算商是两位数的除法，能准确说出计算顺序、商的书写位置等计算过程，能总结出计算方法	能正确笔算商是两位数的除法，能准确说出计算顺序，能正确说出计算过程	不能正确笔算商是两位数的除法
商的变化规律	能用标准的数学语言熟练说出“商的变化规律”	能无错误地说出“商的变化规律”	不能说出“商的变化规律”
应用商的变化规律	能正确运用它进行简便计算并能清楚地运用规律说明解答思路	能运用它进行简便计算但无法清楚解释原因	不能运用它进行简便计算

"课堂表现"评价量表见表 4。

表 4 "课堂表现"评价量表

维度	评价等级标准		
	A	B	C
课堂参与情况	能自从始至终积极参与探究活动，注意力集中，课堂上活跃	课堂上能参与学习，偶而注意力不集中，较活跃	课堂上参与少，经常走神
课堂上举手发言情况	能积极紧跟学习活动，积极举手发言	基本能跟上学习活动，举手发言次数较多	很少举手发言
小组合作交流能力	能独立思考后积极主动在小组内表述自己的想法	能独立思考，在同伴的询问下能主动表述自己想法	独立思考后，不敢在小组内交流
语言表述能力	能用流畅、标准的数学语言清楚表述	能用流畅的语言清楚表述	能把自己的想法大概表述出来
同伴互助表现	在小组内能积极主动帮助学习困难的同学	在被寻求帮助时，能帮助学习困难的同学	在何种情况下都不帮助学习困难的同学

（三）展演任务评价量表

"除法计算，百家论坛"评价量表见表 5。

表 5 "除法计算，百家论坛"评价量表

维度	评价等级标准		
	A	B	C
展算法	能利用不同的方式（举例或图示等）表述不同情况下除数是两位数除法的计算过程	能举例计算不同情况下除数是两位数的除法，能说出计算过程	只能计算，不会用语言表述计算过程、算理或算法
说算理	从"猜想—发现问题—提出问题—分析问题—解决问题"五个方面展示不同情况下自己的学习经历	能聚焦 2 ~ 3 个点从"猜想—发现问题—提出问题—分析问题—解决问题"五个方面展示自己的学习经历	能聚焦 1 个点从"猜想—发现问题—提出问题—分析问题—解决问题"五个方面展示自己的学习经历

五、教学设计反思

本次教学设计改变了以往教师教零碎知识、学生重操练轻方法的现状，从单元大观念出发，构建单元知识结构，通过教学评一体化，发展学生核心素养。以前置任务为单元缘起，统摄本单元所有学习活动。以除数是一位数的除法做基础，学生在此生长点上，猜想除数是两位数的除法的情况，并将其分类，尝试计算，在研学任务中逐一验证猜想。整个单元以学生自主探究为主，在交流合作中发现问题、分析问题、解决问题。学生掌握的不再是零碎的知识点，而是运用整数除法的本质举一反三解决问题，构建纲举目张的知识结构，真正落实以核心素养为导向的目标要求，为知识赋能。

“教无涯，研不止。”本次单元教学设计，在核心素养的引领下，提炼能建立数学知识间联系、发挥核心作用的单元大观念，重视对教学内容的整体分析，深化对知识本质的理解，由此建构脉络清晰、条理分明的数学知识体系，进而引导学生体会不同数学知识之间数学学习方法的一致性和可迁移性，帮助学生学会用整体的、联系的、发展的眼光看问题，形成科学的思维习惯，发展学生的核心素养。

小数除法就是把被除数的计数单位不断细分

——人教版《数学》小学五年级上册第三单元“小数除法”

刘 真*

一、制订基于核心素养的单元目标

“小数除法”属于“数与代数”中“数与运算”主题，“小数除法”的本质是将“逐级细分不同数位上计数单位个数”的过程从整数部分扩展到小数部分。在探究小数除法算理和算法的过程中，需要帮助学生建立计数单位细分的意识，形成“小数除法就是把被除数的计数单位不断细分”的单元大观念，探究出小数除法和整数除法的算理算法本质相同，感悟整数、小数除法的运算具有一致性。基于此，提出“除数是小数时，如何细分被除数的计数单位”的基本问题，学生在追寻基本问题答案的过程中，抽丝剥茧，逐步建立起体现学科本质的单元知识结构，以达到解决生活中小数除法相关的实际问题的目的，帮助学生培养运算能力、推理意识、应用意识。

（一）提炼单元大观念

1. 课程标准分析

【学业要求】

能进行简单的小数和分数的四则运算和混合运算（不超过三步），并说明运算过程。能在较复杂的真实情境中，选择恰当的运算方法解决问题，培养学生的运算能力和推理意识。

课程标准要求学生“能进行简单小数和分数的四则运算和混合运算（不超过三步），并说明运算过程”，即是要求学生掌握相关算理和熟练地运算。而

*刘真，郑州高新区外国语小学。

“能在较复杂的真实情境中，选择恰当的运算方法解决问题，形成运算能力和推理意识”则是要求学生能灵活运用所学知识解决有关小数除法的简单实际问题。

（1）借助单位换算，从计数单位细分的角度，结合整数除法的算理与算法，通过说理使学生理解除数是整数的小数除法算理，从而迁移到除数是小数的除法学习上，将旧知识转化为新知识，沟通与整数除法的联系，归纳概括出小数除法的计算法则，提升学生的运算能力和推理意识。

（2）通过解决生活中小数除法的有关实际问题，培养学生的应用意识，重视解决问题的一般过程及对数量关系的分析。

2. 教材分析

（1）相关教材内容梳理。

“数与代数”是小学数学四大领域中占比最重的一个，其中包括“数与运算”和“数量关系”两个部分的学习，而“小数除法”属于“数与运算”的学习内容。关于“小数除法”相关教材的梳理主要包括“小数的意义与运算”及“整数除法”两块内容，如图 1 所示。

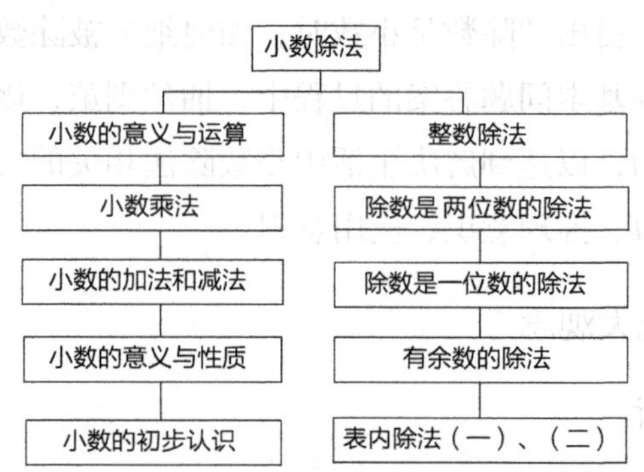

图 1　关于“小数除法”相关教材的梳理

“小数除法”前位知识众多，要顺利地进行“小数除法”单元的教学，学生必须熟练掌握以上知识。任何一个阶段的旧知识出现记忆模糊、技能生疏都会导致新知识学习的困难，新旧知识之间的联系无法建立，因此在进行教学的时候必须要重视对前位知识的复习。

本单元的教学可以分成 4 个模块：除数是整数的除法、除数是小数的除法、对小数除法的商进行四舍五入取近似值、商是循环小数的除法。对本单元的计算教学进行整体分析，就会发现其中除数是整数的除法是基础，除数是小数的除法是重点，对小数除法的商进行四舍五入取近似值和商是循环小数的除法是难点。

在熟练掌握小数除法的计算之后，教材又安排了用计算器探索规律和用“进一法”“去尾法”解决问题的学习。

（2）教材内容整合分析。

教材内容整合分析见表 1。

表 1　教材内容整合分析

整合后的内容结构	课时
除数是整数的小数除法（含需要补 0 的情况）	2
除数是小数的小数除法	2
商的近似数	1
循环小数	1
用计算器探索规律	1
解决问题	1

3. 学情分析

从思维特点上看，五年级学生正处在由具体形象思维向抽象逻辑思维过渡的关键期，因此在教学中要加强对学生说理的指导。“小数除法”的逻辑起点是“有余数的除法”，也就是在分物、测量等过程中如果有剩余，在整数范围内是用“余数”来表示，而要想得到更精确的结果，就需要用小数来表示。让学生感受到小数除法的产生是生活所需要的。

从知识经验上看，学生在学习小数除法时已经具备的支撑性概念、支撑性技能，见表 2。

表 2　学生的知识经验

学习内容	支撑性概念	支撑性技能
除数是整数的小数除法（含需要补 0 的情况）	小数的意义和性质；小数点移动引起小数大小变化的规律	整数除法的笔算方法

续表

学习内容	支撑性概念	支撑性技能
除数是小数的小数除法	小数的意义和性质；小数点移动引起小数大小变化的规律；商不变的性质	整数除法的笔算方法
商的近似数	近似数	用四舍五入法取小数的近似值、整数除法的笔算方法
循环小数	小数的意义和性质	整数除法的笔算方法
用计算器探索规律	循环小数	—
解决问题	—	用四舍五入法取小数的近似值，整数除法的计算方法

教学“小数除法”这一单元时，要让学生体会到“除数是整数的小数除法”是“整数除法”的迁移与延伸，而“除数是小数的小数除法”可以通过“商不变的性质”转化为“除数是整数的小数除法”，让学生体会到“转化思想”在数学学习中的重要性，感悟知识之间是环环相扣、层层递进的，从而建立起新旧知识之间的联系。

4. 单元大观念

综上，小数除法的学习必须要和整数除法建立联系，将“细分每一数位上计算单位的个数”的过程延续到小数部分，所以确定本单元的大观念：小数除法就是把被除数的计数单位不断细分。

（二）建构单元知识结构

单元知识结构如图 2 所示。

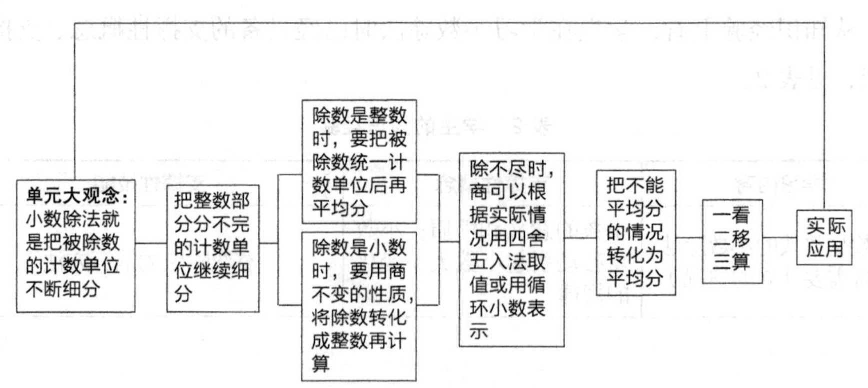

图 2　单元知识结构

（三）表述单元目标

（1）经过小数除法的探究活动，能说出小数除法的算理，归纳概括算法，正确进行小数除法的运算，培养运算能力和推理意识。

①通过与整数除法建立联系，形成小数除法就是把被除数的计数单位不断细分的观念，能说出除数是整数的小数除法的算理，并能正确计算。

②借助商不变的性质沟通除数是小数的小数除法与除数是整数的小数除法之间的联系，能够解释小数除法的算理并能正确计算。

③结合具体情境，通过自主探究、讨论交流，会用四舍五入法对商取出合理的近似值。

④通过计算、概括等活动，能举例说出什么是循环小数、有限小数和无限小数，能正确读写循环小数，能正确用循环小数表示商。

⑤通过观察、推理等活动，借助计算器探索出有关循环小数商的规律，并应用规律写出其他算式的商。

（2）能在真实情境中，合理运用“进一法”和“去尾法”截取商的近似值，选择恰当的运算方法解决有关小数除法的问题，形成初步的应用意识。

二、创设学习情境和评价任务

（一）学习情境

随着天气转凉，冬天的脚步已经越来越近。为响应全民健身活动，加强小学生身体素质，学校开展了冬季健身长跑比赛活动。为了在比赛中获得好成绩，刘老师让大家制订冬日长跑计划。根据长跑计划，你能计算自己每天跑多少米，并解释这样计算的道理吗？学完这本单元，你将学会灵活运用小数除法解决生活中的实际问题，请你们小组成员共同梳理小数除法知识点，形成单元思维导图。针对你们组认为易错的知识点，自编习题进行汇报。

（二）评价任务

评价任务如图 3 所示。

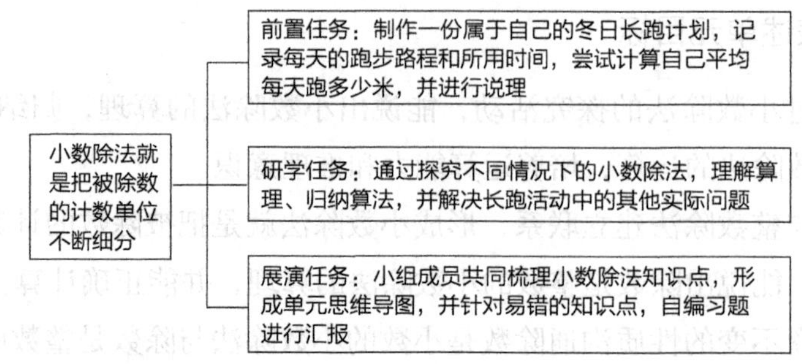

图 3　评价任务

课时总体规划：前置任务课前完成，研学任务 6 课时，展演任务 1 课时，本单元共 7 课时。

三、设计学习活动方案

（一）前置任务

制作一份属于自己的冬日长跑计划，记录每天的跑步路程和所用时间，尝试计算每一天的速度，并进行说理。

（二）研学任务

研学任务见表 3。

表 3　研学任务

基本问题：除数是小数时，如何细分被除数的计数单位？			
单元目标	课时目标	学习问题	学习活动
（1）经过小数除法的探究活动，能说出小数除法的算理，归纳概括算法，正确进行小数除法的运算，培养运算能力和推理意识。 （2）……	第 1 课时： 通过与整数除法建立联系，形成小数除法就是把被除数的计数单位不断细分的观念，能说出除数是整数的小数除法的算理，并能正确计算	除数是整数时如何细分被除数的计数单位？	**任务 1：** 整数除法是如何细分被除数的计数单位的？请你结合整数竖式举例说明，说一说每一步这样计算的道理。 **任务 2：** 借助单位长度换算，尝试计算 22.4 ÷ 4、28 ÷ 16、5.6 ÷ 7，说一说除数是整数的小数除法与整数除法有哪些相同点和不同点，为什么商的小数点要和被除数的小数点对齐？ **任务 3：** 小组内交流计算速度时除数是整数的小数除法的情况，修正猜想，总结错因，记录收获

续表

单元目标	课时目标	学习问题	学习活动
（1）经过小数除法的探究活动，能说出小数除法的算理，归纳概括算法，正确进行小数除法的运算，培养运算能力和推理意识。 （2）能在真实情境中，合理运用“进一法”和“去尾法”截取商的近似值，选择恰当的运算方法解决有关小数除法的问题，形成初步的应用意识	第2课时： 借助商不变的性质沟通除数是小数的小数除法与除数是整数的小数除法之间的联系，能够解释小数除法的算理并能正确计算	除数是小数时应该怎样细分被除数的计数单位？	**任务4：** 我们已经学习了除数是整数的小数除法，你能计算除数是小数的小数除法吗？尝试计算7.65÷0.85、12.6÷0.28，并进行说理。 **任务5：** 归纳小数除法的计算法则。 **任务6：** 小组内交流计算速度时除数是小数的小数除法的情况，修正猜想，总结错因，记录收获
	第3课时： 通过自主探究、讨论交流，能根据实际情况对商取出合理的近似值	细分不完的情况下，如何处理小数部分无规律的商？	**任务7：** 我们已经学会了小数除法的计算方法，当除不尽时又该如何处理商呢？结合情境，尝试计算19.4÷12，说一说自己为什么要这样处理商。 **任务8：** 小组内交流速度除不尽的情况并再次计算，记录错因
	第4课时： 通过计算、概括等活动，能举例说出什么是循环小数、有限小数和无限小数，能正确读写循环小数，能正确用循环小数表示商	细分不完的情况下，如何处理小数部分有规律的商？	**任务9：** 计算400÷75，当商除不尽的时候，观察余数与小数部分，说说什么是循环小数？循环小数怎样表示？请自学课本后举例说明。 **任务10：**怎样对小数进行分类？请结合实例分类并说明原因。 **任务11：** 计算下面各题，除不尽的先用循环小数表示所得的商，再保留两位小数写出它们的近似数。 2.29÷1.1= 153÷7.2= 23÷3.3= 记录你完成本题的收获，以便于后续完成思维导图

续表

单元目标	课时目标	学习问题	学习活动
（1）经过小数除法的探究活动，能说出小数除法的算理，归纳概括算法，正确进行小数除法的运算，培养运算能力和推理意识。 （2）能在真实情境中，合理运用“进一法”和“去尾法”截取商的近似值，选择恰当的运算方法解决有关小数除法的问题，形成初步的应用意识	第 5 课时： 通过观察、推理等活动，借助计算器探索出有关循环小数商的规律，并应用规律写出其他算式的商	细分不完的情况下，如何应用小数部分有规律的商解决问题？	**任务 12：** 用计算器计算下面各题，探究商的规律，并应用规律解决问题。 1÷11=　2÷11= 3÷11=　4÷11= 5÷11= 你能发现什么规律？不计算，用发现的规律直接写出下面几题的商。 6÷11=　7÷11= 8÷11=　9÷11= 记录你完成本题的收获，以便于后续完成思维导图
	第 6 课时： 结合生活情境，能根据实际情况合理运用“进一法”和“去尾法”截取商的近似值，解决有关小数除法的简单实际问题	细分不完的情况下，如何根据实际情况取商的近似值？	**任务 13：** 出示情境，先独立思考，再小组讨论什么样的情况下需要“进一”，什么样的情况应该“去尾”。 **任务 14：** 对于除不尽的情况，有时候需要保留整数，请你结合实例，分别举出三个例子，什么时候应该“进一”，什么时候应该“去尾”，同时记录你的收获，以便于后续完成思维导图

（三）展演任务

小组成员共同梳理小数除法知识点，形成单元思维导图。针对你们组认为易错的知识点，自编习题。

四、研制评价量表

根据单元学习目标，本单元共有三组评价任务。

第一组评价任务：本组任务在单元学习之前进行，由学生依据给定的评价标准在组内进行评价。

第二组评价任务：本组任务在单元学习过程中进行评价，分为两个评价量表，一个是对单元学习内容制订的评价量表，另一个是对课堂表现制订的评价量表，由教师和学生共同制订评价标准，由学生依据评价标准自评、互评。

第三组评价任务：本组任务在单元学习结束后进行，以教师评价为主。

（一）前置任务评价量表

“冬日长跑计划”评价量表见表4。

表4　“冬日长跑计划”评价量表

维度	评价等级标准		
	A	B	C
冬日长跑计划	能制订出合理的冬日长跑计划，准确记录每天的跑步路程和所用时间	能制订冬日长跑计划，但记录的部分内容不合理	不能制订冬日长跑计划
计算速度并说明理由	能正确计算，并能解释清楚这样计算的道理	在教师引导下能正确计算，但不能解释清楚这样计算的道理	不能正确计算

（二）研学任务评价量表

“小数除法”评价量表见表5。

表5　“小数除法”评价量表

维度	评价等级标准		
	A	B	C
小数除法的计算	能用自己的话解释清楚小数除法的算理，能准确归纳出小数除法的计算法则，并能正确计算小数除法	不能解释清楚小数除法的算理，但能准确归纳出小数除法的计算法则，并能正确计算小数除法	不能解释清楚小数除法的算理，也不能归纳出小数除法的计算法则，不能正确计算小数除法
利用小数除法解决生活中的简单实际问题	能正确列出算式解决小数除法问题，并能正确计算	能正确列出算式解决小数除法问题，但不能正确计算	不能列出算式解决小数除法问题，也不能正确计算
商的近似数	会用四舍五入法求商的近似值，并能根据实际情况对商取出合理的近似值	会用四舍五入法求商的近似值，但不能根据实际情况对商取出合理的近似值	不会用四舍五入法求商的近似值，也不能根据实际情况对商取出合理的近似值

续表

维度	评价等级标准		
	A	B	C
循环小数	能用自己的话说出循环小数、有限小数和无限小数的意义，能正确读写循环小数，能正确用循环小数表示商	不能说出循环小数、有限小数和无限小数的意义，但能正确读写循环小数，能正确用循环小数表示商	不能说出循环小数、有限小数和无限小数的意义，不能正确读写循环小数，也不能正确用循环小数表示商
用计算器探索规律	能借助计算器探索出有关循环小数商的规律，并应用规律解决问题	能借助计算器探索出有关循环小数商的规律，但不能应用规律解决问题	不能借助计算器探索出有关循环小数商的规律，也不能应用规律解决问题
用“进一法”和“去尾法”截取商的近似值	能根据实际情况合理运用“进一法”和“去尾法”截取商的近似值，能正确列出算式解决有关小数除法的简单实际问题，并正确计算	能正确列出算式解决有关小数除法的简单实际问题，并正确计算，但不能根据实际情况合理运用“进一法”和“去尾法”截取商的近似值	不能正确列出算式解决有关小数除法的简单实际问题

“课堂表现”评价量表见表6。

表6 “课堂表现”评价量表

维度	评价等级标准		
	A	B	C
小组合作	在小组合作中能有条理、有根据地表达每一步的运算过程及背后的道理，认真倾听并帮助其他学生纠正错误，能及时记录有争议的地方或不明白的地方，在展示环节发言积极，能够回应他人的提问与质疑	在小组合作中能表达每一步的运算过程，但对背后的道理表达不清，能认真倾听，但在需要发言的时候表现不积极	在小组合作中不能表达每一步的运算过程及背后的道理，不能倾听、补充、质疑

续表

维度	评价等级标准		
	A	B	C
听讲情况	能高效完成教师布置的任务、积极回答问题，能够主动提出疑问并尝试回答他人疑问	能完成教师布置的任务，对教师或他人提出的问题，回答不主动	不能完成教师布置的任务，也不能主动回答问题
巩固练习	能按时按要求完成巩固练习，书写工整，质量高	能按时完成巩固练习，但书写不够工整，质量较高	在他人的督促下能完成巩固练习，质量不高

（三）展演任务评价量表

“单元思维导图与自编习题”评价量表见表 7。

表 7 “单元思维导图与自编习题”评价量表

维度	评价等级标准		
	A	B	C
单元思维导图	小组成员梳理单元知识点时，思路清晰，全面细致，思维导图制作精美	小组成员梳理单元知识点时，经教师指导能够完成，知识点较为全面，思维导图美观大方	小组成员梳理单元知识点时，思路不清晰，知识点有遗漏，思维导图只是知识点的简单堆砌
自编习题	小组成员能够选择常见易错知识点进行自编题，题目数据严谨，有真实情境	小组成员不能够选择常见易错知识点进行自编题，但题目数据严谨，有真实情境	小组成员不能够选择常见易错知识点进行自编题，题目数据不严谨，或没有真实情境

五、教学设计反思

本单元内容属于“数与代数”中“数的运算”的内容，在进行本单元教学设计时，如何确定本单元的大观念并设计实施教学呢？在查阅了众多期刊与文献后，笔者有了如下思考：

从数域角度看，小数与分数是对自然数数域的一个扩充，测量或者平均分物不能用整数来表示结果时，可以用分数与小数来表示。而小数又沿袭了自然数十进制的特点，同时又兼具了分数等分的思想，可以看成是对自然数的细分与拓展，所以小数除法的本质就是对计数单位的不断细分。基于此，笔者确定了本单元的大观念为："小数除法就是把被除数的计数单位不断细分"。那么接下来需要考虑的就是计数单位不断细分的这一过程如何呈现给学生，并与前面的相关知识建立联系。所以笔者设计了本单元的基本问题为："除数是小数时，如何细分被除数的计数单位"。后续又根据基本问题进行逐步分解，形成每课时的学习问题，搭建了学生的思维路径，同时也与前面学习整数除法的大观念和基本问题相一致，体现出运算的一致性，让学生建立起体现学科本质的知识结构。

分数除法是分数乘法的逆运算

——人教版《数学》小学六年级上册第三单元“分数除法”

耿桂娜　汪艳丽*

一、制订基于核心素养的单元目标

“分数除法”属于“数与代数”的内容。本单元的内容是在学习分数乘法的基础上学习的，和前面很多知识具有直接联系。根据对乘除法意义的理解，得出分数除法是分数乘法的逆运算这一观念。通过本单元的学习，学生能结合具体情境比较系统地掌握分数的四则运算和解决实际问题的方法，感受数学与生活的密切联系，体会模型、方程、数形结合等数学思想，感悟运算的一致性，进而发展学生的运算能力、推理意识和应用意识。

（一）提炼单元大观念

1. 课程标准分析

【内容要求】

结合具体情境理解整数除法与分数的关系。

能进行简单的分数四则运算和混合运算，感悟运算的一致性，发展运算能力和推理意识。

【学业要求】

能在实际情境中运用分数解决问题，能进行简单的分数四则运算，并说明运算过程。能在复杂的真实情境中，选择恰当的运算方法解决问题，培养学生的运算能力和形成学生的推理意识。

* 耿桂娜　汪艳丽，郑州中学第二附属小学。

【学业质量标准】

能进行简单的分数四则运算和混合运算，感悟运算的一致性，培养数感和运算能力。结合生活实际，提高学生分析和解决问题的能力，了解数学的价值，增强学好数学的信心。在课程实施过程中，让学生经历计算方法的探索过程，给学生动手的机会和较充分的时间，让更多的学生边操作、边观察、边思考，通过交流，在理解的基础上真正感悟算理，总结算法。从而培养学生的学习和探究能力，促进学生的发展。

《义务教育数学课程标准（2022年版）》在“学业要求”中提出“能进行简单的分数四则运算和混合运算并说明运算过程”这一要求就是在理解的基础上，让学生经历计算方法的探索过程，并能在较复杂的真实情境中选择恰当的运算方法解决实际问题。

《义务教育数学课程标准（2022年版）》在“学业质量标准”中提出“能进行简单的分数四则运算和混合运算，感悟运算的一致性，形成数感和运算能力”。其中的感悟运算的一致性，要求教材结合实际情境，引领学生列出算式，通过折纸和画图的数形结合方法，分析、推理出正确结果。分析的过程既是让学生理解分数除法的意义和算理的过程，又是与分数乘法中的相应结论作比较，使学生发现二者的一致性。

通过学习本单元知识，学生能获得有关分数除法运算的基础知识、基本技能、基本思想和基本活动经验。在解决实际问题时，要充分利用教材所提供的丰富素材，使学生学会用数学的眼光观察周围的世界，培养学生发现和提出与数学有关的问题及分析问题、解决问题的能力。

2. 教材分析

分数除法是四则运算的最后一个学习内容，是在学生已经掌握了分数乘法的意义、分数乘法计算及其应用、整数除法的意义、解方程等知识的基础上学习的。通过本单元的学习，学生一方面完成分数加、减、乘、除的学习任务，比较系统地掌握分数的四则计算；另一方面进一步加深了对乘除法关系的理解，体会数学知识方法的内在联系，为解决有关分数的实际问题提供更多的支持。同时也为后面学习比和比例、百分数等知识打下坚实的基础。

本单元围绕计算方法、算理安排了分数除以整数、一个数除以分数、分数混合运算三方面的内容来学习分数除法的计算方法，理解分数除法的计算方法是学习难点，让学生充分理解算理，感悟运算的一致性，重点培养学生的运算能力。在解决问题中培养学生的推理意识和应用意识，感受数学与生活的密切联系，体会模型、方程、数形结合等数学思想。本单元具体内容安排如图 1 所示。

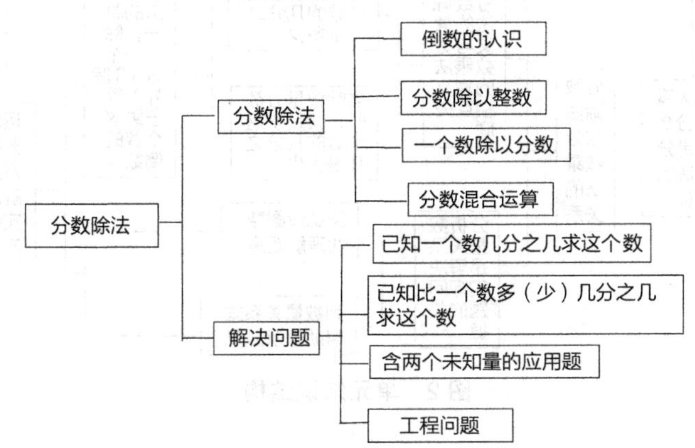

图 1　本单元具体内容安排

3. 学情分析

从年龄特点上看，六年级的学生对数学的新知识具有了一定的独立思考能力和探究学习的经验。通过分数乘法的学习，对分数具有了一定的感性认识和丰富的生活经验，同时他们具备了一定的动手操作能力和解决问题的能力，积累了数学学习的经验和方法，因此对于学习分数除法有一定的认知需求，安排分数除法教学符合学生的认知发展特点。

从知识经验上看，学生在学习分数乘法时，已经掌握了一些解决分数乘法问题的方法，这时候进行分数除法教学可以促进知识之间的联系，提高学生分析问题和解决问题的能力。这时候进行分数除法教学，学生有能力将原有的计算方法和经验进行迁移。这些知识的掌握有助于学生对于本单元分数除法的学习。根据本单元的知识结构特点和学生的认知能力，联系分数乘法与分数除法之间的关系是本单元的难点。

4. 单元大观念

从课程标准分析、教材分析和学情分析中得出的本单元的大观念：分数除法是分数乘法的逆运算。

（二）建构单元知识结构

单元知识结构如图 2 所示。

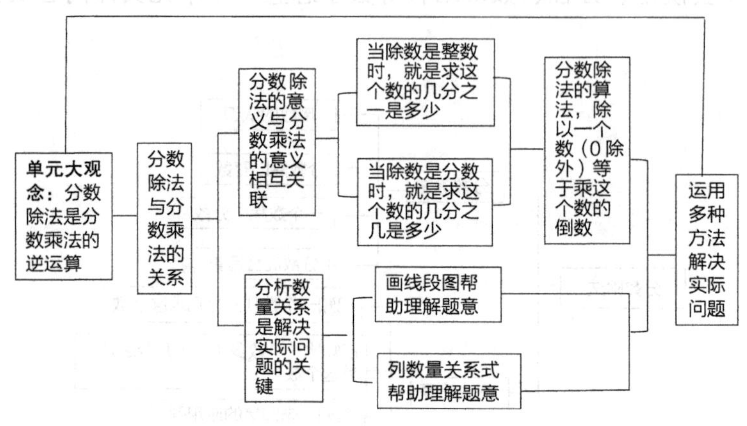

图 2　单元知识结构

（三）表述单元目标

（1）通过建立分数乘除法之间的联系，形成分数除法是分数乘法逆运算的观念。

（2）通过分数除法的探索活动，能说出分数除法的算理，总结计算方法，培养学生的数感、运算能力和推理意识。

①探索倒数的意义，能说出求一个数的倒数的方法。

②在具体情境中，借助折一折、涂一涂的演示过程，能正确说出分数除法的算理和方法并能正确计算。

③通过练习分数混合运算及简算，提高学生的分数运算能力。

（3）在具体的情境中，能尝试运用所学的数学知识，解决有关分数除法的实际问题，体会模型、方程、数形结合等数学思想，感悟运算的一致性，培养学生的运算能力、推理意识和应用意识。

二、创设学习情境和评价任务

（一）学习情境

关于分数的运算，3000 多年前古埃及人把所有分数转化成分子是 1 的分数再进行运算，这使计算非常复杂。古巴比伦人用60进分数运算也很麻烦。直到公元9世纪，印度数学家摩珂毗罗才提出了分数除法法则，把除数颠倒相乘。为什么把除数颠倒相乘呢？分数除法、整数除法和小数除法的计算方法相同吗？接下来，我们再次探究除法计算，解答我们的疑惑。学习结束后，我们将举行以“绘制思维导图手抄报”为主题的学科展演活动，请同学们记录自己的学习过程，汇报有关分数除法方面的收获。

（二）评价任务

评价任务如图3所示。

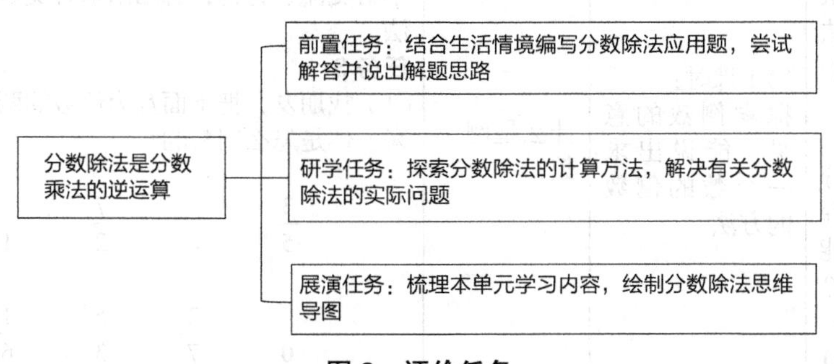

图3　评价任务

课时总体规划：前置任务1课时，研学任务7课时，展演任务2课时，本单元共10课时。

三、设计学习活动方案

（一）前置任务

同学们，我们已经学习过整数除法和小数除法，回顾除法的意义，请你编写有关除法的应用题，尝试解决这些问题。你编写的题目中有分数除法的题目该怎样解答呢？让我们一起走进分数除法，去探究分数除法的奥秘吧。

（二）研学任务

研学任务见表 1。

表 1　研学任务

<table>
<tr><th colspan="4">基本问题：分数除法与分数乘法有什么关系？</th></tr>
<tr><th>单元目标</th><th>课时目标</th><th>学习问题</th><th>学习活动</th></tr>
<tr><td rowspan="2">（1）通过建立分数除法和分数乘法的联系，形成分数除法是分数乘法的逆运算的观念。

（2）通过分数除法的探索活动，能说出分数除法的算理，总结计算方法，培养学生的数感、运算能力和推理意识。

（3）在具体的情境中，能尝试运用所学的数学知识，解决有关分数除法的实际问题，体会模型、方程、数形结合等数学思想，感悟运算的一致性，培养学生的运算能力、推理意识和应用意识</td><td>第 1 课时：
探索倒数的意义，能说出求一个数的倒数的方法</td><td>什么是倒数？</td><td>任务 1：
探索倒数的意义，并说出你是如何理解倒数的。
任务 2：
小组交流、讨论，总结出求各类数倒数的方法。
任务 3：
（1）找朋友，把下面互为倒数的两个数连起来。你是怎么判断的？
$\frac{3}{5}$　　6　　$\frac{7}{2}$　　1
0　　$\frac{2}{7}$　　$\frac{5}{3}$　　$\frac{1}{6}$
（2）本题中 1 和 0 找到朋友了吗？为什么？
（3）小结：1 的倒数是（　），0（　）</td></tr>
<tr><td>第 2 课时：
结合具体情境，通过折一折、涂一涂演示平均分的过程，能说出分数除法是分数乘法的逆运算并能正确计算</td><td>分数除法怎么计算？</td><td>任务 4：
请折一折、涂一涂，说出把一张纸的$\frac{4}{5}$平分成两份，每份是多少。然后总结出把一个数平均分成几份求的是什么。
<b>任务 5：</b>
算一算
$\frac{4}{7}\div 2=$　　$5\div\frac{2}{5}=$

任务 6：
归类整理除数是整数和分数的方法，检查自己计算的过程，在前置作业旁边修订并记录学习心得</td></tr>
</table>

续表

<table>
<tr><th colspan="4">基本问题：分数除法与分数乘法有什么关系?</th></tr>
<tr><th>单元目标</th><th>课时目标</th><th>学习问题</th><th>学习活动</th></tr>
<tr><td rowspan="3">（1）通过建立分数除法和分数乘法的联系，形成分数除法是分数乘法的逆运算的观念。

（2）通过分数除法的探索活动，能说出分数除法的算理，总结计算方法，培养学生的数感、运算能力和推理意识。

（3）在具体的情境中，能尝试运用所学的数学知识，解决有关分数除法的实际问题，体会模型、方程、数形结合等数学思想，感悟运算的一致性，培养学生的运算能力、推理意识和应用意识</td><td>第 3 课时：
通过练习分数混合运算及简算，提高学生的分数运算能力</td><td>整数四则运算的顺序和运算定律对分数是否适用?</td><td>任务 7：
自学例 3，说一说分数乘、除法的含义，试着解决例 3 的问题。
任务 8：
计算
$11 \div \frac{11}{12} \times \frac{5}{4} =$ $(\frac{1}{2} - \frac{1}{6}) \div \frac{1}{12} =$
任务 9：
详细写出分数混合运算的计算过程，标注出计算过程中应注意的问题</td></tr>
<tr><td>第 4 课时：
通过画线段图分析数量关系，探究稍复杂的“已知一个数的几分之几是多少，求这个数”的分数除法应用题</td><td>已知一个数的几分之几是多少，怎样求这个数?</td><td>任务 10：
用画线段图的方式表示出解决问题所需要的已知条件和问题，然后写出等量关系式。
任务 11：
操场上跳绳的有 4 人，跳绳的人数是踢足球人数的$\frac{2}{5}$。踢足球的有多少人？列式计算，并说说你思考的过程。
任务 12：
完善前置活动中与之相关的题目，补画线段图，正确解答</td></tr>
<tr><td>第 5 课时：
（1）通过画线段图分析数量关系，探究稍复杂的分数除法应用题。
（2）归纳列方程解决应用题的思路</td><td>已知比一个数多（少）几分之几，怎样求这个数?</td><td>任务 13：
根据关键句列出数量关系式，画出线段图并试着列方程解答。
任务 14：
一列高铁的速度是 220km/h，比一架直升机的速度慢$\frac{4}{15}$，这架直升机的速度是多少？列式计算并说说你思考的过程。
任务 15：
完善前置活动中与之相关的题目，补画线段图，正确解答</td></tr>
</table>

续表

基本问题：分数除法与分数乘法有什么关系？			
单元目标	课时目标	学习问题	学习活动
（1）通过建立分数除法和分数乘法的联系，形成分数除法是分数乘法的逆运算的观念。 （2）通过分数除法的探索活动，能说出分数除法的算理，总结计算方法，培养学生的数感、运算能力和推理意识。 （3）在具体的情境中，能尝试运用所学的数学知识，解决有关分数除法的实际问题，体会模型、方程、数形结合等数学思想，感悟运算的一致性，培养学生的运算能力、推理意识和应用意识	第6课时： （1）会根据关键句通过画线段图分析数量关系，并熟练地列方程解答。 （2）归纳列方程解应用题的思路	含有两个未知数的分数除法实际问题，该怎么解决？	**任务16：** 根据关键句列出数量关系式，画出线段图并试着列方程解答。 **任务17：** 数学兴趣小组的人数是美术兴趣小组的$\frac{3}{5}$，两个兴趣小组共有56人。两个兴趣小组各有多少人？ **任务18：** 完善前置活动中与之相关的题目，补画线段图，正确解答
	第7课时： 通过画一画或者画图，分析数量关系	工程问题总量未知，怎么用分数除法解决？	**任务19：** 尝试用假设实际长度的方法解决问题，设这条路的长为单位“1”，又该怎样解决问题。 **任务20：** 一辆客车从甲地到乙地需要行驶5小时，一辆货车从乙地到甲地需要行驶7小时。两车同时分别从甲地和乙地出发，相向而行，几小时后相遇？ **任务21：** 完善前置活动中与之相关的题目，分析数量关系，正确解答

（三）展演任务

结合本单元所学内容，绘制思维导图手抄报，在小组内讲解本单元所学内容和编写生活中关于分数除法的应用题，小组成员根据评价量表互相评价。

四、研制评价量表

根据单元学习目标，针对前置任务、研学任务、展演任务分别设置评价任务量表。第一组是前置任务评价量表，从结合生活情境编写除法应用题来评价学生的学习情况。第二组研学任务评价量表包括两项：一项是过程性评价表，每一个评价项目对应本单元相应的课程内容；另一项是课堂表现评价量表。两项评价量表都以学生自评和教师评价为主。通过可量化的评价标准帮助学生衡量自己的学习结果，找到薄弱知识及时进行针对性补救。第三组展演任务评价量表针对学生学习完本单元之后的过程展示和结果展演进行评价。

（一）前置任务评价量表

“编写除法应用题”评价量表见表 2。

表 2 “编写除法应用题”评价量表

维度	等级评价标准		
	A	B	C
结合生活情景编写除法应用题	能编写符合生活实际的除法应用题，并能分析问题，说出解题思路	能编写符合生活实际的除法应用题，但不能说清楚解题思路	不能编写除法应用题

（二）研学任务评价量表

“探究分数除法”评价量表见表 3。

表 3 “探究分数除法”评价量表

维度	等级评价标准		
	A	B	C
倒数的认识	能准确说出倒数的含义，能正确求出一个数的倒数	能大概说出倒数的含义，能求出一个数的倒数，但不熟练	不能说出倒数的含义，也不会求一个数的倒数
分数除以整数、一个数除以分数	能准确说出分数除法的算理和算法，并能正确计算	能说出分数除法的算理和算法，也能进行计算，但正确率不高	不能说出分数除法的算理和算法，计算错误较多
分数混合运算	能说出分数混合运算的运算顺序，正确进行分数的混合运算	能说出分数混合运算的运算顺序，能比较熟练地计算，在计算中有 1 ~ 2 道题目出错	不能说出分数混合运算的运算顺序，出现大量计算错误
已知一个数的几分之几是多少，求这个数	能熟练地说出“已知一个数的几分之几是多少，求这个数”的分数除法应用题的解题思路，并正确计算	能说出“已知一个数的几分之几是多少，求这个数”的分数除法应用题的解题思路，但不能正确计算	不能说出“已知一个数的几分之几是多少，求这个数”的分数除法应用题的解题思路，也不能正确计算
已知比一个数多（少）几分之几，求这个数	能熟练地说出“已知比一个数多（少）几分之几，求这个数”的分数除法应用题的解题思路，并正确计算	能说出“已知比一个数多（少）几分之几，求这个数”的分数除法应用题的解题思路，但不能正确计算	不能说出“已知比一个数多（少）几分之几，求这个数”的分数除法应用题的解题思路，也不能正确计算
含有两个未知量的解决问题	能说出和倍、差倍问题的分数问题，能熟练地画出线段图，能正确写出等量关系式并解答	能说出和倍、差倍问题的分数问题，能画出线段图，能正确写出等量关系式并解答	能说出和倍、差倍问题的分数问题，能画出线段图，不能正确写出等量关系式和解答
工程问题	能熟练地说出工程问题的解题思路和解题方法，并能正确计算	能说出工程问题的解题思路和解题方法，但不能正确计算	不能说出工程问题的解题思路和解题方法，也不能正确计算

“课堂表现”评价量表见表 4。

表 4 “课堂表现”评价量表

维度	等级评价标准		
	A	B	C
小组合作	能听从组长安排，积极发言，和其他同学交流讨论，做好学习记录	能听从组长安排，发言欠积极，参与小组学习讨论、记录不够完整	能听从组长安排，不发言，不参与组内交流讨论、记录不认真
听讲情况	能积极和教师互动，认真倾听，认真记笔记，积极思考，大胆质疑	能较积极地听讲，会倾听，记笔记较认真，思考不深入，发言欠主动	听讲有分心现象，记笔记不完整，不思考，不主动发言
作业情况	能按时按量完成作业，字体工整，作业质量高	能基本完成作业，字体较工整，作业质量较高	只能完成基础性作业，字体潦草，作业质量不高

（三）展演任务评价量表

“分数除法手抄报”评价量表见表 5。

表 5 “分数除法手抄报”评价量表

维度	等级评价标准		
	A	B	C
绘制思维导图手抄报	绘制的思维导图图文并茂，能有条理地展现本单元所学内容	绘制的思维导图清晰、有条理，基本展现本单元所学的内容	绘制的思维导图清晰、有条理，个别知识点没体现

五、教学设计反思

整个单元在前置活动的统领下开展学习，学生先回顾整数除法和小数除法的算理和算法，再大胆猜想分数除法的计算方法。研学活动中，组织学生自主思考，小组交流，逐步验证完善自己的猜想，用数学的语言提炼出分数除法的算理和计算方法，直至最后的展演活动。学生在不同的探究活动中学会猜想、质疑、验证、释疑，培养推理意识，提高运算能力。

在这次教学设计中，笔者充分研读新课标，查阅资料，使自己的教学理念再上一个新台阶。整个过程学生自主探究，建立分数除法和分数乘法的联系，体会乘除法的互逆关系，用数学眼光发现二者的一致性，从而诠释分数除法是分数乘法的逆运算这一本质。在解决实际问题中，学生可以用解方程的方法把除法问题转化成乘法问题解决，体会转化的思想，感受解决问题的乐趣，培养了其运算能力和推理意识。

倍是比较量与标准量之间的倍比关系

——人教版《数学》小学三年级上册第五单元“倍的认识”

李　杰*

一、制订基于核心素养的单元目标

“倍”属于“数与代数”领域中“数量关系”的主题。“倍的认识”以“相差问题”为依托，又是“分率问题”的基础，是小学阶段两种对比量的一个非常重要的关系，也是整个数量关系体系中的教学难点。基于“倍”与“几个几”的联系，建立“整数倍”的概念，感悟“倍”的本质——比率，形成“倍是比较量与标准量之间的倍比关系”的单元大观念，深刻理解“倍”的产生是“比出来”的这一本质。基于以上分析，确定“如何找出两个量之间的倍比关系”为基本问题，引领学生利用“数形结合”的方法，抽象概括出基本数量关系，构建倍的直观模型，解决有关倍的实际问题，拓宽用乘除法解决实际问题的范围和能力，使学生形成初步的模型意识、几何直观和应用意识。

（一）提炼单元大观念

1. 课程标准分析

【学业要求】

能在真实的情境中，发现常见数量关系，并合理利用常见的数量关系解决问题，形成初步的模型意识、几何直观和应用意识。

【学业质量标准】

结合现实生活，能尝试运用所学的数学知识和方法描述、表达、分析、解释实际问题，运用常见的数量关系解决问题，培养初步的应用意识，以及分析问题与解决问题的能力。

经历数学学习的过程，通过操作、游戏、制作等丰富多彩的活动，对数学

* 李杰，郑州高新区外国语小学

形成一定的求知欲，具有学习数学的兴趣，初步养成独立思考、合作探究等良好的学习习惯。

基于对《义务教育数学课程标准（2022年版）》的理解，在本单元的教学中，要求学生结合大量的感性材料，通过动手操作、观察思考、比较分析，由"份"引出"倍"，从而得出两种量之间的倍数关系，使倍的知识在整体知识体系中产生和发展。在掌握"倍"的含义的基础上，依托丰富的问题情境，用图示分析数量关系，借助"几何直观"把复杂的数学问题变得简明、形象，从而把握问题的本质，明晰思维的路径，探索解决问题的方法，构建有关倍的数学模型，从而提升分析问题、解决问题的能力。在本单元的学习过程中，强调"四基"的获得，"四能"的发展，从而发展学生的模型意识、几何直观和应用意识。

2. 教材分析

（1）相关教材内容梳理。

纵观小学数学教材，对于"倍"这一内容，教材安排了六个阶段学习。

第一阶段，在三年级上册教材"倍的认识"单元，初步认识整数倍（相同种类的两个量的比率关系）。第二阶段，在三年级下册教材"除数是一位数的除法"单元，进一步学习整数倍。第三阶段，在四年级上册教材"三位数乘两位数"单元，感知两个不同种类的量的比率关系（速度）。第四阶段，在五年级上册教材"小数乘法"单元，认识小数倍。第五阶段，在五年级下册教材"分数的意义和性质"单元，认识分数（表示率）。第六阶段在六年级上册教材"比"和"百分数（一）"单元，分别认识比和百分数。具体内容如图1所示。

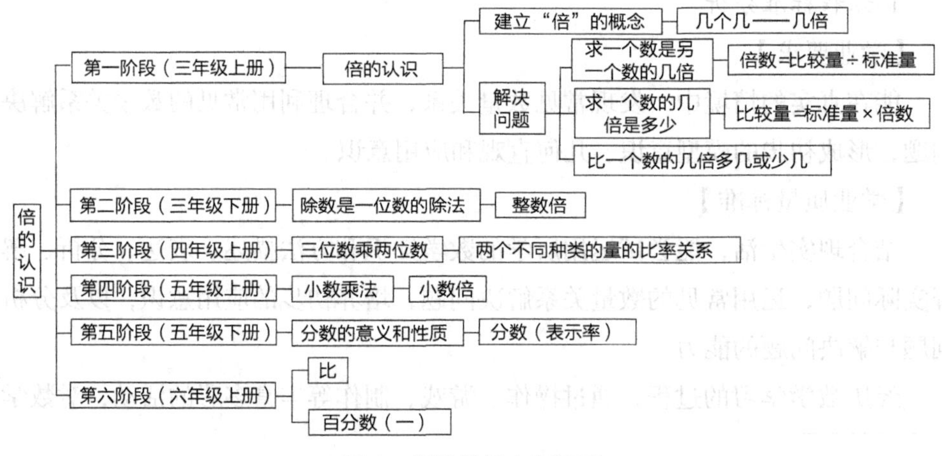

图1 相关教材内容梳理

（2）教材内容整合分析。

“倍”是日常生活和后续学习中经常使用的数学概念，也是继续学习“求一个数是另一个数的几倍”的认知基础，“倍”的学习为学生提供了表达两数关系的新视角。在建立“倍”的概念之后，继续探索“求一个数的几倍是多少”的过程，能够培养学生从数学概念方面进行思考，进而提高解决问题的能力。基于以上思考，将第1课时归为“倍的意义”（例1），第2课时归为“倍的应用”（例2、例3），让学生在掌握“倍”的本质特征的基础上，抽象概括出基本数量关系，并利用丰富的问题情境，加深对倍的含义的理解，灵活解决有关倍的实际问题，建构数学模型。

倍的意义：倍的概念涉及两个量之间的比较，较为抽象，不易理解。教材中的例1，通过数一数、圈一圈找出红萝卜和胡萝卜及白萝卜和胡萝卜的倍数关系，把“几个几”与“倍”建立联系，引出“倍的意义”。然后提供大量比较两个量的倍数关系的机会，借助动态、直观的学习素材，让学生在归纳找倍数的方法后，创造“倍”，积累活动经验，形成“认知结构”。

倍的应用：本节课是在学生已经掌握了“倍”的意义，知道如何来找“标准量”和“比较量”，具备了认识“倍”的条件的基础上进行的。例2是以学生大扫除为情境，利用学具操作、画示意图等方法建立“求一个量是另一个量的几倍”的计算思路，为解决问题构建思维路径。例3是以购物情境为依托，借助画线段图帮助学生构建“已知一个量是另一个量的几倍，求这个量”的思维路径。通过本模块的学习，学生进一步理解乘除法的含义，在比较和抽象中建构“求倍数”和“求比较量”两类问题的数学模型。

整合后的课时安排见表1。

表1　整合后的课时安排

整合后的内容结构	课时
倍的意义	1
倍的应用	1
寻倍之旅	1

3. 学情分析

从年龄特点上看，三年级学生以形象思维为主，他们对抽象数学概念的理解需建立在足够的直观材料的基础之上，而对数学方法的领悟要以充分的实践经验为基础。另外，小学生好奇心强，但学习兴趣容易转移，喜欢表现但思维不够深刻。数学概念中的“倍”代表着两个数量间的一种关系，看不见，摸不着，学生在生活中接触的机会也不多，缺少生活经验的积累。

从知识经验上看，知识结构的每次调整，都会引发学生认知水平的一次次发展。从数数、累计到加法意义，促成了学生对“和”的理解；从加法到乘法，发展了学生对“几个几”的新认识；从“几个几”到“倍”，又将开启学生对两个量之间关系的再建构。学“倍”之前，学生头脑中建构的是加法结构，只有数量的合并与多少的比较。从加法结构到乘法结构，学生的认知会有一定程度“质”的变化。

4. 单元大观念

根据上述分析，单元内容明确指向理解两个量之间的倍比关系并灵活应用，联系学生的“差比”结构旧知，理解“倍”的本质，提出建立“倍比”结构的单元大观念，在更为多变的情境中延展思维，深刻理解“倍”的产生是“比出来”的这一本质。因此，提炼出单元大观念：倍是比较量与标准量之间的倍比关系。

（二）建构单元知识结构

单元知识结构如图2所示。

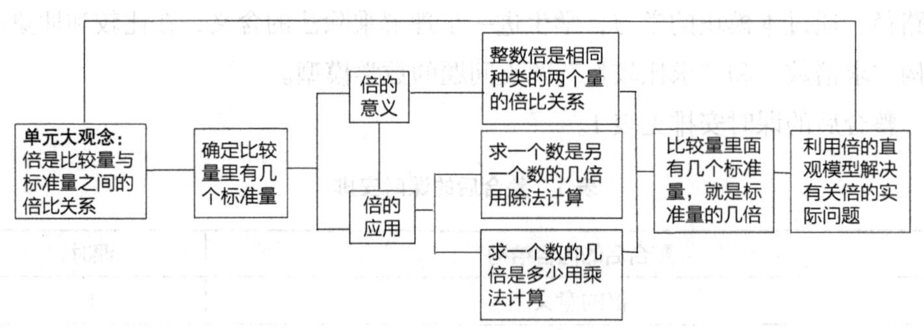

图2 单元知识结构

（三）表述单元目标

（1）结合生活情境，通过分类计数、圈图比较，建立“倍”与“几个几”的联系，能解释“倍”是比较量和标准量之间的倍比关系。

（2）通过丰富的实例，能归纳出找倍数的方法，建立有关“倍”的模型。

①通过小组交流，完整地归纳出找倍数的方法。

②通过实物操作、画示意图等，厘清数量关系，归纳出“求一个数是另一个数的几倍用除法计算”的方法。

③通过语言描述、画线段图等，描述和分析数学问题，归纳出“求一个数的几倍是多少用乘法计算”的方法。

（3）在具体情境中，利用倍的模型解决有关倍的实际问题，形成初步的模型意识、几何直观和应用意识。

二、创设学习情境和评价任务

（一）学习情境

为了激发学生尊重劳动、热爱劳动的情感，郑州高新区外国语小学开展“勤劳主题月”系列实践活动。李老师带领学生走进农场，帮农民伯伯拔萝卜，发现劳动中的数学问题。看着这么多种类的萝卜，善于思考的硕硕提问：“它们之间有什么数量关系呢？”同学们积极思考，畅所欲言，答案各不相同。李老师又提问：“除了比较它们的差，谁能换一种方法来比较呢？”“在本单元，我们将探索倍数关系，追寻‘倍’的概念在生活中的运用。学习结束后，我们将举行‘寻倍之旅’这一学科实践活动，请同学们从‘寻找生活中的倍—创编数学问题—画图解决问题—创造四格漫画’四个方面，汇报本单元的学习所得。”

（二）评价任务

评价任务如图 3 所示。

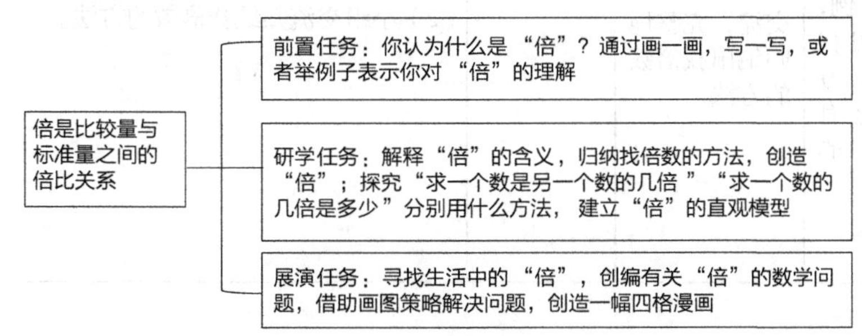

图 3　评价任务

课时总体规划：前置任务课前完成，研学任务 2 课时，展演任务 1 课时，本单元共 3 课时。

三、设计学习活动方案

（一）前置任务

数学源于生活。在生活中，你见过“倍”吗？你认为什么是“倍”？通过画一画、写一写或者举例子，表示你对“倍”的理解。

（二）研学任务

研学任务见表 2。

表 2　研学任务

基本问题：如何找出两个量之间的倍比关系？			
单元目标	课时目标	学习问题	学习活动
（1）结合生活情境，通过分类计数、圈图比较，建立“倍”与“几个几”的联系，会解释“倍”是比较量和标准量之间的倍比关系。 （2）通过丰富的实例，能归纳出找倍数的方法，建立有关“倍”的模型。 （3）……	第 1 课时： （1）通过圈一圈、画一画的方式，初步建立“倍”的概念，理解“倍”的含义。 （2）通过小组交流，完整地归纳出找倍数的方法	什么是“倍”？	**任务 1：认识“倍”** 致敬劳动者，快乐游农场。李老师带领学生走进农场帮农民伯伯拔萝卜，他们拔了 2 根胡萝卜，6 根红萝卜，10 根白萝卜。 （1）根据情境认识“标准量”和“比较量”，探究红萝卜和胡萝卜及白萝卜和胡萝卜之间的倍数关系。 （2）小组交流归纳找倍数的方法。

续表

<table>
<tr><th>单元目标</th><th>课时目标</th><th>学习问题</th><th>学习活动</th></tr>
<tr><td rowspan="2">（1）结合生活情境，通过分类计数、圈图比较，建立“倍”与“几个几”的联系，能在解释“倍”是比较量和标准量之间的倍比关系。

（2）通过丰富的实例，能归纳出找倍数的方法，建立有关“倍”的模型。

（3）在具体情境中，利用倍的模型解决有关倍的实际问题，形成初步的模型意识、几何直观和应用意识</td><td>（1）通过圈一圈、画一画的方式，初步建立“倍”的概念，理解“倍”的含义。

（2）通过小组交流，完整地归纳出找倍数的方法</td><td>如何找出两个量之间的倍数关系？</td><td>任务 2：改变“标准量”“比较量”
（1）拿走一根红萝卜，找出红萝卜和白萝卜之间的倍数关系。
（2）增加 4 根白萝卜，找出胡萝卜和白萝卜之间的倍数关系。
任务 3：创造“倍”
解释“倍”的含义，通过实例验证找倍数的方法。修正、评价“前置任务”中对“倍”的理解</td></tr>
<tr><td>第 2 课时：
（1）通过实物操作、画示意图等，厘清数量关系，归纳出“求一个数是另一个数的几倍用除法计算”的方法。

（2）通过语言描述、画线段图等，描述和分析数学问题，归纳出“求一个数的几倍是多少用乘法计算”的方法</td><td>“求一个数是另一个数的几倍”用什么方法？

“求一个数的几倍是多少”用什么方法？</td><td>任务 4：探究“求一个数是另一个数的几倍”
拔完萝卜，同学们来到“农场餐厅”体验劳动的不易。擦桌椅的有 12 人，扫地的有 4 人，擦桌椅的人数是扫地的几倍？画示意图表示两种量之间的关系，并把思考的过程用算式表示出来。
擦桌椅的：▲▲▲▲　▲▲▲▲　▲▲▲▲
扫地的：▲▲▲▲
求 12 里面有几个 4？　12÷4=3
任务 5：探究“求一个数的几倍是多少”
为丰富农场业余生活，同学们帮忙采购体育用品。军棋的价钱是 8 元，象棋的价钱是军棋的 4 倍，象棋的价钱是多少元？画线段图表示两种量之间的关系，并把思考的过程用算式表示出来。
军棋：8 元
象棋：？元
求 4 个 8 是多少？　4×8=32（元）
任务 6：总结方法，建立模型
完善“前置任务”中对“倍”的理解，丰富对“倍”的认知，建立“倍”的模型。
（1）“求一个数是另一个数的几倍”用除法计算：比较量 ÷ 标准量 = 倍数。
（2）“求一个数的几倍是多少”用乘法计算：标准量 × 倍数 = 比较量</td></tr>
</table>

（三）展演任务

有趣的农场之旅，既让孩子们体验到劳动的不易，又学到了丰富的数学知识。请结合本单元所学知识，开启“寻倍之旅”学科实践活动，寻找生活中隐藏的“倍”，创编有关“倍”的实际问题，借助画图策略解决问题，在A4纸上创编一幅有数学味道的四格漫画并结合研学过程中的学习经历，汇报自己本单元的所学所得。

四、研制评价量表

依据前置任务、研学任务和展演任务，共制订三组评价量表。第一组是前置任务评价量表，采用自评、互评相结合的方式对学生的完成情况进行过程性评价。第二组是研学任务评价量表，每一个评价维度对应本单元相应的课时内容，通过可量化的评价标准帮助学生衡量学习结果。同时采用学生自评、互评及教师评价相结合的方式对学生的课堂表现进行多元化评价。第三组是展演任务评价量表，对应单元终结性任务评价，采用同伴互评，再由教师汇总本单元学习过程中的所有评价结果进行总评。

（一）前置任务评价量表

“生活中的倍”评价量表见表3。

表3 “生活中的倍”评价量表

维度	等级评价标准		
	A	B	C
表示“倍”的概念，找出两种量之间的倍数关系	能表示出倍是两个量之间的比较，并能准确找出两种量的倍数关系	只能表示出倍是两个量之间的比较，但不能准确找出倍数关系	以为倍是一种量，或者对倍一无所知

（二）研学任务评价量表

“倍的意义”“倍的应用”评价量表见表4。

表4　“倍的意义”“倍的应用”评价量表

维度	等级评价标准		
	A	B	C
解释“倍”的含义，归纳找倍数的方法	能清楚地解释“倍”的含义，完整地说出找倍数的方法，逻辑清晰，语言准确	能用自己的话解释“倍”的含义，简单地说出找倍数的方法	不能解释“倍”的含义，也不能说出找倍数的方法
语言表征：分析例题，找出比较量和标准量	能准确找出标准量和比较量，并能说明理由	能准确找出标准量和比较量，不能说明理由	不能找出标准量和比较量
图形表征：画图表示数量关系，分析两种量之间的倍数关系	能正确利用示意图分析两种量之间的倍数关系，能解释出用除法或乘法计算的道理	能利用示意图分析两种量之间的倍数关系，但不能解释出用除法或乘法计算的道理	不能利用示意图正确分析两种量之间的倍数关系，也不能解释出用除法或乘法计算的道理
算式表征：列式计算、解答	正确列式解决问题	能正确列式，但计算错误	不能正确列式解答

课堂表现评价量表见表5。

表5　课堂表现评价量表

维度	等级评价标准		
	A	B	C
小组合作	能主动参与小组讨论，认真倾听、记录，并积极发言	能主动参与小组讨论，认真倾听、记录，发言欠积极	不能主动参与小组讨论
倾听互动	能认真倾听，主动质疑、补充或评价，并且表达清晰，方法得当	倾听较认真，但不能主动质疑、补充或评价	不能认真倾听，也不能积极互动
巩固练习	能按时按要求完成巩固练习、书写工整，质量高	能按时完成巩固练习，但书写不够工整，质量较好	在他人的督促下能完成巩固练习，质量不好

（三）展演任务评价量表

“寻倍之旅”评价量表见表 6。

表 6　“寻倍之旅”评价量表

维度	等级评价标准		
	A	B	C
寻找生活中的“倍”，创编有数学味道的四格漫画	能在生活中找到与“倍”有关的具体事例，会创编数学问题并能借助画图策略正确解决问题	能在生活中找到与“倍”有关的具体事例，会创编数学问题但不能正确解决问题	不能在生活中找到与“倍”有关的具体事例

五、教学设计反思

“倍”是比较量与标准量之间的倍比关系。在本单元的教学中，主要从以下两个方面帮助学生建立“倍”的概念和简单的数学模型。

1. 重视意义理解，揭示“倍”的本质，在“变化”中加深对“倍”的理解

精心设计学生的学习活动，帮助学生多角度、循序渐进地建立倍的概念，唤醒学生原有的认知结构，找到学生思维最近发展区，即“运用差比的关系比较两个数量”的学习经验，为两个数量的另一种比较方式“倍”的理解和模型的建立提供了思维基础。本单元的“变化”分为两类：一是标准量不变，比较量变化；二是比较量不变，标准量变化。让学生在有趣的变化中进一步认识“倍”，感受在比较倍数关系时标准的重要性。

2. 利用操作活动，突出“学”的过程，用“数形结合”奠定抽象的基础

当学生理解“倍”的意义有困难时，通过圈画等活动，不断地体会把谁看作标准量，按照标准量去圈另一种量，得到两种数量的倍数关系，在操作中加深对“倍”的理解。在解决实际问题时，借助示意图，引导学生从实际问题中抽象出两个量的关系，知道“求一个数是另一个数的几倍”用除法计算，“求一个数的几倍是多少”用乘法计算。

教学一堂课，不能只关注这堂课，而是要整体布局、瞻前顾后、上串下联，找准基点，立体架构，站在单元，甚至更远的立场去思考，为学生的持续

发展奠定基础。传统教学“只见树木，不见森林”，大单元教学要重关联、重整体、重实践。单元教学设计都是为学生单元中、单元后知识构建而服务，因此设计时要有意识地挖掘更深层次的数学本质或内涵，以学生的最近发展区为教学生长点，顺着经验唤醒、经验提升、经验重构这条思维发展的路径，提高学生自主建构知识体系的能力和意识，主动把数学知识迁移到生活、学习的其他领域，这也正是数学的育人价值所在。

分类与整理是按照一定的标准对物体进行分组并计数

——人教版《数学》小学一年级下册第三单元“分类与整理”

孙飞飞*

一、制订基于核心素养的单元目标

“分类与整理”属于“统计与概率”领域的相关内容，“数据分类”的本质是根据信息对事物进行分类。学生借助已有的生活经验，用数学的眼光观察现实世界，体会事物的共性和差异，感悟如何根据事物的不同属性确定标准，依据标准区分事物，形成不同的类。在统计图和统计表的学习中，进一步认识数据的分类，为统计的学习奠定基础，形成初步的数据意识。从分类到计数，进而形成“分类与整理是按照一定的标准对物体进行分组并计数”的单元大观念。基于以上分析，提出“这些物体应该如何分”这一基本问题，从学生的生活经验入手，强调“分”的过程，感知分类意义。最后，在数感、数据意识核心素养的指引下，学生能用分类的相关知识解决生活中的实际问题。

（一）提炼单元大观念

1.课程标准分析

【内容要求】

会对物体、图形或数据进行分类，初步了解分类与分类标准的关系，形成初步的数据意识。

【学业要求】

能依据事物特征，按照一定的标准进行分类；能发现事物的特征并制订标准，依据标准对事物分类；能用语言简单描述分类的过程；感知事物的共性和

* 孙飞飞，郑州高新区外国语小学。

差异，形成初步的数据意识。

【学段目标】

经历简单的分类过程，能根据给定的标准进行分类，形成初步的数据意识。

【学业质量标准】

能对物体、图形或数据按照一定的标准分类，形成初步的数据意识。

结合现实生活情境，尝试用数学语言描述生活中的实际问题，运用所学的数学知识和方法解决问题，形成初步的数感、量感和应用意识。

通过操作、游戏、制作等丰富多彩的活动，对数学产生一定的好奇心，形成学习数学的兴趣、初步的合作交流意识与独立思考的学习习惯。

《义务教育数学课程标准（2022 年版）》规定，本单元重在发展学生的数感、数据意识等核心素养。通过本单元的学习，学生能结合自己的生活经验尝试用数学的眼光观察现实世界，在动手实践中感悟分类的价值，在分类的过程中认识事物的共性与区别，学会分类的方法。会用文字、图画或表格等方式记录并描述分类后的结果，体会分类的价值，形成初步的数据意识，为后续学习统计中的数据分类打好基础。

2. 教材分析

（1）相关教材内容梳理。

小学学段，在“统计与概率”领域，学生将学习“数据分类”和“数据的收集、整理与表达”“随机现象发生的可能性”三个主题的内容。

第一学段“数据分类”涉及一年级下册“分类与整理”、二年级下册“数据收集整理”，要求学生会对物体、图形或数据进行分类，初步了解分类与分类标准的关系，体会如何用数学语言表达现实世界。

第二学段“数据的收集、整理与表达”涉及三年级下册“复式统计表”、四年级上册“条形统计图”、四年级下册“平均数与条形统计图”，包括数据的收集及用统计图表、平均数和百分数等统计量表达数据。本单元所学的“复式统计表”，要求学生收集整理具体情境中的数据，初步感受现实生活中存在的大量数据，其中蕴含着有价值的信息，并用复式统计表的形式描述数据、说明数据的现实意义，形成初步的数据意识。

第三学段“数据的收集、整理与表达”“随机现象发生的可能性”涉及五年级下册“折线统计图”、六年级上册“扇形统计图”，强调从现实情境和真实问题入手，引导学生经历一个完整的数据收集与整理的过程，让学生感知数据收集的必要性，学会选择适当的方法收集数据，学会选择合适的统计图表达数据，能合理解释数据表达的现实意义。在这样的过程中，让学生了解各种统计图的功能。

我们主要研究的是第一学段“分类与整理”的相关内容，分类的教学需要学生结合已有的生活经验。在教学中，教师需要精心为学生创设生活情境，准备大量的学具，以此为学生提供充分的“分”的机会，从而引导学生体会分类的多样性。

（2）教材内容整合分析。

“分类与整理”是小学阶段学习统计内容的基础，这是教材融合“分类”与“统计”的一节新课，旨在让学生按照指定标准或者自选标准进行分类并计数，因此，要重视对接学生学前阶段已有的生活经验，鼓励学生在活动中学会物体的简单分类。

本章内容分为两节课，第一课时“象形统计图”，第二课时“简单统计表”。主要是让学生能按照不同的标准或选择某个标准（形状、颜色）对物体进行比较、分类和排列；在比较、分类、排列的活动中，体验活动结果在同一标准下的一致性、不同标准下的多样性。同时能根据具体的情境选择合适的标准进行分类，体验分类标准不同，分类的结果也不同，如图1所示。

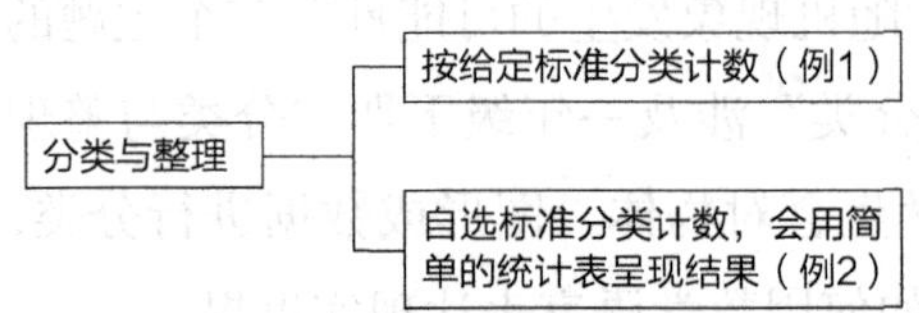

图1　教材内容整合分析

3. 学情分析

从年龄特点上看，一年级学生的生活经验少，学习兴趣浓厚，思维活跃。经过了一个学期的学习生活之后，对周围的一些实际现象或事物有了一些观察和思考，他们强烈的好奇心和乐于观察、思维活跃的特性有利于更加深刻地理解本部分教学内容。

从知识经验上看，学生在小学阶段首次接触“分类与整理”的相关内容，

“分类与整理”是学习统计的基础，而分类的核心是构建标准，学生分类的标准多数来源于日常的生活经验。因此，要重视对接学生学前阶段已有的生活经验。

4. 单元大观念

单元内容明确指向分类与分类标准的关系，同时用多种方式记录统计的结果。所以确定本单元的大观念：分类与整理是按照一定的标准对物体进行分组并计数。

（二）建构单元知识结构

单元知识结构如图 2 所示。

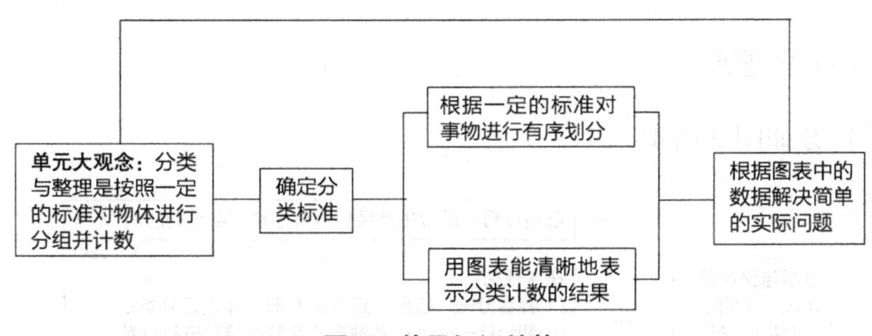

图 2 单元知识结构

（三）表述单元目标

（1）结合具体情境，根据事物之间的共性与差异制订分类标准，并按照一定的标准进行分类。

①结合生活实例，能根据给定的标准或自选标准进行分类，并能用语言简单描述分类的过程。

②依据分类结果，能用文字、画图、表格等方式描述分类的结果。

（2）通过观察、对比，归纳事物分类的方法。

（3）在实际情境中，能根据统计图或统计表解决生活中的实际问题，形成初步的数据意识。

二、创设学习情境和评价任务

（一）学习情境

周末，聪聪和果果受邀来到硕硕家参加生日宴会，他们一起玩游戏、品尝美食、观看视频，聪聪和果果还参观了硕硕的房间，书桌干净整洁，床铺叠放整齐，明亮的阳光照进卧室，显得特别温馨。值得一提的是玩具柜，硕硕按照玩具的不同种类分层摆放，整齐而精致。回到家，聪聪看到自己随处乱扔的玩具，倍感惭愧，于是想要整理自己的玩具。相信学完今天的内容，你们也能像硕硕一样按照一定的分类标准整理自己的书柜、鞋柜、玩具柜，并对各类物品进行计数。把你们整理后的前后对比照发到指定群相册，让大家一起看看你是怎么整理的。

（二）评价任务

评价任务如图 3 所示。

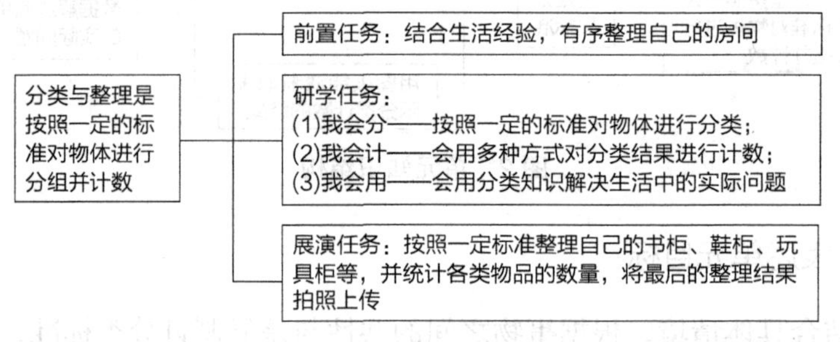

图 3　评价任务

课时总体规划：前置任务课前完成，研学任务 2 课时，展演任务 1 课时，本单元共 3 课时。

三、设计学习活动方案

（一）前置任务

回忆一下自己干净整洁的房间，想一想你的爸爸妈妈平时都是怎么整理房间的。结合自己的生活经验尝试整理自己的房间，并给你的家长说一说你是按照什么标准进行整理的。

（二）研学任务

研学任务见表 1。

表 1　研学任务

<table>
<tr><td colspan="4">基本问题：这些物体应该如何分？</td></tr>
<tr><th>单元目标</th><th>课时目标</th><th>学习问题</th><th>学习活动</th></tr>
<tr><td rowspan="3">（1）结合具体情境，根据事物之间的共性与差异制订分类标准，并按照一定的标准进行分类。
（2）通过观察、对比，归纳事物分类的方法。
（3）在实际情境中，能根据统计图或统计表解决生活中的实际问题，形成初步的数据意识</td><td>第 1 课时：
（1）结合生活实例，能根据给定的标准或自选标准进行分类，并能用语言简单描述分类的过程。
（2）依据分类结果，能用文字、画图、表格等方式描述分类的结果</td><td>（1）分类的标准是什么？
（2）如何用统计图描述分类的结果？</td><td>任务 1：发现气球的特征，制订分类标准并进行分类。
（1）结合自己的生活经验对气球进行分类，感知分类的意义，强调分类的重要性。
（2）小组交流，组内分享自己的分类标准及分类过程。
任务 2：根据分类结果，利用象形统计图对分类结果进行计数。
（1）小组合作，商讨并分享统计分类的过程及结果。
（2）各组呈现之后，通过观察对比，选择简单明了的方式记录统计的结果</td></tr>
<tr><td>第 2 课时：
根据事物的特征选择分类标准对事物进行分类，总结分类方法，并能用多种方式描述分类的结果</td><td>（1）怎样用不同的分类标准进行分类？
（2）如何用统计表描述分类的结果？</td><td>任务 3：鼓励学生多角度观察，选择不同的分类标准进行分类。
（1）按照性别进行分类。
（2）按照年龄进行分类。
通过观察、分析、对比，总结分类方法。
任务 4：根据分类结果，利用统计表对分类结果进行计数。
（1）先独立思考，在练习本上记录自己计数方法，组内分享自己的计数方法，尝试用多种方式呈现分类的结果。
（2）通过多种计数方法的对比，体现分类结果在单一标准下的一致性，不同标准下的多样性</td></tr>
<tr><td>第 3 课时：
在实际情境中，能够对数据进行简单分析，并能根据数据提出简单的问题</td><td>根据统计结果你知道了什么？提出简单的数学问题并解答</td><td>任务 5：对照标准，独立思考并完成练习。
仔细观察《数学》第 35 页第 5 题中的这些动物，如果分成两组，你会按照怎样的标准进行分类？并完成统计表。
任务 6：分析数据，提出问题。
根据调查填写的简单的统计表，说一说你知道了哪些信息，并提出问题</td></tr>
</table>

（三）展演任务

按照一定的分类标准整理自己的书柜、鞋柜、玩具柜等，用文字、图形或表格等方式对各类物品的数量进行统计，把你们整理前和整理后的对比照片发到指定群相册，邀请大家一起看看你整理的结果，为你点赞评价。

四、研制评价量表

根据前置任务、研学任务和展演任务，本单元共有三组评价任务，每组评价任务均采用等级评价。第一组评价量表用来评价学生前置任务的开展情况。第二组评价量表中每一个评价项目对应每一项研学任务的内容，为了更好地检测学生课堂的表现，在此环节从小组合作、听讲情况、巩固练习情况三个方面设置了课堂表现评价量表。第三个评价量表针对学生学习之后应用知识点解决生活中的实际问题而设计。评价量表从三个不同的维度设计每个层级应达到的标准。

（一）前置任务评价量表

“整理房间”评价量表见表 2。

表 2 “整理房间”评价量表

维度	等级评价标准		
	A	B	C
整理房间	结合自己的生活经验，按照一定的标准，能用连贯的语言准确地描述自己是如何整理房间的	结合自己的生活经验，按照一定的标准，能用语言描述自己整理房间的过程	能结合自己的生活经验，将物品摆放整齐，但没有按照标准进行整理。能用语言描述自己整理房间的过程

（二）研学任务评价量表

“分类与整理”评价量表见表 3。

表 3 “分类与整理”评价量表

维度	等级评价标准		
	A	B	C
我会分——按照一定的标准对物体进行分类	根据物体的特征，能从多角度观察，自制分类标准，熟练地对物体进行分类	根据物体的特征，能按照一定的标准，对物体进行分类	根据物体的特征，能按照指定标准，对物体进行分类
我会计——会用多种方式对分类结果进行计数	能熟练地使用文字、画图、表格等多种方式，准确地记录分类的结果	能根据提示用文字、画图、表格等方式，记录分类的结果	能按照题目要求填写分类的结果
我会用——会用分类知识解决生活中的实际问题	能按照不同的标准对物体进行分类，并能用多种方式描述分得的结果，能根据统计图表中提出简单的问题并解答	能按照不同的标准进行分类，不能用多种方式描述分得的结果，能根据图表提示解决简单的问题	能按照单一的标准和方式进行分类并计数，能根据图表提示解决简单的问题

“课堂表现”评价量表见表 4。

表 4 “课堂表现”评价量表

维度	等级评价标准		
	A	B	C
小组合作	在小组长的带领下，能积极参与讨论，认真倾听，并根据小组讨论的结果做好记录	在小组长的带领下，能参与讨论，认真倾听，并根据小组讨论的结果进行简单的记录	在小组长的带领下，能参与讨论、倾听
听讲情况	能积极地进行有效的课堂互动，认真记笔记，敢于质疑	能进行课堂互动，记笔记，敢于质疑	课堂参与度不高，机械地记笔记、倾听，很少提出自己的见解
巩固练习	能用多种方法高质量地完成练习，并能对题目进行再创造	能按时完成练习，练习题出错率较低	能按时完成练习，练习题出错率较高

（三）展演任务评价量表

“分类整理房间”评价量表见表5。

表5 “分类整理房间”评价量表

维度	等级评价标准		
	A	B	C
整理书柜、鞋柜、玩具柜	能根据物体的特征，按照一定的标准，熟练地整理自己的书柜、鞋柜、玩具柜等，能用多种方式记录整理后的结果，并能用语言准确地描述自己分类的过程	能根据物体的特征，按照指定的标准，整理自己的书柜、鞋柜、玩具柜等，能用单一方式记录整理后的结果，并能用语言描述自己分类的过程	能按照单一标准，整理自己的书柜、鞋柜、玩具柜等，能用单一方式记录整理后的结果，并能用语言描述自己分类的过程

五、教学设计反思

分类思想是一种基本的数学思想，它是根据一定的标准，对事物进行有序划分和组织的过程。本单元是小学学习统计的基础，学生不具备相应的知识基础，因此，要以学生的生活经验为教学的生长点，引导学生根据物体的特征建立标准，从而进行分类。基于此，在前置任务环节设计了整理房间的活动，学生通过亲身经历知道分类在生活中的应用，直接感受数学来源于生活并应用于生活。在分类的过程中，学生通过说一说和动手操作，找到事物的特征和差异，然后用给定标准或者自定标准对事物进行分类。从分类到记录结果的过程，学生能按照自己的想法进行操作，在同伴或者教师的引导下逐步完善统计图和统计表，在比较、分类、排列的活动中，体验活动结果在同一标准下的一致性、不同标准下的多样性。

本单元的教学设计，正是通过对教材的横向和纵向的分析，以单元作为实现课程实施的基本单位，以单元大观念促进单元知识的迁移与整合，逐步构建起学科核心素养的框架，进而推进学科核心素养的落实。

复式统计表是由有联系的单式统计表合成的

——人教版《数学》小学三年级下册第三单元“复式统计表”

陈倩倩 *

一、制订基于核心素养的单元目标

“复式统计表”属于“统计与概率”领域“数据的收集、整理与表达”的主题。学生在经历统计“男女生最喜欢的社团”的探究活动中，明白当统计项目不止一个时，可以用复式统计表呈现调查结果，形成“复式统计表是由有联系的单式统计表合成的”的单元大观念，并能够合理分析统计结果。基于以上分析，我们提出“如何把多个统计项目整理在一个统计表内”的基本问题，逐步建立新旧知识之间的联系，构建知识网络，提升数据意识和应用意识等学科核心素养。

（一）提炼单元大观念

1. 课程标准分析

【学段目标】

经历简单的数据收集过程，了解数据收集、整理和呈现的简单方法。

【内容要求】

（1）经历简单的数据收集和整理、描述和分析的过程，了解简单的收集数据的方法，会呈现数据整理的结果。

（2）通过对数据的简单分析，感受数据蕴含的信息，体会运用数据进行表达与交流的作用。

（3）能读懂报纸、电视、互联网等媒体中的简单统计图表。

* 陈倩倩，郑州高新区外国语小学。

【学业要求】

能收集、整理具体实例中的数据，并用合适的方式描述数据，分析与表达数据中蕴含的信息。能用复式统计表合理表示数据，说明数据的现实意义。

【学业质量标准】

能分析与表达数据中蕴含的信息，能绘制简单的数据统计表，形成初步的数据意识。

《义务教育数学课程标准（2022年版）》指出，义务教育阶段要教会学生"会用数学的语言表达现实世界"，理解数据的意义与价值。本单元是在学生学习了"数据的收集整理"基础上进行教学的，让学生在具体的统计活动中认识复式统计表，进一步体会数据收集整理的必要性和数据分析方法的多样性。同时，通过探究把几个有联系的单式统计表合成一个统计表的方法，为以后复式条形统计图和复式折线统计图的学习奠定基础。本单元的学习旨在提高学生用统计思维处理数据的能力，发展数据意识。

2. 教材分析

小学学段，在"统计与概率"领域，学生将学习"数据分类""数据的收集、整理与表达"和"随机现象发生的可能性"三个主题的内容。

第一学段（一至二年级）："数据分类"涉及一年级下册"分类与整理"、二年级下册"数据收集整理"，要求学生会对物体、图形或数据进行分类，初步了解分类与分类标准的关系，体会如何用数学语言表达现实世界。

第二学段（三至四年级）："数据的收集、整理与表达"涉及三年级下册"复式统计表"、四年级上册"条形统计图"、四年级下册"平均数与条形统计图"，包括数据的收集，也包括用统计图表、平均数和百分数等统计量表达数据。本单元所学的"复式统计表"，在学习过程中，要求学生收集整理具体情境中的数据，初步感受现实生活中存在大量数据，其中蕴含着有价值的信息，并用复式统计表的形式描述数据、说明数据的现实意义，形成初步的数据意识。

第三学段（五至六年级）："数据的收集、整理与表达""随机现象发生的可能性"涉及五年级下册"折线统计图"、六年级上册"扇形统计图"，都强调从现实情境和真实问题入手，引导学生经历一个完整的数据收集与整理的过程，让学生感知数据收集的必要性，学会选择适当的方法收集数据，学会选择合适的统计图表达数据，能合理解释数据表达的现实意义。在这样的过程中，让学生了解各种统计图的功能。

本单元教学内容的编排，将发展数据分析观念贯穿于教学过程的各个环节，例题和习题所选择的情境和设计的问题，都注重培养学生对统计数据的解读能力。在例题中设计了“统计男女生最喜欢的活动”的问题，先用单式统计表，再通过对比，引出复式统计表，发现复式统计表可以更清晰明了地呈现调查数据，了解复式统计表的结构。最后通过回答问题，让学生感受到复式统计表包含的信息量更大。以上三个环节环环相扣，层层递进，让学生完整地经历统计分析的全过程，体会引入复式统计表的必要性，有效地发展学生的数据分析观念。

3. 学情分析

从年龄特点上看，三年级学生思维活跃，有强烈的好奇心和求知欲，初步具备了独立思考与合作探究的能力。复式统计表的学习需要在真实生活情境中，建立单式统计表与复式统计表的联系，掌握统计的方法，学会利用统计结果进行合理的预测，理解统计在实际生活中的作用。

从知识经验上看，这部分内容是在学生已经学习了用简单的方法收集和整理数据，初步认识了单式统计表的基础上进行学习的，学生对统计表的结构、填写方法、表内数据的分析有了一定的基础。虽然本节课难点在于把多个统计项目合并在一个表中，但学生在日常生活中经常会见到统计表，也具备了一定的分析问题、解决问题的经验，这些都为本单元的学习做好了知识铺垫。

4. 单元大观念

根据上述分析，复式统计表就是把几个有联系的单式统计表合编在一个统计表里，有利于数据的观察、比较和分析。因此提炼出本单元大观念：复式统计表是由有联系的单式统计表合成的。

（二）建构单元知识结构

单元知识结构如图 1 所示。

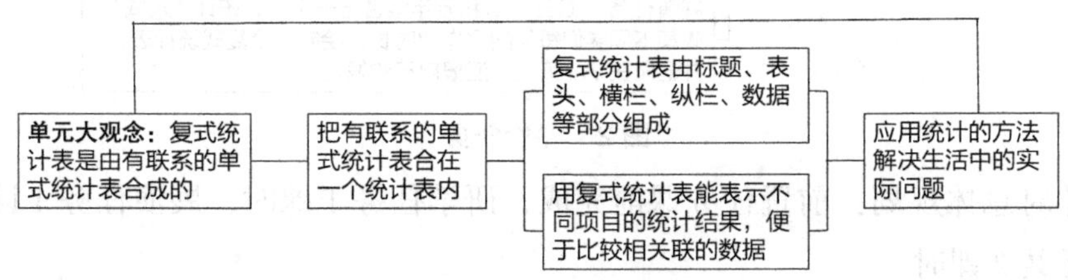

图 1　单元知识结构

（三）表述单元目标

（1）在具体的统计活动中，认识复式统计表的结构，会用复式统计表描述统计结果，并能解释数据的现实意义。

（2）联系生活实际，能说明数据收集和整理的方法，运用数据进行表达与交流，发展统计观念。

（3）通过分析统计表的活动，能解决生活中有关统计的实际问题，发展数据意识和应用意识。

二、创设学习情境和评价任务

（一）学习情境

郑州高新区外国语小学积极落实“双减”政策，充实校园生活，开展了丰富多彩的社团活动。为了解学生最喜欢哪一种社团活动项目，对三年级一班同学进行调查。我们已经学过用单式统计表呈现调查数据，如果统计项目包括男生和女生，又该如何表示呢？我们将再次探究相关知识。学习结束后，我们将在三年级和五年级各选一个班，统计“双减”政策下同学们每天的作业时长，绘制一个复式统计表，并汇报交流。

（二）评价任务

评价任务如图 2 所示。

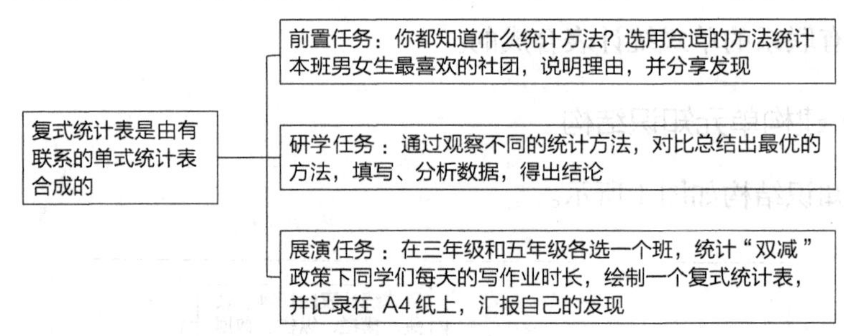

图 2　评价任务

课时总体规划：前置任务课前完成，研学任务 1 课时，展演任务 1 课时，本单元共 2 课时。

三、设计学习活动方案

（一）前置任务

你都知道什么统计方法？请选用合适的方法统计本班男女生最喜欢的社团，向大家说明选用这种方法的理由，并分享你的发现。

（二）研学任务

研学任务见表 1。

表 1 研学任务

<table>
<tr><td colspan="4">基本问题：如何把几个有联系的单式统计表合编在一个统计表里？</td></tr>
<tr><th>单元目标</th><th>课时目标</th><th>学习问题</th><th>学习活动</th></tr>
<tr>
<td>（1）在具体的统计活动中，认识复式统计表的结构，会用复式统计表描述统计结果，并能解释数据的现实意义。

（2）联系生活实际，能说明数据收集和整理的方法，运用数据进行表达与交流，发展统计观念。

（3）通过分析统计表的活动，能解决生活中有关统计的实际问题，发展数据意识和应用意识</td>
<td>（1）通过自主探究，能正确填写表格，说出复式统计表的结构，并能合理分析表中数据。

（2）通过分析统计表的活动，能解决生活中有关统计的实际问题，发展数据意识和应用意识</td>
<td>怎样把几个有联系的单式统计表合编在一个统计表里？</td>
<td>任务 1：
分享各自的统计方法和结果，将两个单式统计表的数据合并成一个复式统计表。对比观察，并回答下面的问题：
男女生最喜欢的社团统计表
<table>
<tr><th>维度</th><th>十字绣</th><th>3D 打印</th><th>衍纸艺术</th><th>快乐乒乓</th><th>花样跳绳</th><th>华服文化</th></tr>
<tr><td>男生</td><td></td><td></td><td></td><td></td><td></td><td></td></tr>
<tr><td>女生</td><td></td><td></td><td></td><td></td><td></td><td></td></tr>
</table>
（1）男生最喜欢哪种活动的人最多？女生呢？参加调查的一共有多少人？
（2）针对调查结果，你有什么建议？

任务 2：
完善复式统计表，对比观察，总结复式统计表的优点。

任务 3：
统计三个同学的个人信息（姓名、年龄、身高、体重），绘制成一个复式统计表，并说一说自己的发现</td>
</tr>
</table>

（三）展演任务

在三年级和五年级各选一个班，用复式统计表展示“双减”政策下同学们每天的写作业时长，绘制一个复式统计表，并记录在 A4 纸上，汇报自己的发现。

四、研制评价量表

根据单元学习目标，本单元共有三组评价量表。第一组评价量表对应前置任务，是汇报结束后的生生互评。第二组评价量表对应研学任务，是对知识掌握情况的评价，由师生共同商定评价标准，同时以教师评价和学生评价相结合的方式评价学生课堂表现。第三组评价量表对应展演任务，要求灵活运用所学的知识点，调查统计每天的写作业时长，并在小组内展示，本组评价任务在单元学习结束后进行，组内根据每个人的总结和展示进行互评。

（一）前置任务评价量表

“统计最喜欢的社团”评价量表见表 2。

表 2 “统计最喜欢的社团”评价量表

维度	等级评价标准		
	A	B	C
统计方法	能说出 3 种及以上所学习过的统计方法	能说出 1 ~ 2 种已学习过的统计方法	不能说出已学习过的统计方法
统计结果	能用统计表清晰直观地展示出统计结果	能用统计表展示出统计结果，但不准确	不能用统计表展示出统计结果

（二）研学任务评价量表

“复式统计表”评价量表见表 3。

表 3 “复式统计表”评价量表

维度	等级评价标准		
	A	B	C
填写表格，分析数据	能正确填写表格；合理分析表中数据，逻辑清晰，语言准确	能正确填写表格，但分析数据不够全面	不能正确填写表格，不能分析表中数据

“课堂表现”评价量表见表4。

表4 “课堂表现”评价量表

维度	等级评价标准		
	A	B	C
小组合作	能认真倾听他人的发言，清晰表述自己的观点，针对问题积极讨论，认真记录	能较为认真地倾听他人的发言，表述观点不够清晰，针对问题能够讨论，但不能完整记录	不能回答教师提出的问题，没有参与到课堂活动中
听讲情况	能积极回答教师提出的问题，课堂上主动质疑，能够清晰地表达自己的观点	能比较积极地回答教师提出的问题，但课堂上缺乏主动，表述自己观点不够清晰	不能回答教师提出的问题，没有参与到课堂活动中
巩固练习	能按时按要求完成巩固练习，书写工整，正确率高	能按时完成巩固练习，但书写不够工整，正确率中等	不能按时按要求完成巩固练习，正确率低

（三）展演任务评价量表

“统计每天作业时长”评价量表见表5。

表5 “统计每天作业时长”评价量表

维度	等级评价标准		
	A	B	C
统计“双减”政策下每天的写作业时长	能选用合适的统计方法，并用复式统计表呈现调查结果，数据真实有效，表格完整，排版美观，无错别字	能选用合适的统计方法，并用复式统计表呈现调查结果，数据不够真实，表格不够完整，有错别字	不能用复式统计表呈现调查结果
分析调查结果	组内展示时，能多角度、清楚地描述自己的发现，大方自信	组内展示时，能简单地描述自己整理的内容	组内展示时，需要他人引导才能描述自己整理的内容

五、教学设计反思

本单元是在学生初步认识简单统计表基础上，进一步学习复式统计表，主要培养学生的数据收集、整理与表达能力，感受统计与生活的密切联系。与传统教学设计的区别主要在于从真实生活情境出发，注重学生的已知经验，鼓励学生大胆实践，勇于表达。在前置任务中发动学生调查本班男女生最喜欢的社团，为引出复式统计表提供了真实素材，激起学生进一步探究的欲望。在研学任务中，引导学生观察，当统计项目不止一个时，可以用复式统计表表示，建立新旧知识的联系，逐步构建知识网络。在最后的展演任务中，设计了统计“双减”政策下同学们的写作业时长，并汇报交流自己的发现。这些环环相扣的活动全部来自身边熟悉的事例，激发学生对数据的亲近之感，逐步发展学生的数据分析观念，教会学生“会用数学的语言表达现实世界”。

在设计本单元的教学时，关键在于力求做到从“知识本位”到“素养立意”的转型。相比知识层面的掌握，统计教学更需要使学生在统计思想、素养及能力方面获得发展。统计的核心价值在于分析数据，凸显核心价值的关键，也恰恰在于重视对数据分析的引导，切实指导学生掌握一些数据分析的方法，进而积累数据分析的经验。

百分数是两个数量倍数关系的表达

——人教版《数学》小学六年级下册第二单元“百分数（二）”

李菊红　汪艳丽*

一、制订基于核心素养的单元目标

“百分数（二）”属于“统计与概率”领域“数据的收集、整理与表达”的主题，属于表达统计量的一种形式。百分数是小学统计学习的最后环节，对提升学生的数据意识和应用意识具有重要意义。学生在经历用百分数解决实际问题的探究活动中，明白了百分数就是研究部分与整体两个数量的倍数关系，得出“百分数是两个数量倍数关系的表达”这一单元大观念，很好地体现了统计和概率的一致性就是以“数据”为核心的表达。因此基于学生的思维路径，提出基本问题——“如何运用百分数知识解决生活中的实际问题”。解决问题时百分数和分数的数量关系是一致的，逐步构建单元知识结构，使学生形成数据意识、应用意识和模型意识这些数学核心素养。

（一）提炼单元大观念

1. 课程标准分析

【内容要求】

结合具体情境，探索百分数的意义，能解决与百分数有关的简单的实际问题，感受百分数的统计意义。

在简单的实际情境中，应用统计图表或百分数，形成数据意识和初步的应用意识。

*李菊红　汪艳丽，郑州中学第二附属小学。

【学业要求】

能根据问题的需要从报纸、杂志、电视、互联网等媒体上获取数据，或者通过其他合适的方式获取数据，能根据结果作出简单的判断和预测。

能在真实情境中理解百分数的统计意义，解决与百分数有关的简单问题，能在认识及应用统计图表和百分数的过程中，形成数据意识，发展应用意识。

【学业质量标准】

能在数学与生活情境中，在教师指导下，初步学会用数学的眼光观察，尝试、探索发现并提出问题，并将所学的数学知识应用于解决现实生活中的问题，形成初步的模型意识和应用意识。

对数学形成一定的好奇心与求知欲，具有学习数学的兴趣，初步养成良好的学习态度和习惯。初步建立学好数学的自信心，体会数学的价值，在解决问题的过程中逐步克服困难，初步形成一定的应用意识。

【教学提示】

从实际情境和真实问题入手，在平均数的基础上，进一步学习百分数。

百分数教学要引导学生知道百分数是两个数量倍数关系的表达，既可以表达确定数据，如饮料中果汁的含量、税率、利率、利息和折扣等，也可以表达随机数据，如某篮球运动员罚球命中率、某城市雾霾天数所占比例等。建议利用现实问题中的随机数据引入百分数学习，帮助学生了解百分数的统计意义，利用百分数可以认识现实世界中的随机现象，作出判断、制订标准。同时引导学生了解扇形统计图可以更好地表达和理解百分数，体会百分数中部分与整体的关系。

从课程标准摘引中可以看出，本单元要发展学生的数据意识、应用意识和模型意识这些核心素养。通过一系列探究解决实际问题的过程，使学生获得有关百分数的基本知识，提高发现、提出、分析和解决百分数问题的能力，积累学习经验，感受数学知识和方法的应用价值，获得成功的体验，增强学习数学的兴趣和信心。

2. 教材分析

（1）相关教材内容梳理。

本单元是在学生了解百分数的意义、掌握分数四则混合运算及其应用、能够解决百分数的一般性实际问题的基础上再次进行学习的。本单元内容主要包

括折扣、成数、税率、利率等百分数在实际生活中的应用。

百分数与实际生活联系紧密，学习百分数对理解和判断生活中相关数据、信息，以及运用百分数解决日常生活中的实际问题有着重要的意义。通过对于本单元知识的学习，进一步了解百分数在生活中的广泛应用，提升灵活应用数学知识的能力。本单元后面的综合与实践活动——“生活与百分数”与本单元内容紧密相连，因此也安排在本单元中进行学习。本单元学习的重点在于应用百分数知识解决现实生活中的实际问题。

本单元的具体内容安排如图 1 所示。

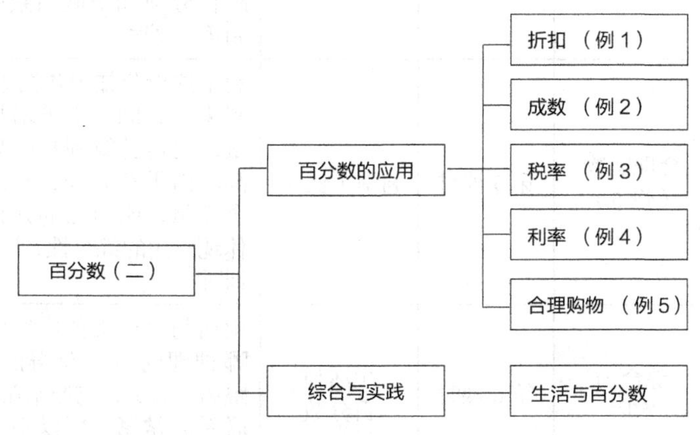

图 1　本单元具体安排

（2）教材内容整合分析。

从教材知识的内在联系和学生学习习惯两方面考虑，特将本单元课时做以下调整，见表 1。

表 1　本单元课时调整

教材安排 6 课时	整合前课时内容	整合后 6 课时	整合后课时内容	整合原因
第 1 课时	折扣（例 1）	第 1 课时	折扣（例 1）	折扣问题与学生日常生活的联系很紧密，学生比较容易理解，所以放到第 1 课时
第 2 课时	成数（例 2）	第 2 课时	合理购物（例 5）	因为合理购物是根据现实生活中不同的优惠活动，体现出不同的“打折”销售，与第 1 课时联系紧密，所以把合理购物提前到第 2 课时

续表

教材安排 6 课时	整合前课时内容	整合后 6 课时	整合后课时内容	整合原因
第 3 课时	税率（例 3）	第 3 课时	成数（例 2）	成数是表示农业收成方面的术语，离学生的生活稍远一点，所以放到第 3 课时
第 4 课时	利率（例 4）	第 4 课时	税率（例 3）	税率和纳税的知识和我们的生活息息相关，专业名词（税率、应纳税额、应纳税所得额、纳税免征额）较多，学生还不是纳税人，对这些名词不太熟悉，但是其又跟百分数知识联系紧密，所以放到第 4 课时
第 5 课时	合理购物（例 5）	第 5 课时	利率（例 4）	利率这部分知识包括本金、利息、利率、时间。由于增加了时间变量，使得计算利息时复杂程度更高。由于有时间、利息和本金三个变量，比前面的知识内容更能体现应用的综合性，所以放到第 5 课时
第 6 课时	综合与实践	第 6 课时	生活与百分数	生活与百分数的内容主要是采用哪种理财方式获得的利息最多，跟利率有关，与原来第 4 课时利率联系非常紧，所以把这两个课时放在一起

3. 学情分析

从年龄特点来看，六年级学生对新知识具有一定的好奇心和求知欲，充满兴趣和自信，具有独立思考、合作探究、自我反思的经验和能力。本单元的学习情境贴近学生生活，充满时代气息，容易激发学生的学习兴趣。例如，学生对生活中商品打折时如何购买能省钱、银行存款的收益，充满了兴趣，愿意去挑战有关折扣和银行存款类的问题。

从知识经验来说，六年级学生学过跟百分数有关的知识，在分析、应用数量关系和解答问题能力方面，已经积累了一定的生活和学习经验，运用类比、迁移的思想方法，很容易列出算式。在计算方面，学生已经熟练掌握了小数和分数四则混合运算的计算方法，解决问题的方法不再是他们的学习难点，难点在于把成数、折扣、利率、税率和百分数之间建立联系，用百分数的意义来解决这些实际问题。

4. 单元大观念

通过以上对课程标准、教材单元内容、学情等几方面的分析，确定本单元的大观念：百分数是两个数量倍数关系的表达。

（二）建构单元知识结构

单元知识结构如图 2 所示。

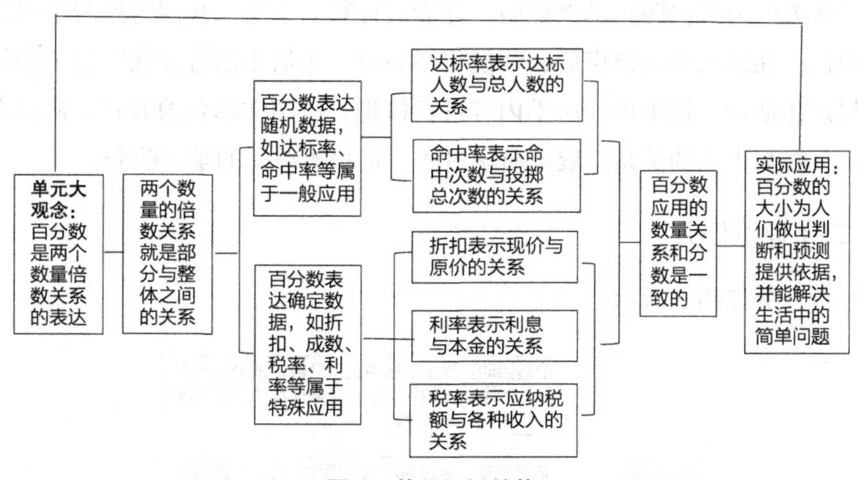

图 2　单元知识结构

（三）表述单元目标

（1）能说出折扣、成数、税率、利率等词语的具体含义，沟通百分数在统计和实际生活中的联系，形成“百分数是两个数量倍数关系的表达”的本质认识。

（2）结合具体情境，能利用所学的百分数知识解答有关购物、成数、纳税、储蓄中简单的实际问题，形成数感、数据意识和模型意识。

①在具体情境中，能正确解决各种优惠购物中的问题，并说出计算依据。

②结合具体实例，能正确解决跟成数有关的实际问题，并说出计算依据。

③结合具体实例，能正确解决跟税率有关的实际问题，并说出计算依据。

④在具体情境中，能正确解决跟利率有关的实际问题，并说出计算依据。

（3）在解决跟百分数有关的简单实际问题中，体会数学的应用价值，增强学习数学的兴趣和信心，形成初步的应用意识。

二、创设学习情境和评价任务

（一）学习情境

同学们，我们经常在报纸、电视上见到或听过百分数。请你回忆并回答，百分数的意义是什么？我们已经学过了百分数的意义，并且能解决统计中的一般应用。你还知道百分数能用到哪些地方吗？这些生活实际中的百分数问题又该用什么方法来解决呢？举例说明，并尝试计算。本单元我们将接着学习百分数的知识。在单元学习结束后，我们将举办以“生活中的百分数”为主题的数学小报评比活动，把本单元所学内容进行梳理，以图文结合的方式，从多方面表示百分数与生活的关系，展示研学过程，汇报本单元的学习收获。

（二）评价任务

评价任务如图 3 所示。

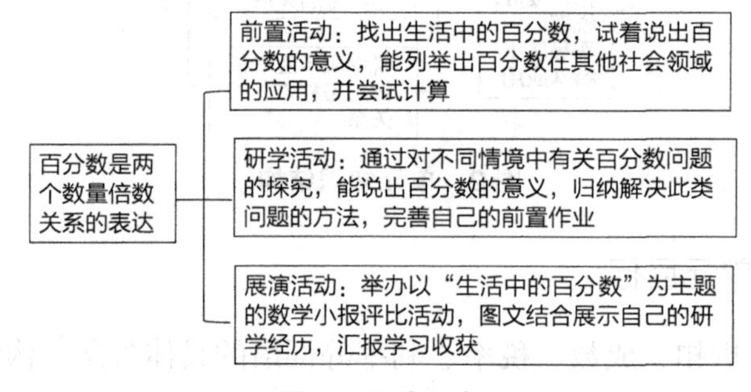

图 3 评价任务

课时总体规划：前置任务课前完成，研学任务 6 课时，展演任务在第 6 课时完成，本单元共 6 课时。

三、设计学习活动方案

（一）前置任务

同学们，我们经常在报纸、电视上见到或听到百分数，在我们的日常生活中，如商场购物、饭店吃饭、银行存款等，很多时候都会用到百分数。请根据课前调查，回忆并说出百分数表示的意义。举例说明百分数在生活中其他领域的应用，尝试计算，并交流解决百分数问题的方法。

（二）研学任务

研学任务见表 2。

表 2　研学任务

<table>
<tr><td colspan="4">基本问题：如何运用百分数知识解决生活中的实际问题？</td></tr>
<tr><th>单元目标</th><th>课时目标</th><th>学习问题</th><th>学习活动</th></tr>
<tr><td rowspan="2">（1）能说出折扣、成数、税率、利率等词语的具体含义，沟通百分数在统计和实际生活中的联系，形成“百分数是两个数量倍数关系的表达”的本质认识
（2）结合具体情境，能利用所学的百分数知识解答有关购物、成数、纳税、储蓄中的简单实际问题，形成数感、数据意识和模型意识
（3）…在解决跟百分数有关的简单问题的过程中，体会数学的应用价值，增强学习数学的兴趣和信心，形成初步的模型意识和应用意识</td><td>第 1 课时：
师生分类整理百分数在日常生活中不同领域的应用，联系百分数的相关知识，形成对百分数意义的本质认识</td><td>能说出百分数还能应用于哪些领域，各表示什么含义</td><td>任务 1：
根据学生课前调查，整理百分数应用的领域。举例从百分数的名称、应用领域、用途来说一说这个百分数表示的实际含义。
任务 2：
书店的图书凭优惠卡可打八折，小明用优惠卡买了一套书，节省了 9.6 元。这套书原价多少钱？根据折扣的意义总结原价和现价之间的数量关系及计算方法。
任务 3：
举例说明折扣销售还有哪些不同的方式，解释说明这种方式的意义，并把今天所学的知识补充到数学小报中</td></tr>
<tr><td>第 2 课时：
在具体情境中，能正确解决各种优惠购物中的实际问题，并说出计算依据</td><td>能算出各种优惠活动下物品的真实价钱，并比较怎么买最省钱？</td><td>任务 4：
天猫“双十一”全球狂欢节，全天成交额超过 1682 亿元。请根据你的课前调查，说一说商家有哪些促销活动？有时，同一品牌在两个商场的优惠方式不同，需要我们通过对比选择其中更为划算的优惠方式。红红妈妈就碰到了这样的情况，让我们一起来看看怎么选择更合理吧！
阅读课本第 12 页例 5。
（1）计算不同商场裙子的实际销售价。
（2）选择到哪个商场购买裙子最划算？
任务 5：
阅读下面题目，学生尝试计算并解释自己的解题思路和算法。
姐姐想购买一套化妆品，原价 600 元，丹尼斯商场打八五折销售，万达商场会员可以参加每满 500 元减 100 元活动，姐姐正好是万达商场的会员。那么选择到那个商场购买更省钱？
任务 6：
在《数学小报》中补充完善这类应用，并写出完整的计算过程</td></tr>
</table>

续表

单元目标	课时目标	学习问题	学习活动
（1）能说出折扣、成数、税率、利率等词语的具体含义，沟通百分数在统计和实际生活中的联系，形成“百分数是两个数量倍数关系的表达”的本质认识 （2）结合具体情境，能利用所学的百分数知识解答有关购物、成数、纳税、储蓄中的简单实际问题，形成数感、数据意识和模型意识。 （3）在解决跟百分数有关的简单问题的过程中，体会数学的应用价值，增强学习数学的兴趣和信心，形成初步的模型意识和应用意识	第3课时： 结合具体实例，能正确解决有关成数的实际问题，并说出计算的依据	如何运用百分数知识解决有关成数的实际问题？	**任务7：** 在本单元学前调查活动中，有同学提到有关成数的问题也是百分数的问题。你是否同意他的看法？ 阅读课本第9页，小组合作探究，归纳成数的含义，利用迁移的方法解决有关成数的问题，并总结这类问题的解决方法。 **任务8：** 爸爸在一个汽车销售公司上班，二月份销售汽车130辆，比上月增长三成。一月份销售汽车多少辆？与同桌互说解题思路和计算过程。 **任务9：** 整理今天的学习内容，完善学习小报
	第4课时： 结合具体实例，能正确解决跟税率有关的实际问题，并说出计算的依据	如何运用百分数知识解决有关税率和应纳税额的实际问题？	**任务10：** 出示税务工作者宣传纳税光荣的公益小视频，再自学课本第10页有关纳税的内容。 （1）能说出纳税的意义和用途、常见的税收种类、税率、应纳税额的实际意义。 （2）总结税率、应纳税额、各种收入三者之间的数量关系和解决方法。 **任务11：** 解决下面这道题，和同桌交流自己的算法。 爸爸是个体育迷。春节假期前购买了几张体育彩票，获得了一笔20万元奖金。根据国家税法规定，需要缴纳20%的个人所得税。爸爸这笔奖金应该缴纳个人所得税多少元呢？ **任务12：** 把纳税中自己的收获和总结认真书写到《数学小报》中

续表

<table>
<tr><th>单元目标</th><th>课时目标</th><th>学习问题</th><th>学习活动</th></tr>
<tr><td rowspan="2">（1）能说出折扣、成数、税率、利率等词语的具体含义，沟通百分数在统计和实际生活中的联系，形成“百分数是两个数量倍数关系的表达”的本质认识。
（2）结合具体情境，能利用所学的百分数知识解答有关购物、成数、纳税、储蓄中的简单实际问题，形成数感、数据意识和模型意识。
（3）在解决跟百分数有关的简单问题的过程中，体会数学的应用价值，增强学习数学的兴趣和信心，形成初步的模型意识和应用意识</td><td>第 5 课时：
在具体情境中，能正确解决跟利率有关的实际问题，并能说出计算的依据</td><td>如何运用百分数知识解决有关利息计算的实际问题？</td><td>任务 13：
在前置作业布置的调查储蓄过程中，你搜集到哪些相关的知识？遇到了哪些困难？有什么感受？
（1）自学课本第 11 页有关利率的内容，了解储蓄的意义，存款的种类，本金、利息、利率的实际意义。
（2）出示教师的一张存款单，了解存款信息，进行利息的计算。
任务 14：
阅读下面题目，先和同桌说一说解题思路，再完成计算。最后对照自己的《数学小报》，对纳税部分进行完善。
爸爸发了一笔 2 万元的奖金，准备到银行存起来。存期 2 年，年利率 2.25%，到期后能取回多少钱？
任务 15：
把今天的学习内容认真整理，完善自己的《学习小报》</td></tr>
<tr><td>第 6 课时：
能利用利率的相关知识，熟练解决生活中的实际问题，积累实践经验</td><td>如何运用百分数知识，合理选用不同的理财方式，使得收益最大？</td><td>任务 16：
阅读课本第 16 页，学生探讨以下问题：
（1）李阿姨会有哪几种理财选择？
（2）计算每种理财选择的结果。
（3）通过比较，得出结论。
任务 17：
李阿姨准备给儿子存 2 万元，供他三年后上大学使用。请帮李阿姨设计一个合理的存款方案，使三年后的收益最大。
<table><tr><th>本金</th><th>理财方式</th><th>年利率 / %</th><th>到期利息 / 元</th></tr><tr><td rowspan="3">2 万元</td><td>一年期理财产品连续买三年</td><td>5</td><td></td></tr><tr><td>定期三年</td><td>2.75</td><td></td></tr><tr><td>三年期国债</td><td>3.8</td><td></td></tr></table>任务 18：
整理完善本单元的《学习小报》，先在小组内展示，从内容详略、版面美观、语言表达三项标准进行评价，每组再推选出一名最优作品进行全班交流汇报</td></tr>
</table>

（三）展演任务

单元学习结束后，举办“生活中的百分数”的《数学小报》评比活动，采用多种形式，图文结合，从内容、版面、解说三个维度进行评价，把我们本单元所学的内容进行梳理，展示研学过程中自己的学习经历，汇报自己的学习成果。

四、研制评价量表

结合本单元所学内容和目标，针对前置任务、研学内容、展演任务分别设置三组评价量表。前置任务评价量表主要从举例说明百分数的意义及百分数的应用领域两个维度进行评价。研学任务评价量表有两个，第一个根据课时学习内容和学习活动，设计学业过程性评价量表，共计 5 项。第二个根据学生研学过程中课堂参与程度设计课堂表现评价量表。两个评价量表在每一课时学完后进行评价，主要是以学生自评为主，通过可量化的评价标准帮助学生衡量自己的学习结果，找到知识掌握较薄弱的地方，进行针对性的反思补救。展演任务评价量表针对学生学习完本单元之后做的数学小报，从内容、版面、解说三方面进行评价。三种评价量表均从不同维度设计了 A、B、C 三个等级，各等级的标准清楚可测，操作简单。

（一）前置任务评价量表

“生活中的百分数”评价量表见表 3。

表 3 “生活中的百分数”评价量表

维度	等级评价标准		
	A	B	C
百分数的意义	能清楚地说出百分数的意义并且举例加以说明	能说出百分数的意义，不能举例说明	不能说出百分数的意义
百分数的应用	能写出 3 个以上方面的应用，并有举例，有详细的计算过程	能说出 2 个方面的应用，有举例，有计算	只能说出 1 个方面的应用，有举例，不会计算

（二）研学任务评价量表

“百分数的应用”评价量表见表4。

表4 “百分数的应用”评价量表

维度	等级评价标准		
	A	B	C
折扣	（1）能准确说出折扣的含义。 （2）能准确说出折扣和分数、百分数之间的联系，总结出折扣和原价、现价之间的数量关系。 （3）能正确解答折扣、原价和现价的简单问题	（1）能大概说出折扣的含义。 （2）能说出折扣和分数、百分数之间的联系。 （3）会套用公式求出有关折扣、原价和现价的问题	（1）只会从课本中找到折扣的含义。 （2）会说出折扣和百分数的联系。 （3）不会解决问题
合理购物	（1）能准确说出折扣、满减活动、折上折、买送活动、返券活动等优惠活动的具体含义。 （2）会求出各种优惠后的现价。 （3）经过比较，能做出正确判断，选择最合理的购物方式和商家	（1）能说出折扣、满减活动、折上折3种优惠活动的具体含义。 （2）会求出前两种优惠后的现价。 （3）会比较出最合理的购物方式，选择和判断合适的购买商家	（1）能大概说出折扣的含义及满减活动的含义。 （2）会列式计算打折优惠活动的现价。 （3）不能做出正确判断和选择
成数	（1）能准确说出成数的含义。 （2）不仅能进行成数与百分数互化，还会主动把成数问题转化成百分数问题。 （3）能求出成数、比较量和标准量	（1）能用自己的话说出成数的含义。 （2）会进行成数和百分数的互化，不会把成数问题转化为百分数问题。 （3）只会套用公式求出成数	（1）会从课本中找到成数的含义。 （2）会进行成数和百分数的互化。 （3）不会解决问题
税率	（1）能准确说出纳税的意义、税率、税收种类、应纳税额的含义。 （2）不仅能求出应纳税额，还会求出税率和各种收入的应纳税部分。 （3）会主动把税率问题和百分数应用建立联系	（1）能大概说出纳税的意义、税收种类、税率、应纳税额的含义。 （2）会根据公式求出应纳税额和税率。 （3）经提示后会把税率问题和百分数应用建立联系	（1）会从课本上找到纳税的意义、税收种类、税率的含义。 （2）只会求应纳税额。 （3）不会和百分数建立联系

续表

维度	等级评价标准		
	A	B	C
利率	（1）能准确说出储蓄的意义，存款的种类，利率、利息、本金的含义。 （2）不仅能求出利息，还会求出利率和本息和。 （3）会把利率问题和百分数应用建立联系	（1）能说出储蓄的意义，存款的种类，利率、利息本金的含义。 （2）只会根据公式求出利息和本息和。 （3）经提示后会把利率问题和百分数应用建立联系	（1）会从课本上找出储蓄的意义，存款的种类，本金、利率、利息的含义的句子。 （2）不会计算利息。 （3）不会和百分数建立联系

“课堂表现”评价量表见表5。

表5 “课堂表现”评价量表

维度	等级评价标准		
	A	B	C
自学情况	能按照学习要求自学，能高质量完成全部学习任务	基本能按要求自学，能完成大部分学习任务	只能按照要求的一部分完成自学，仅能完成个别学习任务
小组合作	能认真倾听、讨论，做好记录，发言很积极	能比较认真地倾听、讨论，记录不太完整，发言欠积极	倾听、讨论、记录不认真，基本没有发言
听讲情况	能积极地和教师互动，认真地记笔记，积极思考，大胆质疑	能较积极地听讲、较认真地记笔记，思考不深入，发言欠主动	听讲有分心现象，记笔记不完整，不思考，不主动发言
作业情况	能按时按要求完成作业，字体工整，作业质量高	能基本完成作业，字体较工整，作业质量较高	只能完成基础性作业，字体潦草，作业质量不高

（三）展演任务评价量表

《数学小报》评比活动评价量表见表6。

表 6 《数学小报》评比活动评价量表

维度	等级评价标准		
	A	B	C
内容方面	（1）方案除了包括折扣、成数、税率、利率四项内容，还补充有其他的内容。（2）每个项目下都有举例，还有完整的计算过程	（1）方案只包括折扣、成数、税率、利率四项内容。（2）每个项目下都有例子，但是计算过程不够完整或计算出错	（1）方案没有包括折扣、成数、税率、利率四项内容。（2）每个项目下都有例子，但是不会计算或计算出错
版面安排	方案记录做到过程详细，图文并茂	方案记录有过程，没有做到图文结合	方案记录混乱
解说表现	解说清晰，完整	解说比较完整	不能对自己的方案进行解释说明

五、教学设计反思

本次单元大观念统领下的单元教学设计和原来传统教学设计相比，克服了以前零碎的、以课时知识目标为主的教学设计弊端。从“百分数是两种数量倍数关系的表达”这一本质认识，统领教学目标，设计了前置活动、研学活动、展演活动三个有联系的教学环节，充分调动学生学习的积极性和主动性。前置活动中，通过课前的调查活动，让学生用数学的眼光观察世界，发现问题，提出问题；研学活动中，培养学生在课堂上用数学的思维思考现实世界，总结规律，归纳方法；展演活动更是体现了用数学的语言表达现实世界，见贤思齐，完善提高。这些活动的实施将初步的数据意识、应用意识和模型思想的核心素养落到了实处。

在这次单元大观念案例的整理过程中，笔者也获益匪浅。伴随着 2022 年新课程标准的颁布，笔者和所有教师一样投入到新课标的学习当中。本次大单元案例设计，笔者仔细研读新课程标准，网上查找资料，阅读教育名家对课程标准的解读，和身边同事研讨交流，使笔者对这种基于核心素养的单元案例设计有了更深的认识。特别是案例中对评价量表的使用，使我们不仅关注学生相关学习内容的理解，同时也关注他们的学习过程和表现，对学生作品、报告等物化成果的评价同样重视。通过对评价量表的使用，我们以评促学，以评促教，达到教学评的一致性。

长方体、正方体、圆柱、球是从实物中抽象出来的立体图形

——人教版《数学》小学一年级上册第四单元“认识图形（一）”

张　洁*

一、制订核心素养下的单元目标

“认识立体图形”属于“图形与几何”领域“图形的认识”这一部分的内容，是学生学习“图形与几何”知识的开始。认识长方体、正方体、圆柱、球四种立体图形，探究长方体、正方体、圆柱、球的简单特征是本单元的核心内容。学生在摸、搭、滚、推等操作活动中多重感悟、多维建构，发展空间观念。鉴于我们的生活中存在立体图形的物体，同时学生都有搭积木的生活经验，因此，确定“如何辨认长方体、正方体、圆柱、球四种立体图形”为基本问题，形成“长方体、正方体、圆柱、球是抽象出来的立体图形”的单元大观念。

（一）提炼单元大观念

1. 课程标准分析

【内容要求】

通过实物和模型辨认简单的立体图形和平面图形，能对图形分类，会用简单图形拼图。

【学业要求】

（1）能辨认长方体、正方体、圆柱、球等立体图形，能直观描述这些立体图形的特征；根据描述的特征对图形进行简单分类。

* 张洁，郑州高新区外国语小学。

（2）会用简单的图形拼图，能在组合图形中说出各组成部分图形的名称；形成初步的空间观念。

【学业质量标准】

能结合现实生活中的事物，认识并描述常见的立体图形特征，形成初步的空间观念。

结合现实生活情境，尝试用数学语言描述生活中的实际问题，应用所学的数学知识和方法解决问题，形成初步的应用意识。

通过操作、游戏、制作等丰富多彩的活动，对数学产生一定的好奇心，形成学习数学的兴趣、初步的合作交流意识与独立思考的学习习惯。

《义务教育数学课程标准（2022 版）》指出本单元要发展学生的几何直观、空间观念、应用意识的核心素养。通过本单元的学习，学生能获得有关立体图形特征的基础知识，通过滚一滚、推一推、搭一搭等一系列操作活动获得基本活动经验。通过解决“看谁搭得又稳又高”的问题，培养学生发现问题、提出问题、分析问题和解决问题的能力。在具体的情境中激发学生学习数学的兴趣，借助探究活动帮助学生初步养成独立思考、合作探究等良好的学习习惯。

2. 教材分析

《义务教育数学课程标准（2022 版）》指出：“图形与几何”是义务教育阶段学生数学学习的重要领域，在小学三个学段分为“图形的认识与测量”和“图形的位置与运动”两个主题。认识图形属于“图形的认识与测量”范畴，包括立体图形和平面图形的认识，立体图形主要包括长方体、正方体、圆柱和球等。立体图形的学习在小学阶段出现了两次，一次在一年级《数学》上册，另一次在五年级《数学》下册，教材内容编排见表 1。

表 1　教材内容编排

幼儿园	小学一年级上册	小学五年级下册
运用多种感官，感知“平平”的面，“会滚”的面的不同特征	经历从实物抽象出简单立体图形的过程，了解一些简单的立体图形	了解立体图形的基本特征

认识立体图形主要是从形状这一角度来使学生初步认识物体和图形。为了分散难点，一年级《数学》上册只安排了立体图形的认识，包含两个方面的内容：一是在物体分类的活动中，初步认识长方体、正方体、圆柱和球 4 种立体

图形；二是解决简单的实际问题。

关于认识立体图形的学习，教材主题图出示了学生熟悉的日常生活中的物品，让学生把形状相同的物体放在一起，既可以借助学生已有的生活经验引导学生进行学习，也渗透了分类的思想，使学生在分类的过程中初步感受几何图形的特征，感受数学与生活的联系。通过列表的方式让学生把不同的物品归为4类，并在此基础上抽象出4种图形的模型图，并给出模型图的名称。在每一个表格中，由实物图到模型图，最后给出名称，这一系列呈现，不仅为学生提供丰富的表象，同时也体现认知抽象的过程。

拼搭的学习是孩子第一次接触这样的解决问题的模式，教材让学生经历解决问题的完整过程，有目的、有计划地培养学生的审题能力，获得分析问题、思考问题、解决问题的方法。通过对“怎样搭才能符合题目要求”的思考，让学生充分表达，并在交流、倾听中获得解决问题的最佳方法，进一步加深学生对立体图形特征的认识。

本单元具体内容安排及课时见表2。

表2 本单元具体内容安排及课时

本单元具体内容安排	课时
认识立体图形	1
拼搭	1

3. 学情分析

从年龄特点上看，一年级的学生年龄小，好动、好奇、好玩，对数学学习的兴趣比较浓厚。此外，一年级的学生在活动时组织意识淡薄，常常以自我为中心，合作意识和合作能力也比较弱，这都会在一定程度上制约课堂活动的效率。所以，学生需要教师提供充分的动手操作机会，把手动与脑动、心动、情动结合起来，使活动更有效。

从知识经验上看，由于生活背景、知识及经验的不同，学生对物体特征的理解存在一定的差距，有的学生已经能够认识物体的特征，有的学生还不知道。在学习这部分内容之前，学生已经接触过各种各样的物体，已经有形状方面的初步感知和体验，对这部分知识的学习不会太困难，但是要建立初步的空间观念对他们来说并不那么容易。此外，学生对拼搭活动很感兴趣，学生需要

充分的动手操作机会，有目的、有计划地经历解决问题的全过程，感受解决问题的基本方法。

4. 单元大观念

结合课程标准分析、教材及学情分析，确定本单元核心素养，即几何直观、空间观念、应用意识。找出立体图形的特征是解决问题的关键所在，贯穿单元学习始终，所以确定本单元的单元大观念：长方体、正方体、圆柱和球是从实物中抽象出来的立体图形。

（二）建构单元知识结构

单元知识结构如图 1 所示。

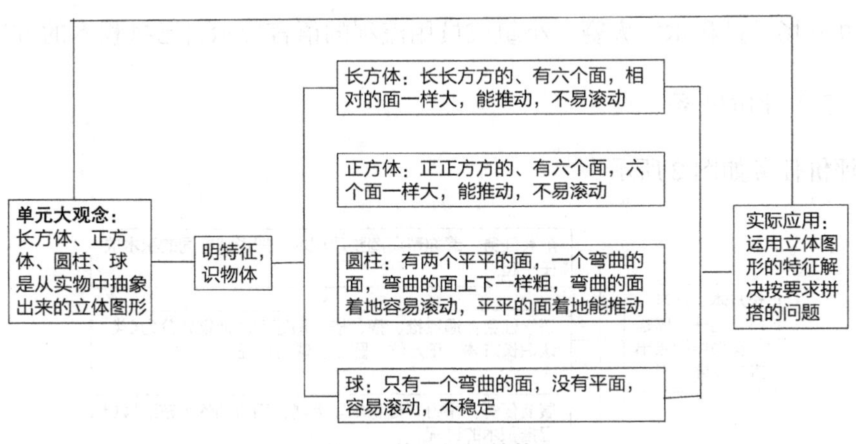

图 1　单元知识结构

（三）表述单元目标

（1）通过动手操作等实践活动，形成“长方体、正方体、圆柱和球是从实物中抽象出来的立体图形”的观念。

（2）结合现实生活中的实际物体，辨认并区别常见的立体图形，形成空间观念和几何直观。

①通过分类、观察、动手操作等活动能从具体的实物中，辨认出长方体、正方体、圆柱和球。

②通过拼、摆、搭、摸、滚等活动，能用自己的语言描述长方体、正方体、圆柱和球的特征。

（3）在具体的情境中，能运用长方体、正方体、圆柱和球的特征，按照具体的要求进行准确的拼搭，形成初步的应用意识。

二、创设学习情境和评价任务

（一）学习情境

同学们，玩过搭积木游戏吧，搭积木中蕴含着丰富的数学知识。例如，长长方方的积木是什么图形？正正方方的积木是什么图形？上下一样粗，可以滚动的积木是什么图形？圆圆的、可以任意滚动的积木是什么图形？我们来摸一摸、推一推、搭一搭这些积木，用自己的语言描述这些图形的特征。最后，我们举办一场“搭积木”大赛，小组成员用流利的语言展示自己搭积木的方法。

（二）评价任务

评价任务如图 2 所示。

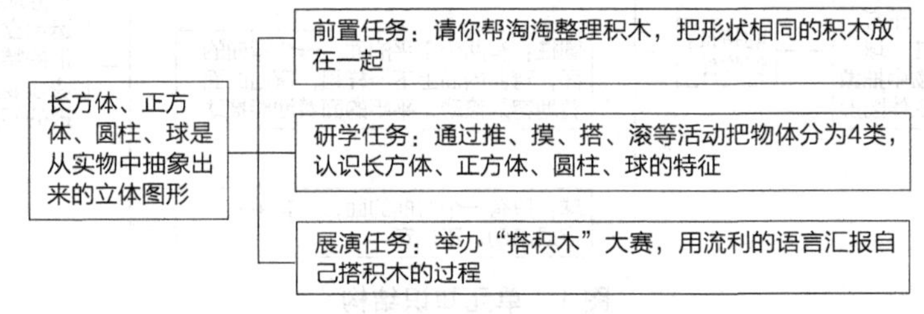

图 2　评价任务

课时总体规划：前置任务课前完成，研学任务 2 课时，展演任务 1 课时，本单元共 3 课时。

三、创设学习活动方案

（一）前置任务

同学们，我们都搭过积木，搭积木游戏真是太有趣了！可是，淘淘的积木箱太乱了，为了方便拿取，我们帮淘淘把积木整理一下吧！请根据积木的形状把积木送回家，并说一说你的理由。

（二）研学任务

研学任务见表3。

表3 研学任务

基本问题：如何辨认长方体、正方体、圆柱和球4种立体图形？			
单元目标	**课时目标**	**学习问题**	**学习活动**
（1）通过动手操作等实践活动，形成"长方体、正方体、圆柱和球是从实物中抽象出来的立体图形"的观念。 （2）结合现实生活中的实际物体，辨认并区别常见的立体图形，形成空间观念和几何直观。 （3）在具体的情境中，能运用长方体、正方体、圆柱和球的特征，按照具体的要求进行准确的拼搭，形成初步的应用意识	第1课时： （1）通过分类、观察、动手操作等活动，能从具体的实物中，辨认出长方体、正方体、圆柱和球。 （2）通过拼、摆、搭、摸、滚等活动，能用自己的语言描述长方体、正方体、圆柱和球的特征	如何辨认长方体、正方体、圆柱和球4种立体图形？ 你身边哪些物体与长方体、正方体、圆柱、球形状相同？	**任务1：** 正确辨认长方体、正方体、圆柱和球4种立体图形。 按照图形的形状进行分类，把同一类的放在一起，并说一说摆放的原因。 **任务2：** 两人合作，摸一摸、推一推、滚一滚，用自己的语言描述长方体、正方体、圆柱、球的显著特征。 **任务3：** 说一说，生活中哪些物体与长方体、正方体、圆柱、球的形状相同
	第2课时： 根据长方体、正方体、圆柱和球的特征，按照具体的要求进行准确的拼搭	把所有的积木都用上，怎样搭得又稳又高？	**任务4：** 用一定数量的长方体、正方体、圆柱、球搭一个又稳又高的组合图形，并说一说理由

（三）展演任务

举行"搭积木"大赛，请根据长方体、正方体、圆柱、球的特征，按"搭什么""怎么搭""为什么这样搭"3个步骤用流利的语言汇报搭积木的过程。

四、研制评价量表

根据单元教学目标及前置任务、研学任务、展演任务，设计三组相对应的评价量表。第一组是前置任务评价量表；第二组是研学任务评价量表，每一个评价项目对应本单元的学习活动，课时结束后进行课堂表现评价，每个量表采用学生自评、小组互评及教师评价相结合的方式，对学生的学习活动实行多元化评价；第三组是展演任务评价量表，在单元学习结束后进行，组内根据每个人的作品和展演情况进行互评。每个评价项目分为A、B、C三个等级，可以对学生的学习过程及结果进行有效评价。

（一）前置任务评价量表

"整理积木"评价量表见表4。

表4 "整理积木"评价量表

维度	等级评价标准		
	A	B	C
整理积木	能按积木的形状放到相应的箱子中，清晰地说出理由	能按积木的形状放到相应的箱子中，不能清晰地说出理由	不能按积木的形状放到相应的箱子中，不能清晰地说出理由

（二）研学任务评价量表

"认识图形"评价量表见表5。

表5 "认识图形"评价量表

维度	等级评价标准		
	A	B	C
对物体进行分类	能正确分类，并能说出每类物体的特征	能正确分类，图形的特征表达不清晰	不能正确分类，图形的特征表达不清晰
寻找生活中与长方体、正方体、圆柱、球形状相同的物体	每种形状能说出三个生活中的物体并能说明理由	每种形状能至少说出两个生活中的物体，理由合理	每种形状能说出一个生活中的物体
按要求搭积木	能够按具体要求把所有积木都用上并搭得又稳又高，并能清晰流利地说出理由	能够按具体要求搭得又稳又高，但理由描述不清	不能够按具体要求搭得又稳又高

“课堂表现”评价量表见表6。

表6 课堂表现评价量表

维度	等级评价标准		
	A	B	C
小组合作	能认真倾听、讨论、发言积极	能比较认真地倾听、讨论、发言欠积极	倾听不认真，不发言、不讨论
听讲情况	能积极和教师互动，坐姿端正，主动质疑	能比较认真地听讲，坐姿端正，发言欠主动	坐姿不端正，不主动发言
作业情况	能按时按要求完成作业，作业质量高	能基本完成作业，作业质量不高	不能按时完成作业

（三）展演任务评价量表

“搭积木大赛”评价量表见表7。

表7 “搭积木大赛”评价量表

维度	等级评价标准		
	A	B	C
“搭积木”大赛	能根据自己的想法搭积木，并能清晰流利地说出搭积木的过程	能根据自己的想法搭积木，但搭积木的过程描述不清	不能根据自己的想法搭积木

五、教学设计反思

1. 多重感悟，多维构建认识立体图形

本单元以“搭积木”为学习情境，汇编了前置任务、研学任务、展演任务。前置任务以帮淘淘整理积木作铺垫，让学生从形状视角去观察物体，从学生感兴趣的积木出发，提高学生学习数学的兴趣，感受数学与生活的联系。研学任务探本质，通过滚一滚、推一推、搭一搭、摸一摸等不同的学习活动，利用视觉、触觉、运动觉的协同作用，多感官、多维度地探究长方体、正方体、圆柱、球的特征。帮助学生从实物抽象出立体图形，获得长方体、正方体、圆柱、球4种图形丰富的表象，建立初步空间观念。展演任务展收获，学习结束，让学生以“搭积木”大赛的形式，按“搭什么”“怎么搭”“为什么这样搭”3个步骤来汇报自己搭积木的过程，不仅让学生经历了解决问题的全过程，还培养了学生的语言表达能力，寓学于乐。通过让学生用眼睛去观察、用双手去触摸，经历实物抽象到图形的过程，建立初步的几何直观和空间观念。

2. 关注知识结构，提升专业素养

在设计单元教学时，笔者不断查找课程标准、翻阅教材来把握认识立体图形的本质。笔者根据一年级学生的年龄特点，从“玩积木”开始，首先是无意识的玩，学生在原有的对物体认识的基础上玩积木。其次是从无意识的玩开始向研究数学知识的方向转化，让学生整理物体，在整理的过程中，发现其中蕴含的数学知识。最后是有目的的玩，在学生发现了图形的特征之后，按照具体的要求进行搭积木，对图形的特征进行再认识。

物体的长度是若干个长度单位的累加

——人教版《数学》小学二年级上册第一单元“长度单位”

汪艳丽　李倩倩　王艳丽 *

一、制订基于核心素养的单元目标

“长度单位”是“图形与几何”领域“图形的认识与测量”的主题。图形的认识主要是图形的抽象，图形的测量重点是确定图形的大小。从度量的角度考虑，度量的本质其实就是度量单位的累加。长度的测量也不例外，物体的长度其实就是若干个长度单位的累加。本单元学生将初次在数学课堂上接触长度单位，量与度量相关内容教学的关键是帮助学生建立厘米和米的长度表象，关注学生对度量内涵的理解程度，培养学生的量感。

（一）提炼单元大观念

1. 课程标准分析

【内容要求】

结合生活实际，体会建立统一度量单位的重要性，探索并认识长度单位厘米、米。能估测一些物体的长度，并进行测量；在测量的过程中，形成初步的量感。

【学业要求】

感悟统一单位的重要性，恰当地选择长度单位厘米、米来描述生活中常见物体的长度，能进行单位之间的换算；能估算一些身边常见物体的长度，并能借助工具测量生活中物体的长度，初步形成量感。

* 汪艳丽　李倩倩　王艳丽，郑州中学第二附属小学。

【学业质量标准】

会对常见物体的长度进行测量，形成初步的量感。

《义务教育数学课程标准（2022 版）》中提到要让学生经历用不同方式测量物体长度的过程，切身体会建立统一度量单位的必要性。借助生活实际，建立厘米和米的长度表象，基于度量单位理解长度的本质，能恰当选择长度单位厘米、米描述生活中常见物体的长度，能进行单位之间的换算。在理解物体长度的基础上，能测量、估测一些周围物体的长度，并会用尺进行测量验证。在实际测量的过程中，鼓励学生动脑想象、实际操作、验证想象，培养空间想象力，初步形成量感。

2. 教材分析

测量是人们在生产和生活中的实际需求，对长度的量化把握离不开长度单位。引导学生经历统一度量单位的过程，创设测量课桌长度等生活情境，借助拃和庹等不同的方式测量，经历测量的过程，比较测量的结果，感受统一长度单位的意义。厘米是一个统一的长度单位，而且它最容易让学生感知，所以教材选择将“厘米”作为学生学习的第一个长度单位。本单元教学长度单位的认识，在体会了统一长度单位必要性的前提下认识厘米和米、学习测量长度的方法，从而对物体的长度进行量化把握，在此基础上认识线段。具体内容如下：统一长度单位（例 1），认识厘米（例 2），用厘米测量（例 3），认识米（例 4），厘米和米的关系（例 5），认识线段（例 6），画线段（例 7），解决问题（例 8）。

通过内容梳理发现，本单元的教学内容可分为以下四个层次。

（1）认识长度单位的必要性（例 1）。由于本单元是学生初次感知长度单位，为了让学生体会长度单位的作用，教材以学生可理解的方式简要介绍了长度单位产生的过程，并通过实际操作，让学生体会统一长度单位的必要性。

（2）认识长度单位，厘米和米，用厘米和米进行测量（例 2 ~ 例 5）。教材引领学生结合尺子认识厘米和米，并通过比画、比较、实际测量等多种操作活动，帮助学生建立厘米和米的长度表象，积累测量长度的活动经验。

（3）认识线段（例 6、例 7）。线段是几何初步知识中比较抽象的概念，由于学生年龄小，抽象逻辑思维水平比较低，所以教材用直观描述的方式来说明线段的特征，让学生从直的、可测量的角度来感知认识线段。

（4）解决问题（例8）。教材利用长度单位的表象，引领学生以熟悉的长度单位为标准判断物体的长度，由此体会建立长度单位表象的重要性。同时，在选择不同的长度标准进行判断的过程中，体会测量的本质，为利用已有长度表象估测物体的长度积累经验。

3. 学情分析

二年级学生年龄小、抽象逻辑思维水平比较低，在实际生活中，虽然已经对长短的概念有了初步的认识，并会直观比较一些物体的长短，但他们对长度单位及测量知识的了解均来自生活中一些琐碎的、不系统的经验。在此之前，对什么是长度单位、常用的长度单位有哪些，1厘米有多长都缺乏准确的认识，不一定能进行量化比较。

学生接触长度单位之前，已经认识了"计数单位"一、十、百，"人民币的单位"元、角、分，这都为学生理解"单位"奠定了一定的认知基础。为了提高学生对本单元的学习兴趣，可以先以教材提供的情境"古代人们以身体尺为测量工具，用两只手臂张开的长度作为'一庹'来测量"，引入新课，从而引导学生思考，体会建立统一度量单位的必要性。接着，教材中介绍了学生比较熟悉的尺子，指出量比较短的物体可以用"厘米"为单位，并通过看、量、画等学习活动逐步让学生感受长度单位——厘米的长度表象。这样的安排旨在让学生主动参与，并通过动手实践体会测量的方法，经历测量的过程，让学生在实践中感悟知识，增强学生的空间概念，激发学习数学的兴趣。

4. 单元大观念

结合课程标准分析、教材及学情分析，我们发现长度单位这一单元主要是让学生理解物体的长度与长度单位之间的关系，并会用长度单位米和厘米描述生活中物体的长度，初步形成量感为核心内容。因此我们确定本单元大观念：物体的长度是若干个长度单位的累加。

（二）建构单元知识结构

单元知识结构如图 1 所示。

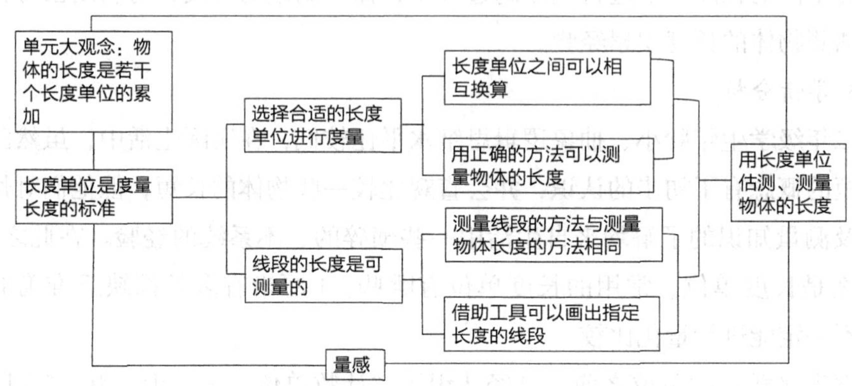

图 1　单元知识结构

（三）表述单元目标

（1）结合生活实际，能说出统一长度单位的必要性，形成“物体的长度就是若干个长度单位的累加”的观念。

（2）能估算一些身边常见物体的长度，并能借助工具测量生活中物体的长度（限整厘米、米），初步形成量感。

①在操作活动中，建立 1 厘米长度表象，能总结出用长度单位厘米估测、测量物体长度的方法，并能准确测量。

②在操作活动中，建立 1 米的长度表象，能总结出用长度单位米估测、测量物体长度的方法，并能准确测量。

③通过实际操作，能根据线段的特点，会进行辨认、测量和画线段。

（3）在具体的情境中，能运用长度单位的知识解决相关的实际问题，形成初步的应用意识。

二、创设学习情境和评价任务

（一）学习情境

同学们，在很久以前，还没有尺子的时候，你们知道古人怎么测量物体的

长度吗？聪明的古人用身体上的一些部位作为测量工具：用两只手臂张开的长度“一庹”、用拇指和中指之间的长度“一拃”作尺子，就连我们两个脚印之间的长度“一步”也可以作为尺子……想一想，我们身边还有哪些隐藏起来的“尺子”？如何利用这些“尺子”估计、测量生活中事物的长度？本单元我们就要学习如何用长度单位估计、测量生活中物体的长度。学习结束后，我们将举行“有趣的测量”数学实践周活动，请同学们分小组共商测量单，展示并分享测量过程及结果。

（二）评价任务

评价任务如图 2 所示。

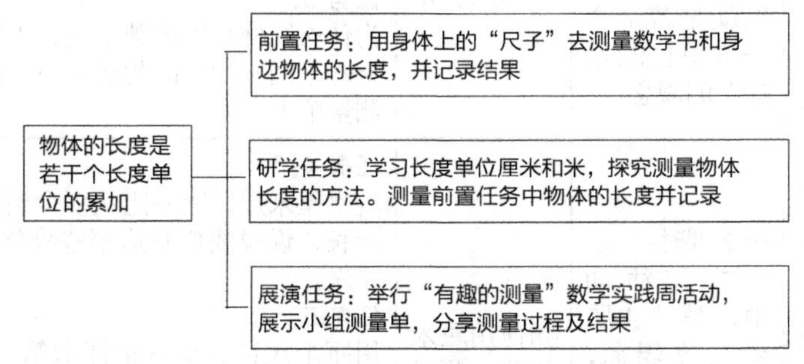

图 2　评价任务

课时总体规划：前置任务课前完成，研学任务 5 课时，展演任务 1 课时，本单元共 6 课时。

三、设计学习活动方案

（一）前置任务

请你用身体上的“尺子”试着去测量我们数学书的长度，再任选一种比较短和一种比较长的物体，去测量一下它们的长度吧。把测量的结果记录在测量单上。

（二）研学任务

研学任务见表1。

表1　研学任务

基本问题：如何用长度单位米和厘米估计、测量生活中物体的长度？			
单元目标	**课时目标**	**学习问题**	**学习活动**
（1）结合生活实际，能说出统一长度单位的必要性，形成“物体的长度就是若干个长度单位的累加”的观念。 （2）能估算一些身边常见物体的长度，并能借助工具测量生活中物体的长度（限整厘米、米），初步形成量感。 （3）在具体的情境中，能运用长度单位的知识解决相关的实际问题，形成初步的应用意识	第1课时： 结合生活实例，说明统一长度单位的必要性，形成“物体的长度就是若干个长度单位的累加”的观念	在生活中估计、测量物体的长度时为什么要统一长度单位？	**任务1：** 用拃作单位量一量课桌有多长，师生共量。说明出现不同结果的原因。 **任务2：** 用一步作单位量一量教室的长度。小组内比一比，说出统一长度的必要性。 **任务3：** 为什么同样长度的数学书，大家的测量结果却不同？把你的想法补充在前置任务的测量单上
	第2课时： 在操作活动中，建立1厘米长度表象，能总结出用长度单位厘米估测、测量物体长度的方法，并能准确测量	如何用厘米估测、测量物体的长度？	**任务4：** 观察厘米尺，比一比从多少到多少是1厘米长，说说我们身边哪些物体的长大约1厘米。 **任务5：** 用厘米尺试着量一量课本第3页纸的长，同桌互相交流测量方法。估一估数学书的宽，再用厘米尺量一量，并数一数里面有几个1厘米。 **任务6：** 用厘米尺量一量前置任务中你选择的较短物体的长度，或现选一个较短物体进行测量，把结果补充在你的记录单上
	第3课时： 在操作活动中，建立1米的长度表象，能总结出用长度单位米估测、测量物体长度的方法，并能准确测量	如何用米估测、测量物体的长度？	**任务7：** 观察米尺，用手比一比1米有多长，并数一数，1米里面有几个1厘米。 **任务8：** 估一估黑板有多长，再用米尺量一量，同桌互相交流估测、测量的方法。并说一说用厘米作单位是多少厘米。 **任务9：** 用米尺量一量前置任务中你选择的较长物体的长度，或现选一个较长物体进行测量，把结果补充在你的记录单上

续表

单元目标	课时目标	学习问题	学习活动
（1）结合生活实际，能说出统一长度单位的必要性，形成“物体的长度就是若干个长度单位的累加”的观念。 （2）能估算一些身边常见物体的长度，并能借助工具测量生活中物体的长度（限整厘米、米），初步形成量感。 （3）在具体的情境中，能运用长度单位的知识解决相关的实际问题，形成初步的应用意识	第 4 课时： 通过实际操作，能根据线段的特点进行辨认、测量和画线段	怎样用尺子规范地量、画线段？	**任务 10：** 同桌相互说一说线段的特点；找一找我们身边哪些东西的边可以看作线段。 **任务 11：** 画一条长度为 3 厘米的线段，组内交流量、画线段的方法。 **任务 12：** 用今天学习的量、画线段的方法，先量出前置任务你选择的较短物体的长度，在记录单上再画一条和它同样长的线段
	第 5 课时： 在具体的情境中，能运用长度单位的知识解决相关的实际问题，形成初步的应用意识	如何确定合适的长度单位？	**任务 13：** 同桌讨论，国旗杆的长度是 13 厘米还是 13 米？并说明理由。 **任务 14：** 出示自己前置任务的记录单，小组内交流如何选用合适的单位测量物体的长度，并说说自己的想法和收获

（三）展演任务

年级内开展“有趣的测量”数学实践周活动，班内分小组根据测量任务，制订测量方案、实施细则及小组成员的具体分工。测量结束后展示小组测量单，分享测量过程及结果。

四、研制评价量表

评价量表是评价设计的重要步骤。根据单元学习目标，我们对前置任务、研学任务、展演任务分别设计了评价量表，每个量表都分 A、B、C 三个等级。

第一组是前置任务评价量表，评价主体以教师评价为主。第二组研学任务评价量表从对长度单位的认识、测量物体长度的方法、选择合适的长度单位3个维度评价学生的学习情况，评价主体以学生自评和互评为主，通过可量化的评价标准帮助学生衡量自己的学习结果，对测量时出现的错误认知及时做出调整。第三组展演任务评价量表针对学生学完本单元之后的过程展示和结果展演进行评价，以学生互评为主。

（一）前置任务评价量表

“长度单位初体验”评价量表见表2。

表2 “长度单位初体验”评价量表

等级评价标准			
维度	A	B	C
测量物体的情况	能用身体上的尺子测量出三种物体的长度，并对测量结果做出清楚解释	能用身体上的尺子测量出两种物体的长度，并对测量结果做出较清楚解释	能用身体上的尺子测量出一种或不会测量物体的长度，不能清楚解释测量结果

（二）研学任务评价量表

“长度单位之探究”评价量表见表3。

表3 “长度单位之探究”评价量表

等级评价标准			
维度	A	B	C
对长度单位的认识	能正确画出1厘米、1米的长度，并能说出米与厘米之间的关系	能正确画出1厘米、1米的长度，但不能清楚表达米与厘米之间的关系	不能正确画出1厘米和1米的长度，对米与厘米之间的关系不清楚
测量物体长度的方法	根据多次测量活动能自己总结出测量物体长度的方法，并有条理地表达	根据多次测量活动能在教师的引导下能说出测量物体长度的方法	根据多次测量活动能在教师的引导下知道测量物体长度的方法
选择合适的长度单位	能根据题意选择合适的长度单位，并说明自己的想法	能根据题意选择合适的长度单位，但不能清楚地表达自己的想法	不能选择正确的长度单位

“课堂表现”评价量表见表4。

表4 “课堂表现”评价量表

等级评价标准			
维度	A	B	C
听讲情况	认真倾听、主动参与课堂，积极回答问题	比较认真倾听、课堂参与欠主动，回答问题不够积极	上课注意力不集中，需要教师提醒后才能及时改正
小组合作	能认真倾听小组内发言，积极参与讨论，并主动表达自己的想法	能比较认真地倾听小组内发言，参与讨论，在同学鼓励下能表达自己的想法	需在提醒下才能参与小组学习
测量实践	能测量出准确的结果，并能清楚地说出测量的方法	能测量出准确的结果，但不能用自己的语言清楚地说出测量的方法	不能测量出准确的结果或测量误差较大

（三）展演任务评价量表

“有趣的测量”评价量表见表5。

表5 “有趣的测量”评价量表

等级评价标准			
维度	A	B	C
测量单的展示及分享	根据测量单能正确测量物体的长度，并用有条理的语言分享测量的过程	根据测量单能正确测量物体的长度，但不能清楚地说出测量过程	测量单中的测量结果有明显的错误

五、教学设计反思

在对“长度单位”进行单元教学设计时，我们改变了以往逐课按知识点分析与教学的思路，对碎片的知识进行了单元整体设计。首先，我们根据课程内容查找课程标准并分析课程标准，依据课程标准进行教材分析、内容整合、学情分析，在此基础上确定本单元的大观念，以大观念“物体的长度是若干个长度单位的累加”来统领本单元的教学。在设计目标时，我们以本单元的核心知识为载体，指向对测量方法的理解，再指向应用所学知识、方法解决实际问题的能力。

在设计学习活动时，我们关注了以下两个关键点：一是在活动中建立长度单位的表象。通过用硬币、图钉、回形针量课本的长；用卷尺量教室的长、宽，还有大量的测量、观察等活动，让学生在活动中建立长度单位的表象，体会到长度的本质是若干个长度单位的累加。二是活动中培养学生的估测能力。在建立长度观念的基础上，进行大量的观察、估测等活动，交流各自的估测方法，比较各自的估测结果，不断修正估测的准确性，初步培养学生的估测能力。开展“有趣的测量”数学实践周活动，让学生在实践中体会长度单位的应用价值，提升学生的高级思维水平，这样设计的目的旨在转变学生的学习方式，由被动地听讲转向学生主动地参与，切实培养学生的学习能力。

面积是物体或图形表面的大小

——人教版《数学》小学三年级下册第五单元“面积”

王　欢*

一、制订基于核心素养的单元目标

“面积”属于“空间与图形”领域中“图形的认识与测量”主题。对面积概念的理解贯穿于整个单元，以计算长方形面积为基础，以图形内在联系为线索，以未知转化为已知的基本方法开展学习，先在丰富的直观感知中认识面积及其本质，再在认识常用的面积单位、换算面积单位、推导面积计算公式的过程中积累经验，促进知识的迁移和学习能力的提高，最终指向空间观念、量感、几何直观的培养。根据构建本单元知识体系的生长点，确定了以“怎样用面积单位计量物体或图形表面的大小”的基本问题作为研究路径，形成“面积是物体或图形表面的大小”的单元大观念。

（一）提炼单元大观念

1. 课程标准分析

【内容要求】

（1）认识面积单位平方厘米（cm^2）、平方分米（dm^2）、平方米（m^2），能进行简单的单位换算；能恰当地选择单位估测一些物体的长度和面积，会进行测量。

（2）结合实例认识周长和面积；探索并掌握长方形、正方形的周长和面积的计算公式。

（3）在图形认识与测量的过程中，增强空间观念和量感。

* 王欢，郑州高新区外国语小学。

【学业要求】

（1）能通过具体事例描述面积单位 cm^2、dm^2、m^2，能进行这些面积单位之间的换算。

（2）能计算长方形、正方形周长和面积。

（3）在解决图形周长、面积的实际问题过程中，逐步积累操作经验，形成量感和几何直观。

【学业质量标准】

能测量、计算长方形与正方形的周长和面积，形成空间观念、量感和初步的几何直观。

从课程标准的要求来看，在本单元的教学中，要让学生在熟悉的情境中，通过丰富的体验活动，直观感知面积的概念，经历选择面积单位进行测量的过程，理解面积的意义，认识常用的面积单位，建立 $1\ cm^2$、$1\ dm^2$、$1\ m^2$ 的表象，形成量感。在课程实施中要紧密联系生活实际，引导学生通过动手操作、自主探究、合作交流等方式，理解含义，建立概念，形成常用面积单位的表象，并积累丰富的直观经验和生活经验。探究时采用类比的方法，感知图形面积的可加性，推导出长方形和正方形面积的计算公式。通过解决生活中和面积相关的实际问题，培养学生的应用意识与实践能力，并逐步积累操作经验，在探索的过程中，形成初步的几何直观和推理意识。

2. 教材分析

（1）相关教材内容梳理。

纵观教材，在“面”的学习里，可以分为三类：直线图形、曲线图形和组合图形。

①直线图形主要研究三角形和四边形。

三角形：包括三角形定义、分类、边的关系、内角和、面积计算。

四边形：重点研究的是长方形、正方形、平行四边形和梯形，包括它们的特征、周长、面积等。

②曲线图形以对圆的学习为主，包括认识圆、掌握特征、画圆及周长、面积的计算。

③组合图形主要是通过图形的分解和计算，灵活运用知识，同时解决生活中的一些实际问题。

在这些图形的研究过程中，“面积和面积单位”一直伴随其中。本单元的内容包括“面积和面积单位”“长方形和正方形的面积计算”“面积单位的进率”“用所学的知识解决简单的实际问题”四部分。

对于面积的学习和理解，学生一般都会经历下面五个阶段。

阶段一：量的初步认识（直观感知“量”，直接或间接比较“量”的大小）。

阶段二：量的间接比较（用非标准单位或用另一个量为“中介”比较）。

阶段三：认识国际通用单位并用其描述大小。

阶段四：国际通用单位体系的认识与换算（化聚）。

阶段五：利用公式求量的大小（只有面积和体积有此阶段）。

例 1 和例 2 的学习，主要对应阶段一和阶段二；例 3 的学习，对应阶段三；例 4 和例 5 的学习，对应阶段五；例 6 和例 7 的学习，对应阶段四；例 8 则是综合运用面积相关的知识。在本单元的实际教学中，把例 6 的学习调整到例 4、例 5 之前，将面积单位的认识与探索面积单位间的进率融为一体，使学生在体验中更加充分理解面积单位的实际大小以及面积单位之间的关系，为接下来有效解决实际问题做好铺垫。

整合后的课时安排见表 1。

表 1　整合后的课时安排

整合后的内容结构	课时
认识面积	1
面积单位	1
面积单位间的进率	1
长方形、正方形面积的计算	2
解决问题	1

3. 学情分析

从知识经验上看，学生已经掌握了长度和长度单位、正方形和长方形的特征及其周长的计算，也认识了物体的面，真切地感知过“面是什么”。在此基础上引导学生认识“面积”这一抽象的概念，学生比较容易接受。周长和面积分别从“一维”和“二维”两个不同的维度刻画平面图形，从学习周长到学习面积，是空间形式“由线到面”的一次飞跃。

从年龄特点上看，三年级的学生具有一定的动手操作能力、知识迁移能力。在认识面积的含义、建立面积单位的表象时，都需要学生动手摸、比、摆、画，用操作促使思考深入开展。在学习正方形的面积计算时，要从长方形的面积公式推导过程中进行迁移，大部分学生具备这样的能力。

4. 单元大观念

综合以上分析，确定本单元指向的核心素养是“量感、推理意识、几何直观和空间观念”。学习本单元，通过面积单位来赋值，并用量来刻画物体表面或图形表面的大小，不仅有利于发展学生的空间观念，提高解决简单实际问题的能力，还能为以后学习其他平面图形的面积计算打下基础。因此提炼本单元大观念：面积是物体或图形表面的大小。

（二）建构单元知识结构

单元知识结构如图 1 所示。

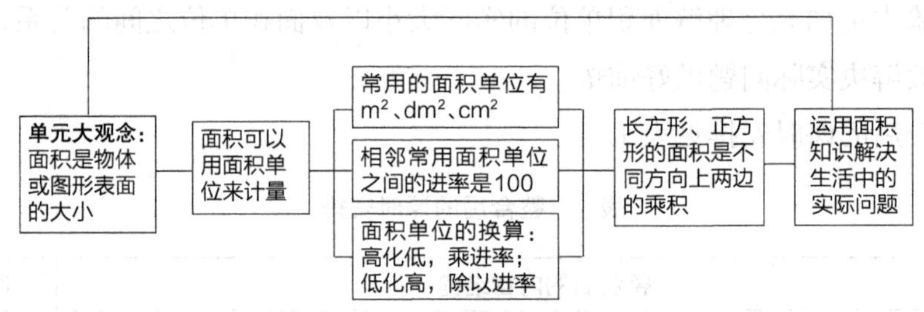

图 1　单元知识结构

（三）表述单元目标

（1）结合实例认识面积的含义和常用的面积单位，能测量、计算、估计图形的面积，会进行单位换算。

①通过观察、操作、对比，能结合实例说出面积的含义，能用标准面积单位（或自选面积单位）估计、测量图形的面积。

②通过观察和体验，会说明面积单位 cm^2、dm^2、m^2 的含义和实际大小。

③通过操作和迁移，熟知 cm^2、dm^2、m^2 相邻两个面积单位之间的进率，会进行简单的单位换算。

（2）通过探索长方形、正方形的面积公式，归纳出利用拼摆面积单位计算平面图形面积大小的方法，会计算长方形、正方形的面积，培养学生的推理意识和空间观念。

（3）在现实情境中，会用有关面积的知识解决简单的实际问题，形成初步的量感和几何直观，提升分析和解决问题的能力。

二、创设学习情境和评价任务

（一）学习情境

聪聪家的房子准备重新铺地砖、贴壁布，看到爸爸拿的户型图（图 2）和爸爸正在做的预算单（表 2），聪聪有了好多问题，请你和聪聪一起来思考他的问题吧！根据你的理解回答聪聪的问题，把想法记录在数学本上，在每一节课后针对相应的问题对原有的答案进行修改或评价，用红笔标注。本单元学完后结合记录的内容完成单元思维导图，展示并汇报自己的收获与思考。

聪聪的问题：

户型面积是什么？怎样知道户型面积是多少？

两个小卧室相比，哪个面积更大？

客厅和三个卧室铺边长 8 分米的地砖，至少要准备多少块地砖？

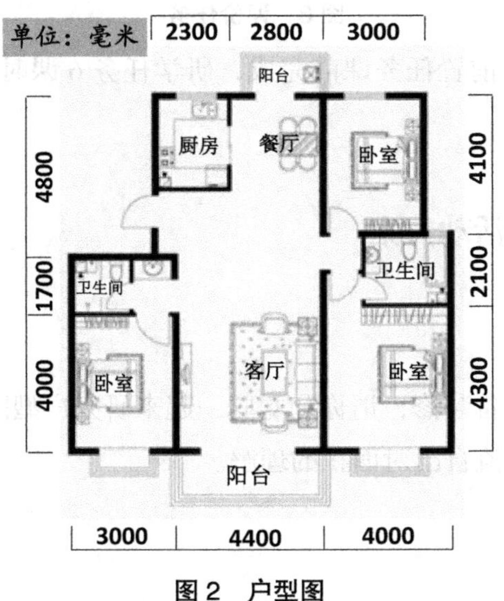

图 2　户型图

表 2　预算单

装修预算及材料清单

户型面积：$130m^2$							
序号	项目名称	规格	单位	单价	数量	金额	备注
1	地板砖	边长 80cm	块	43			广东陶瓷
2	卫生间墙砖	长 60cm，宽 30cm	块	7			广东陶瓷
3	阳台厨房墙砖	长 60cm，宽 30cm	块	8			广东砖
4	客厅壁布	千帛绘刺绣壁布	米	80			款式：D2039
5	主卧壁布	千帛绘刺绣壁布	米	80			款式：D2248
6	小卧室（北）壁布	千帛绘刺绣壁布	米	50			款式：D2248
7	小卧室（南）壁布	千帛绘刺绣壁布	米	50			款式：D2248

（二）评价任务

评价任务如图 3 所示。

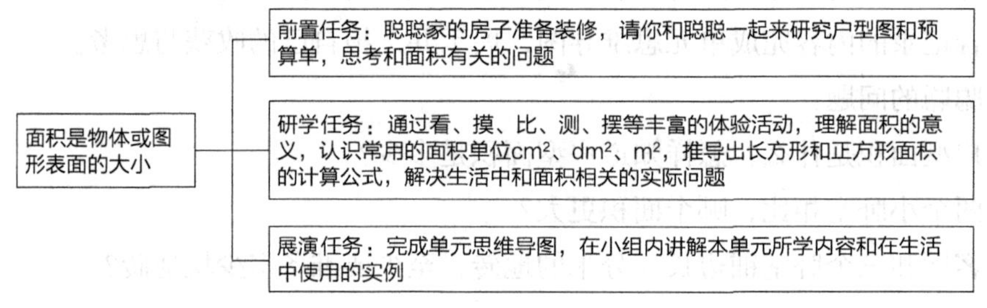

图 3　评价任务

课时总体规划：前置任务课前完成，研学任务 6 课时，展演任务 1 课时，本单元共 7 课时。

三、设计学习活动方案

（一）前置任务

聪聪家的房子准备装修，请你和聪聪一起来研究户型图和预算单，思考和面积有关的问题，交流自己对面积的理解。

（二）研学任务

研学任务见表 3。

表 3 研学任务

基本问题：怎样用面积单位计量物体或图形表面的大小？			
单元目标	**课时目标**	**学习问题**	**学习活动**
（1）结合实例认识面积的含义和常用的面积单位，能测量、计算、估计图形的面积，会进行单位换算。 （2）通过探索长方形、正方形的面积公式，归纳出利用拼摆面积单位计算平面图形面积大小的方法，会计算长方形、正方形的面积，培养学生的推理意识和空间观念。 （3）在现实情境中，会用有关面积的知识解决简单的实际问题，形成初步的量感和几何直观，提升分析和解决问题的能力	第 1 课时： （1）通过观察、操作、对比，能结合实例说出面积的含义，能用标准面积单位（或自选面积单位）估计、测量图形的面积。 （2）通过实际操作，能说明周长与面积的不同	（1）面积是什么？怎样测量图形的面积？ （2）周长和面积有什么不同？	**任务 1：** （1）观察聪聪家的户型图、树叶、课桌面等，说一说面积的含义。 （2）通过用自选的面积单位测量长方形的面积，在交流中发现统一面积单位的必要。比较河南省与四川省面积的大小，并解释比较的方法。 （3）归纳周长与面积的不同。 **任务 2：** 请结合户型图，用数学语言解释户型面积的含义，对自己原有的记录进行修改、评价
	第 2 课时： （1）通过观察和体验，会说明面积单位 cm^2、dm^2、m^2 的含义和实际大小。 （2）通过练习，理解长度单位和面积单位之间的联系和区别	（1）常用的面积单位有哪些？分别有多大？ （2）常用的长度单位和面积单位有什么联系和区别？	**任务 3：** （1）通过看、摸、画等活动，建立 $1cm^2$、$1dm^2$、$1m^2$ 的表象。 （2）选择合适的面积单位估测扑克牌、课桌桌面、教室地面等常见物体表面的面积，再用面积单位测量。 （3）对比常用的长度单位和面积单位，从本质上进行区别，加深认识。 **任务 4：** 评价"两个小卧室相比，哪个面积更大"的原有答案，并用面积单位估测或测量，形成新的记录
	第 3 课时： 通过操作和迁移，熟知 cm^2、dm^2、m^2 相邻两个面积单位之间的进率，会进行简单的单位换算	相邻两个常用面积单位之间的进率是多少？面积单位之间怎样换算？	**任务 5：** 画图探究 dm^2 与 cm^2 之间的进率，并据此推理 m^2 与 dm^2 之间的进率，归纳面积单位之间的换算方法。 **任务 6：** $2dm^2 = 20cm^2$ 对吗？为什么？请用画图或推理的方法解释

续表

单元目标	课时目标	学习问题	学习活动
（1）结合实例认识面积的含义和常用的面积单位，能测量、计算、估计图形的面积，会进行单位换算。 （2）通过探索长方形、正方形的面积公式，归纳出利用拼摆面积单位计算平面图形面积大小的方法，会计算长方形、正方形的面积，培养学生的推理意识和空间观念。 （3）在现实情境中，会用有关面积的知识解决简单的实际问题，形成初步的量感和几何直观，提升分析和解决问题的能力	第 4 课时： 通过用面积单位拼摆长方形的活动，探索长方形、正方形面积的计算方法，归纳长方形、正方形的面积公式，会应用面积公式正确计算长方形、正方形的面积，发展空间观念	怎样计算长方形、正方形的面积?	**任务 7：** （1）说明长方形的面积与拼摆的小正方形每行的个数、行数之间的关系，得到长方形的面积公式。 （2）根据正方形是长和宽都相等的长方形，推导出正方形的面积公式。 （3）一张 A4 纸的面积是多少 cm^2？从中剪下一个最大的正方形，这个正方形的面积是多少 cm^2？ **任务 8：** 根据聪聪家的预算单，计算地板砖、主卧的面积是多少 cm^2？合多少 dm^2？把问题和解答过程记录下来，标注解决问题的要点
	第 5 课时： （1）会应用面积知识，解决简单的实际问题。 （2）能运用熟悉的物品面积，估计其他物体表面的面积，并会通过测量与计算，检验估测结果	怎样计算、估算生活中常见物体的表面面积?	**任务 9：** （1）利用数学书封面的面积，估计课桌面的面积。 （2）正方形交通标志牌的面积是多少 cm^2？ **任务 10：** 根据户型图计算聪聪家的室内面积，小组合作完成，写出完整的解答过程
	第 6 课时： （1）在具体情境中，感悟用“画图”描述和分析数学问题的方法，体会几何直观的价值。 （2）在教师的指导下制订出解题计划，并能清楚表述、正确解答，进一步提高分析问题和解决问题的能力	铺客厅地面要用多少块方砖?解决这类问题有哪些方法?	**任务 11：** 画图探究铺地砖问题，用两种不同的方法解答。 客厅长 6m，宽 3m，正方形地砖的边长是 3dm。 注意：客厅面积与地砖面积单位的不同，必须考虑面积单位的换算。 **任务 12：** 根据户型图和预算单，利用上节课所求的答案，计算聪聪家需要准备多少块地砖

（三）展演任务

结合本单元所学内容和对前置任务的记录，完成单元思维导图，在小组内讲解本单元所学内容和在生活中使用的实例，小组成员根据评价量表互相评价。

四、研制评价量表

本单元设置三组评价量表。前置任务评价量表在前置任务后由学生自评。研学任务评价量表在学习过程中进行评价，其中第一组研学任务评价量表对应相应的学习任务设置，采用自评、互评相结合的方式对学生的完成情况进行过程性评价；第二组研学任务评价量表对应相应的课程内容，通过可量化的评价标准帮助学生衡量学习结果。同时，对学生的课堂表现进行互评，使学生在每节课后明确自己下节课应努力的方向。展演任务评价量表对应单元终结性任务评价，采用同伴互评的方式进行。全部任务完成后，由教师汇总本单元学习过程中的所有评价结果进行总评。

（一）前置任务评价量表

“户型面积”评价量表见表 4。

表 4　“户型面积”评价量表

维度	等级评价标准	
	A	B
户型面积	能正确说明聪聪家的户型面积是多少 m^2，会简单地解释户型面积的含义	不能说明聪聪家的户型面积是多少 m^2
比较两个小卧室的面积	能说出哪个小卧室的面积大，并能说明比较大小的方法	能说出哪个小卧室的面积大，但不能说明比较大小的方法

（二）研学任务评价量表

“面积”评价量表见表5。

表5 “面积”评价量表

维度	等级评价标准		
	A	B	C
建立面积的表象	能正确辨认出河南省与四川省的面积，会选用合适的工具（方格纸、小正方形）比较同一幅地图上河南省与四川省的面积大小	能正确辨认出河南省与四川省的面积，会估测出同一幅地图上河南省与四川省的面积大小	能正确辨认河南省与四川省的面积，不会比较同一幅地图上河南省与四川省的面积大小
建立面积单位的表象	能说出测量扑克牌、课桌桌面、教室的面积单位，能准确估出面积是多少	能说出测量扑克牌、课桌桌面、教室的面积单位，估测面积时有部分误差	不能完全说出测量扑克牌、课桌桌面、教室的面积单位，估测面积时有较大误差
面积单位之间的进率及换算	能正确判断 $2dm^2=20cm^2$，会用画图的方法解释理由	能正确判断 $2dm^2=20cm^2$，会用语言解释理由	不能正确判断 $2dm^2=20cm^2$，无法解释理由
长方形、正方形的面积计算	能正确计算一张A4纸的面积和从中剪下一个最大的正方形面积，能解释两个图形之间的关系	能正确计算一张A4纸的面积，不能解决从中剪下一个最大的正方形面积	测量A4纸的相关数据时误差较大，或无法解决问题
长方形、正方形面积的应用	能根据问题制订合适的计划，会从户型图和叙述中找到相应的数据，正确解答“至少需要多少块地砖”	能从户型图和叙述中找到相应的数据，计算时出现错误	不能提取有用信息或提取的信息不正确或不完整，能求出其中某一部分的面积，但不能解决问题

“课堂表现”评价量表见表 6。

表 6　“课堂表现”评价量表

维度	等级评价标准		
	A	B	C
小组合作	能主动参与小组讨论，认真倾听、记录，并积极发言	能主动参与小组讨论，认真倾听、记录，发言欠积极	不能主动参与小组讨论
倾听与互动	能认真倾听，主动质疑、补充或评价，并且表达清晰，方法得当	倾听较认真，但不能主动质疑、补充或评价	不能认真倾听，也不能积极互动
巩固练习	能按时按要求完成巩固练习，质量高	能基本完成巩固练习，质量一般	不能按要求完成巩固练习，质量较差

（三）展演任务评价量表

“单元思维导图”评价量表见表 7。

表 7　“单元思维导图”评价量表

维度	等级评价标准		
	A	B	C
单元思维导图及讲解	单元思维导图涵盖内容完整，能用有条理的语言叙述本单元所学内容	单元思维导图涵盖部分主要内容，能叙述本单元所学内容	单元思维导图涵盖内容只有 1 ~ 2 项，不能叙述本单元所学内容
面积在生活中事例	能在生活中找到和面积有关的具体事例，会说明问题并能正确解决问题	能在生活中找到和面积有关的具体事例，会说明问题但解决问题有困难	不能在生活中找到和面积有关的具体事例

五、教学设计反思

这个单元是面积的起始单元，以后的面积（表面积）学习都建立在这一基础上，所以本单元的内容尤为重要。在进行单元教学设计时，特别注重以下三个方面。

1. 重视比较方法的运用，在对比中加深理解

面积概念与周长概念很容易混淆，所以在认识面积这节课中，通过让学生基于真实物体的感知体验，分析“周长与面积的联系和区别”，用图文结合的形式，呈现出两者之间的关系，使学生不仅有直观感知，更有理性认识，从而帮助学生建立面积的表象。

2. 营造自主氛围，让学生说和做

在研究过程中着力为学生营造宽松自由的学习氛围和学习空间，尽最大可能让学生去亲身感受、亲自动手，调动学生的参与度。在学习长方形和正方形的面积时，让学生提前制作一些面积是 $1dm^2$ 的正方形（边长 1dm），通过课堂上拼摆与思考的共同作用，深切地感受长方形面积的计算方法。

3. 创设生活情境，把数学代入到生活中

在整个单元的学习中，以聪聪家的装修为主情境，在研究户型图和预算单的过程中弄懂概念、理解算法、应用公式，让学生在学习的过程中始终感受着数学与生活的联系，边学边用，使印象更深刻。地砖、壁布等与面积有关的问题都可以让学生对面积的理解更加深入。

在提取单元大观念时，笔者经历了“建立—推翻—重建—再推翻”的过程，最终才把大观念确定为“面积是物体或图形表面的大小”。在这样的反复斟酌中，从最开始只关注面积，到后来同时关注面积与面积单位，再到尽可能多地呈现单元要点，再到最后抓住核心问题来描述，笔者对单元大观念的理解更加深入。大观念的“大”，不是指所包含的知识范围的大小，而是指“核心”，是力图让学生的认知基础进行集成与融合的概念，具有很强的迁移价值。以大观念为统领的单元教学设计重点在于实现单元教学的“上接下联”，形成有意义关联的结构化知识体系。虽然进行单元教学设计很难，但是我们既然已经迈出了第一步，就会坚定地一直走下去。

三角形是同一平面内三条线段围成的封闭图形

——人教版《数学》小学四年级下册第五单元“三角形”

李春青　汪艳丽*

一、制订基于核心素养的单元目标

“三角形”属于“图形与几何”领域第二学段的“图形的认识与测量”主题，是对三角形的进一步认识。学生通过联系生活、观察操作、探索实验等活动认识三角形的各种特征，感悟“三角形是同一平面内三条线段围成的封闭图形”这一单元大观察。结合数学核心素养及三角形知识点间的联系，提出“如何从边和角两个维度探究三角形的各种特征”的基本问题。通过对教学内容的整体分析，逐步构建能体现数学学科本质的单元知识结构。在认识三角形各元素间关系的过程中，感悟图形的抽象，逐渐形成空间观念和初步的几何直观。

（一）提炼单元大观念

1. 课程标准分析

【内容要求】

（1）认识三角形，会根据图形特征对三角形进行分类。

（2）知道三角形两边之和大于第三边；知道三角形内角和是 180°。

【学业要求】

（1）会根据角的特征分类，认识直角三角形、锐角三角形和钝角三角形；能根据边的相等关系，认识等腰三角形和等边三角形。

（2）探索并说明三角形任意两边之和大于第三边的道理；通过对图形的操作，感知三角形内角和是 180°，能根据已知两个角的度数求出第三个角的度数。

---

* 李春青　汪艳丽，郑州中学第二附属小学。

【学业质量标准】

能认识常见的三角形，形成空间观念和初步的几何直观。

课程标准要求学生理解三角形的分类标准，掌握两类特殊的三角形——等腰三角形和等边三角形，让学生体会分类和集合的数学思想。在探索三角形三边关系时，要求学生在具体情境中，通过动手操作、探究实验等数学活动，会提出数学问题、寻求解决问题的思路，最终获得确定结论。在探究三角形内角和时，要求学生在数学活动中，通过动手操作、独立思考，获得初步的理性认识，并能运用三角形的内角和分析和解决问题。通过本单元的学习，学生能归纳三角形的特征及三角形各元素之间的关系，建立数与形的联系，体会数学知识之间、数学与生活之间的联系。在具体情境中，能发现生活中的问题，并能运用有关三角形的数学知识和方法解决问题，形成空间观念和初步的几何直观，激发学习数学的兴趣，建立学好数学的信心，初步养成独立思考、合作探究等良好的学习习惯。

2. 教材分析

在学习了《数学》一年级下册后，学生认识了长方形、正方形、平行四边形、三角形和圆五种平面图形，能够在众多平面图形中辨认出三角形。在此基础上，本单元将进一步丰富学生对三角形的认识和理解。

本单元在“三角形的认识”中，要求学生理解并会总结三角形的概念，重在理解“围”的含义，会说出三角形的各部分名称，逐渐建立“三角形是同一平面内三条线段围成的封闭图形”的观念，并会准确画高；在“三角形的特性”中，通过用小棒围三角形和四边形，归纳出三角形具有稳定性，进一步体会三角形边和角确定时，其他元素也是唯一确定的。在“三角形的三边关系和内角和”中，通过动手操作，主要探究三角形各要素之间的关系、图形与图形之间的关系，建立形与数的联系，构建数学问题的直观模型。在“三角形的分类”中，通过边的相等关系和角的特征两个维度对三角形进行分类，认识五类三角形，体会集合、分类思想。通过本单元的学习，不仅可以从形的方面加深学生对周围事物的理解，发展学生的空间观念和几何直观，还可以在动手操作中拓展学生的认知，发展学生的思维能力和解决实际问题的能力。本单元内容看似简单，但比较抽象，因此本单元的难点是认识三角形各元素间的关系。

内容具体编排如图 1 所示。

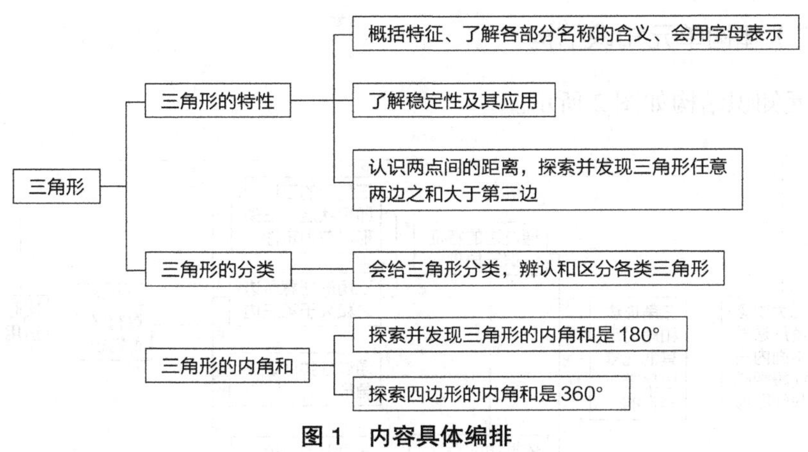

图 1　内容具体编排

3. 学情分析

（1）年龄特点分析。

四年级的学生好奇心强，乐于探究，喜欢动手参与，具有一定的独立思考能力和探究学习经验，主要以形象思维为主，并开始逐步向抽象思维过渡，不过分析、综合、归纳、概括能力较弱。

（2）知识经验分析。

在第一学段，学生已经积累了一些关于三角形的直接经验，这些经验为理解三角形的概念和性质打下基础。本单元的学习对学生动手操作能力要求较高，如三角形的特性、三角形三边关系、三角形的内角和、三角形与四边形的联系等，均是让学生在动手操作、实验探索中发现、归纳三角形的特征，形成空间观念和初步的几何直观。

4. 单元大观念

综上所述，本单元的知识点都是在三角形这一基本概念的基础上，通过各种数学活动认识三角形的各种特征，并会用三角形相关的知识解决问题。所以确定本单元的大观念：三角形是同一平面内三条线段围成的封闭图形。

（二）建构单元知识结构

单元知识结构如图 2 所示。

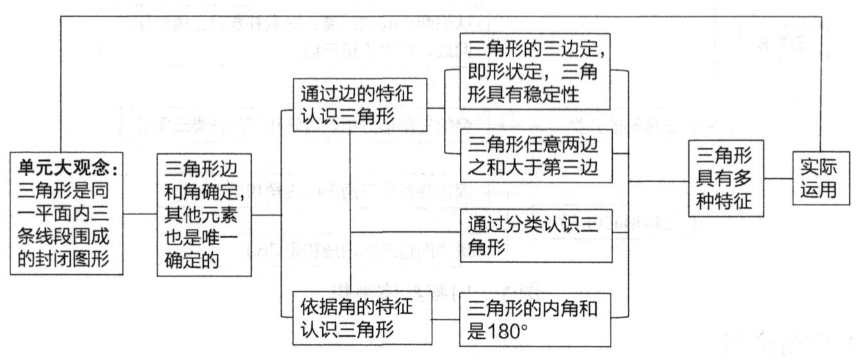

图 2　单元知识结构

（三）表述单元目标

（1）通过描述三角形的含义，建立三角形是同一平面内三条线段围成的封闭图形的观念，并能准确画出三角形的高。

（2）通过观察、操作、实验探索等活动，能够发现三角形的多种特征，会依据边和角的特征进行分类，形成基本空间观念和几何直观。

①通过观察、操作等活动，能够归纳出三角形具有稳定性。

②通过合作探究，能归纳出三角形任意两边之和大于第三边。

③通过量一量等活动，能根据边和角的特点进行分类。

④通过折一折、量一量等活动，能归纳出三角形的内角和是 180°。

（3）在具体情境中，能够运用三角形相关的知识解决生活中的实际问题，积累操作经验，形成初步的应用意识。

二、创设学习情境和评价任务

（一）学习情境

同学们，在我们的生活中有很多地方都用到了三角形，如郑州“鸟巢”（郑州奥林匹克体育中心主场馆体育场）顶部的构造、金字塔、郑州奥体大桥、各种跨海大桥、自行车等，你知道三角形在这些建筑或物体中起到什么作用

吗？我们已经能直观地辨别三角形，那三角形边和角有什么特点？我们将通过三角形边和角两个维度认识三角形及三角形和其他图形之间的关系，最后归纳出三角形的多种特征。学习结束后，我们将举行"'绘'我所思，'维'我所用"评比活动，用思维导图或数学小报（图文结合）的方式梳理三角形相关的知识及知识间的联系，最后分享自己的收获。

（二）评价任务

评价任务如图 3 所示。

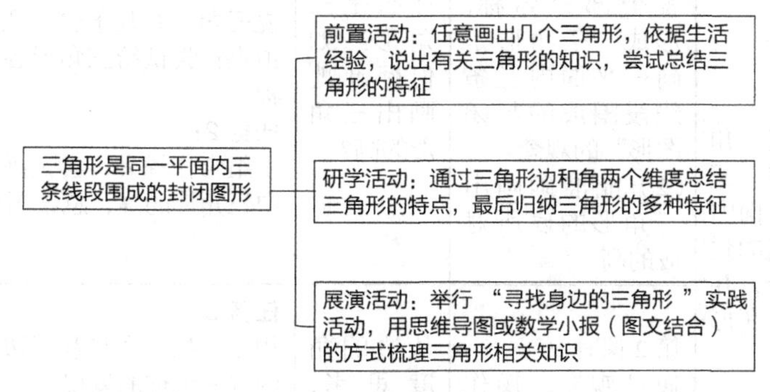

图 3　评价任务

课时总体规划：前置任务 1 课时，研学任务 6 课时，展演任务 1 课时，本单元共 8 课时。

三、设计学习活动方案

（一）前置任务

同学们，在我们的生活中有很多地方都用到了三角形，如金字塔、郑州奥体大桥、各种跨海大桥、自行车等，你知道三角形在这些建筑或物体中起到什么作用吗？我们已经能直观地辨别三角形，也学习过如何规范地画三角形。接下来，在练习本上任意画出几个三角形，依据自己的生活经验，在小组内说一说自己了解的有关三角形的知识，并记录下来，然后尝试总结三角形的特征。

（二）研学任务

研学任务见表1。

表1 研学任务

基本问题：如何从边和角两个维度探究三角形的各种特征？			
单元目标	**课时目标**	**学习问题**	**学习活动**
（1）通过描述三角形的含义，建立三角形是同一平面内三条线段围成的封闭图形的观念，并能准确画出三角形的高。 （2）通过观察、操作等活动，能够发现三角形的多种特征，会依据边和角的特征进行分类，形成基本空间观念和几何直观。 （3）在具体情境中，会运用三角形相关的知识解决生活中的实际问题，积累操作经验，形成初步的应用意识	第1课时： （1）能准确说出三角形的定义及各个部分名称，形成“三角形是同一平面内三条线段围成的封闭图形”的观念。 （2）能准确画出三角形的底所对应的高	什么是三角形？如何标准地画出三角形的高？	**任务1：** 观察前置活动中画的三角形，说一说三角形有几条边，几个角，几个顶点？尝试给三角形各个部分定名称。 **任务2：** 小组合作探究，尝试画出前置活动中三角形的高，总结画法
	第2课时： 通过观察、操作等活动，能归纳出三角形具有的稳定性	从边的角度思考，三角形具有什么特性？	**任务3：** 用小棒摆三角形和四边形，在小组内说一说你的发现。 **任务4：** 在前置活动中，完善或补充三角形具有稳定性，并举例说明三角形的稳定性在生活中的应用
	第3课时： 通过合作探究，能归纳出三角形任意两边之和大于第三边	从边的维度探究三角形的三条边，它们之间有什么关系？	**任务5：** 用给定的纸条围三角形，你发现了什么？尝试归纳三角形三条边之间的关系，总结判断三条线段能围成三角形的方法。 **任务6：** 补充前置活动中总结的有关三角形的三边关系的知识，小组内互相说一说三角形的三边关系
	第4课时： 通过量一量等活动，能根据边和角的特点进行分类	如何从边和角的两个维度对三角形进行分类？	**任务7：** 小组讨论，三角形可以怎样分类？说出你的分类标准。 **任务8：** 把前置活动中所画的三角形按边和角的特点进行分类，并说明分类理由

续表

<table>
<tr><th>单元目标</th><th>课时目标</th><th>学习问题</th><th>学习活动</th></tr>
<tr><td rowspan="2">（1）通过描述三角形的含义，建立三角形是同一平面内三条线段围成的封闭图形的观念，并能准确画出三角形的高。

（2）通过观察、操作等活动，能够发现三角形的多种特征，会依据边和角的特征进行分类，形成基本空间观念和几何直观。

（3）在具体情境中，会运用三角形相关的知识解决生活中的实际问题，积累操作经验，形成初步的应用意识</td><td>第 5 课时：
通过折一折、量一量等活动，能发现三角形的内角和是 180°</td><td>从角的维度探究三角形的内角和是多少</td><td>任务 9：
我们已经认识了三角形的多种特征，大胆猜一猜三角形的内角和是多少？通过折一折、拼一拼、量一量等活动验证你的猜测，最后在小组内说一说你的验证过程。
任务 10：
在前置活动中，完善或补充三角形的内角和是 180° 这一知识点，并说一说探究过程</td></tr>
<tr><td>第 6 课时：
能运用三角形相关知识解决问题，积累操作经验</td><td>利用三角形的内角 180°，如何推导四边形的内角和?</td><td>任务 11：
小组合作探究四边形的内角和，依据三角形的内角和进行推导，最后展示汇报。
任务 12：
根据以上探究活动，在前置活动中补充探究四边形内角和的过程，并说一说三角形与多边形的联系</td></tr>
</table>

（三）展演任务

举行"'绘'我所思，'维'我所用"评比活动，学生绘制的思维导图或数学小报先在小组内进行展示，其他学生对展示的思维导图或数学小报提出建议和评价。然后由作者本人结合自己的生活经验讲解三角形有关的知识点及知识之间的联系，最后师生共同评价，评出最佳讲解员。

四、研制评价量表

依据前置任务、研学任务和展演任务，设计相对应的评价量表。第一组前置任务评价量表，从"画一画、说一说"两个维度评价学生的原有知识经验。第二组研学任务评价量表中每一个维度对应本单元相应的课程内容，以学生自评和教师评价为主，通过可量化的评价标准帮助学生衡量自己的学习结果，找到薄弱知识并及时进行针对性补救。同时，以教师评价和学生评价相结合的方式评价学生课堂表现。第三组展演任务评价量表从“展示、讲解”两个维度，针对学生学习完本单元之后的过程展示和结果展演进行评价。

（一）前置任务评价量表

“依据经验初步认识三角形”评价量表见表 2。

表 2 “依据经验初步认识三角形”评价量表

维度	等级评价标准		
	A	B	C
画出任意三角形	能画出锐角三角形、钝角三角形、直角三角形、等边三角形、等腰三角形和其他任意三角形这六大类三角形，并能准确尺规作图	能画出任意 3 ~ 5 类三角形，并能准确尺规作图	只能画出 1 ~ 2 类三角形，且不能准确尺规作图
三角形原有知识经验	能说出三角形的多个特征	能说出三角形一两个特征	不能说出三角形的特征

（二）研学任务评价量表

“依据数学活动深入认识三角形”评价量表见表 3。

表 3 “依据数学活动深入认识三角形”评价量表

维度	等级评价标准		
	A	B	C
三角形的认识	能准确总结三角形的含义，能认识三角形的各部分名称，能准确画出三角形的三条高	能说出三角形的含义，能认识三角形的各部分名称，能画出三角形指定底上的高	能认识三角形的各部分名称，但不能说出三角形的含义，不能画出三角形指定底上的高
三角形的特性	能总结出三角形的特性，并能联系生活，用三角形的特性解决问题，并能说明理由	能总结出三角形的特性，在用三角形的特性解决问题时，不能说明理由	知道三角形的特性，但不理解

续表

维度	等级评价标准		
	A	B	C
三角形的三边关系	能准确说出三角形的三边关系，能准确判断三条线段能否围成三角形	能说出三角形的三边关系，不能判断三条线段能否围成三角形	不能说出三角形的三边关系，也不能判断三条线段能否围成三角形
三角形的分类	能从边和角两个维度对三角形分类，并能用集合图表示三角形间的关系	能从边和角两个维度对三角形分类	能从边或角的某一个维度对三角形分类
三角形的内角和	能用多种方法探究三角形的内角和，并能利用三角形的内角和灵活解决问题	能用一种方法探究三角形的内角和，并能利用三角形的内角和灵活解决问题	能用一种方法探究三角形的内角和，但不能利用三角形的内角和灵活解决问题
四边形的内角和	能用多种方法探究四边形的内角和，并能根据规律归纳出求多边形内角和的方法	能用一种方法探究四边形的内角和，并能根据规律归纳出求多边形内角和的方法	能用一种方法探究四边形的内角和，但不能理解多边形内角和的方法

“课堂表现”评价量表见表4。

表4　“课堂表现”评价量表

维度	等级评价标准		
	A	B	C
自学情况	能按要求独立自学，自学质量高	能按要求在家长帮助下自学，能完成部分自学任务	不能按要求自学，不能完成自学任务
听讲情况	能认真听讲，积极和教师互动，能主动思考问题，大胆质疑	能认真听讲，主动思考问题，但发言欠主动	不能认真听讲，也不能积极和教师互动
语言表达情况	能有条理地表达自己的见解，能清楚地讲解解决问题的过程	能表达自己的见解，但不能清楚地讲解解决问题的过程	不能表达自己的见解，也不能讲解解决问题的过程
小组合作情况	善于与人合作，虚心听取别人的意见	能与人合作，能接受别人的意见	缺乏与人合作的精神，难以听取别人的意见
课堂作业情况	认真迅速地完成作业，作业质量高	能完成作业，速度比较慢或质量一般	不能完成作业

（三）展演任务评价量表

“依据评比活动全面认识三角形”评价量表见表5。

表5 “依据评比活动全面认识三角形”评价量表

维度	等级评价标准		
	A	B	C
思维导图或数学小报	能用图文结合的方式，清晰呈现本单元的知识点及知识点间的联系	只呈现本单元的知识点及知识点间的联系	只能罗列出本单元的知识点
讲解思维导图或数学小报	能结合生活实际，熟练、清晰地讲解本单元知识点及联系	只能熟练地讲解本单元知识点及联系	只能按照思维导图或数学小报上面的内容复述

五、教学设计反思

单元教学设计不再是教师以“教”的方式传授知识，学生以“听”的方式尝试理解知识，而是以核心素养为导向，依据单元目标进行单元教学设计，引导学生通过不同的数学活动进行自主探索。在平面图形中，三角形是最基本的图形，学生已经积累了有关三角形的一些知识，以此为起点引导学生通过观察操作、探索实验等活动，进一步认识三角形，发现三角形各元素之间及三角形和其他图形之间的关系，形成基本空间观念和初步的几何直观。

通过本次大单元教学设计，笔者明白小学数学教学应从单元整体出发，以学生的核心素养为出发点，提炼大观念，建立单元知识结构，再通过单元知识点的呈现逐层达成单元整体目标，使学生“既见树木，又见森林”。在大单元视角下引导学生通过一系列数学活动自主探索新知，可以使学生逐步会用数学的眼光观察现实世界，会用数学的思维思考现实世界，会用数学的语言表达现实世界；还可以不断提高学生学习数学的兴趣，养成良好的学习习惯，形成敢于质疑、自我反思、勇于探索的科学精神。

圆是到定点的距离等于定长的点的集合

——人教版《数学》小学六年级上册第五单元“圆”

宋丽娜　汪艳丽*

一、制订基于核心素养的单元目标

“圆”属于“图形与几何”领域“图形的认识与测量”主题，教材先认识圆，再学习圆的特征，最后研究它的周长和面积。圆不同于其他平面图形，它是小学阶段学习的唯一的曲线图形，有无数条对称轴、圆心到圆上的距离都相等，它在生活中的应用非常普遍。通过分析“圆”这个单元的知识结构，我们发现半径在圆中起着关键作用，因此我们把认识半径和研究半径与直径、周长、面积的关系作为学生学习的关键，把“圆是到定点的距离等于定长的点的集合”作为圆的单元大观念。通过本单元的学习，进一步发展学生的符号意识、量感、几何直观和空间观念。

（一）提炼单元大观念

1. 课程标准分析

【内容要求】

认识圆和扇形，会用圆规画圆；认识圆周率；探索圆的周长和面积公式，能解决简单的实际问题。

【学业要求】

会用圆规画圆，能描述圆和扇形的特征；知道圆的周长、半径和直径，了解圆的周长与直径之比是一个定值，认识圆周率；会计算圆的周长和面积，能用相应公式解决简单的实际问题。

---

*宋丽娜　汪艳丽，郑州中学第二附属小学。

【学业质量标准】

能认识常见的平面图形，计算图形的周长、面积，形成量感、空间观念和几何直观。

在图形的认识中，学生认识圆、知道扇形、会用圆规画圆，经历从实际物体抽象出几何图形的过程，掌握圆的特点；利用圆规画圆，加深对圆的理解，建立空间观念，初步形成几何直观。

在图形的测量中，“认识圆周率”时学生通过化曲为直的思想测量圆的周长，经历探索圆的周长是直径的三倍多一些的过程，推导出圆的周长公式；探究“圆的面积公式”时，经历了转化和极限的思想，把未学的知识转化成已学的知识，学生要注意在学习中总结解决问题的策略和方法。

“能解决简单的实际问题”要求能在具体情境中，用周长和面积公式解决简单的实际问题，提高学生解决问题的能力，形成量感、空间观念和几何直观。

学生能从数学与生活情境中，在教师的指导下，初步学会用数学的眼光观察，尝试探索，发现并提出问题，将所学的数学知识用于解决现实生活中的问题，形成初步的模型意识和应用意识。

2. 教材分析

圆是小学阶段学习的最后一个平面图形，学生在之前已经学习了长方形、正方形、平行四边形、三角形、梯形五种平面图形，对认识图形已经具备了一定的经验。本单元依然从图形的各部分名称和特征开始认识圆，探究圆的周长和面积，进一步辨析周长和面积的概念，渗透解决问题的思想方法，提升学生分析问题和解决问题的能力。

“圆”这个单元学习内容总体分为四大部分，见表 1。

表 1　单元学习内容

单元主题	内容	建议课时数	单元课时数
圆	圆的认识	2	9
	圆的周长	2	
	圆的面积	4	
	扇形	1	

围绕单元内容，教材组织本单元学习内容的思路如图 1 所示。

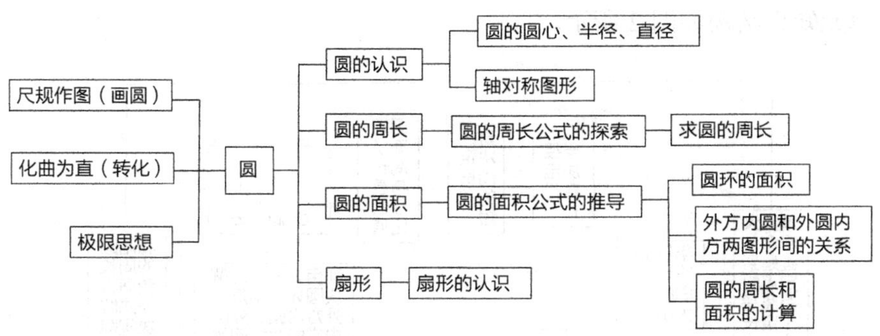

图 1　本单元学习思路

3. 学情分析

从年龄特点上看，六年级的学生具有简单的抽象思维能力、动手操作能力和自主探究能力，对数学具有好奇心和求知欲，能够主动参与数学学习活动，与小组进行合作，发现问题并解决简单的实际问题。

从知识结构上看，学生从三年级开始学习周长和面积，部分同学对周长和面积依然混淆不清。究其原因，一方面是因为周长和面积同时存在于一个平面图形上，却要分别从"一维"和"二维"两个不同的维度来刻画两个不同的"量"；另一方面是基于学生的认知规律，要从二维的平面图形中抽象出一维的图形，通过度量赋值并用量来刻画的确是比较困难的。扇形的学习作为本单元最后的学习内容，学生可以利用圆的知识的迁移研究扇形，为学习绘制扇形统计图做好准备。

本单元研究圆的大小属性，不管是圆的周长还是圆的面积，解决问题的关键因素是确定圆的半径，我国古代典籍《墨子》中就有记载：圆，一中同长也。一中，也就是圆有一个中心，即圆心；同长，就是从圆心到圆上任意一点的距离（长度）都相等。因此，提出单元大观念：圆是到定点的距离等于定长的点的集合。

（二）建构单元知识结构

单元知识结构如图 2 所示。

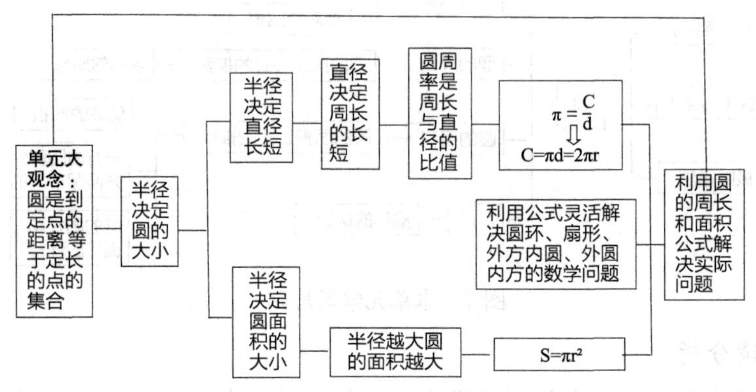

图 2　单元知识结构

（三）表述单元目标

（1）通过用圆规画圆，建立“圆是到定点的距离等于定长的点的集合”的观念，能标出各部分名称，说出半径与直径的关系；能说出扇形的各部分名称。

（2）经历圆的周长公式和面积公式的推导过程，能运用周长公式和面积公式解决简单的实际问题，形成量感、空间观念和几何直观。

①通过实践操作认识圆周率，能运用圆的周长公式正确计算，解决简单的实际问题。

②运用转化和极限的思想探索圆的面积公式，能运用圆的面积公式正确计算，解决简单的实际问题。

（3）能结合具体情境，灵活运用相应公式解决简单的实际问题，在尝试、探究、分析、反思等过程中，提高解决数学问题的能力，形成应用意识。

二、创设学习情境和评价任务

（一）学习情境

从奇妙的自然界到文明的人类社会，从精巧的手工艺品到气势宏伟的各种建筑……到处都可以看到大大小小的圆。圆在生活中非常普遍，我们的自行车车轮、水荡起的涟漪、圆形屋顶、树干的横截面等都是圆。车轮为什么是圆的？车轮走一周有多远？窨井盖为什么是圆的？它的面积有多大？蒙古包为什么搭成圆形的？它的占地有多少？大树的横截面为什么也是圆的？圆里有着什么样的奥秘？下面我们将带着数学的眼光去发现生活中的圆，带着思考的眼光去探索圆，相信通过我们的探索学习一定可以解决上面的问题，最后我们将举行“圆之大揭秘”活动。现在让我们一起踏上探寻圆的奥秘之旅吧！

（二）评价任务

评价任务如图 3 所示。

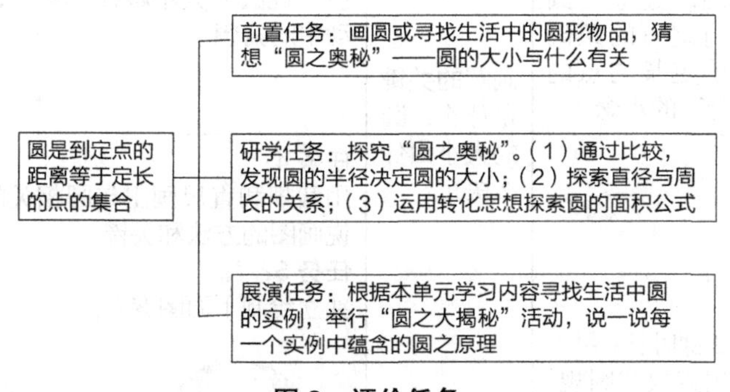

图 3　评价任务

课时总体规划：课前学生独立完成前置任务，研学任务 7 课时，展演任务 1 课时，本单元共 8 课时。

三、设计学习活动方案

（一）前置任务

我们在生活中可以找到很多圆形的物品，请想办法画一些大小不同的圆，具体说一说你是怎么画的。通过画圆你有什么发现？你知道这些圆的大小吗？试着测量圆的周长和面积。

（二）研学任务

研学任务见表 2。

表 2　研学任务

<table>
<tr><td colspan="4">基本问题：为什么圆的半径决定圆的大小?</td></tr>
<tr><th>单元目标</th><th>课时目标</th><th>学习问题</th><th>学习活动</th></tr>
<tr><td rowspan="3">（1）通过用圆规画圆，建立“圆是到定点的距离等于定长的点的集合”的观念，能标出各部分名称，说出半径直径的关系。
（2）经历圆的周长公式和面积公式的推导过程，能运用周长公式和面积公式解决简单的实际问题。
（3）能结合具体情境，灵活运用相应公式解决简单的实际问题，在尝试、探究、分析、反思等过程中，提高解决数学问题的能力</td><td>第 1 课时：
（1）知道圆的各部分名称，能说出圆的特征和直径与半径的关系。
（2）会用圆规画圆，能用符号标出圆心、半径和直径。
（3）通过用圆规画圆，建立“圆是到定点的距离等于定长的点的集合”的观念</td><td rowspan="2">画圆的关键是什么，圆的大小由什么决定?</td><td>任务 1：
用不同的工具画圆，比较圆的大小，说一说圆的大小跟什么有关系，它还有什么特征。
任务 2：
画出半径分别为 6 cm、4 cm 的圆，标出它的各部分名称，并比较它们的大小。
任务 3：
说一说圆的大小跟什么有关，修订前置活动中的猜想</td></tr>
<tr><td>第 2 课时：
利用直尺和圆规，设计一些与圆有关的图案</td><td>任务 4：
用圆规和直尺画出与圆相关的图案。说一说画图的方法和关键。
任务 5：
独立绘制下面图案。
任务 6：
修订绘制方法，完善作品，说出半径和圆心的作用</td></tr>
<tr><td>第 3 课时：
（1）通过观察、猜想、验证、操作等数学活动，经历探索圆的周长与直径的关系的过程，推导出圆的周长公式。
（2）能运用圆的周长公式解决简单实际问题</td><td>圆的周长与直径什么有关?</td><td>任务 7：
尝试用不同的方法测量圆的周长。探讨圆的周长和直径的关系，推导圆的周长公式，了解圆周率 π 的历史。
任务 8：
一辆自行车的车轮直径是 66 cm，估计一下车轮的周长大约是多少 m？若车轮转动 10 周前进多少 m？
任务 9：
修正和补充前置任务中测量圆周长的方法</td></tr>
</table>

续表

单元目标	课时目标	学习问题	学习活动
（1）通过用圆规画圆，建立“圆是到定点的距离等于定长的点的集合”的观念，能标出各部分名称，说出半径直径的关系。 （2）经历圆的周长公式和面积公式的推导过程，能运用周长公式和面积公式解决简单的实际问题。 （3）能结合具体情境，灵活运用相应公式解决简单的实际问题，在尝试、探究、分析、反思等过程中，提高解决数学问题的能力	第 4 课时： 探索并掌握圆的面积公式，能正确计算圆的面积，并能应用公式解决相关的简单实际问题	圆的面积是如何推导出来的？	**任务 10：** 对比圆转化后的图形中各部分与圆之间的关系，推导出圆的面积公式。 **任务 11：** 计算空白部分的面积。（单位：dm） 4 **任务 12：** 修正前置任务中测量圆面积的方法
	第 5 课时： 认识圆环，了解圆环的特点，能推导出圆环的面积公式并掌握计算方法，解决生活中的实际问题	怎么求圆环的面积？	**任务 13：** 用圆规画出一个圆环，探究圆环面积的计算方法，并总结计算方法。 **任务 14：** 一个直径为 16m 的圆形鱼池，鱼池的中心是一个直径为 6m 的圆形小岛。求鱼池水面的面积。 **任务 15：** 修正前置任务中测量圆的面积的方法，认识半径的重要性
	第 6 课时： 结合具体情境认识圆的内接正方形、外切正方形图形特征，掌握求正方形与圆之间部分面积的方法	外方内圆和外圆内方图形中正方形面积与圆面积之间有什么关系？	**任务 16：** 学生研究外方内圆中圆与正方形和外圆内方中圆与正方形的关系，并计算方圆之间的面积的大小。 **任务 17：** 探究外方内圆和外圆内方中圆与正方形的面积关系。 **任务 18：** 求涂色部分的面积。（单位：m） 3

续表

单元目标	课时目标	学习问题	学习活动
（1）通过用圆规画圆，建立“圆是到定点的距离等于定长的点的集合”的观念，能标出各部分名称，说出半径直径的关系。 （2）经历圆的周长公式和面积公式的推导过程，能运用周长公式和面积公式解决简单的实际问题。 （3）能结合具体情境，灵活运用相应公式解决简单的实际问题，在尝试、探究、分析、反思等过程中，提高解决数学问题的能力	第 7 课时： （1）能指出弧、圆心角、扇形，能说出扇形与圆的关系，并运用所学知识解决问题。 （2）能在圆中画出扇形并标出各部分名称	扇形与圆形有什么关系？	**任务 19：** 自学课本了解扇形的各部分名称，说出扇形大小的决定因素。 **任务 20：** 计算下面半径为 5cm 的扇形的周长和面积。

（三）展演任务

同学们，请你根据本单元学习内容，寻找生活中圆的应用，如车轮为什么是圆的、窨井盖为什么是圆的等生活实例，举行“圆之大揭秘”活动，运用所学知识说一说其中的道理。

四、研制评价量表

根据单元学习目标和学习前置任务、研学任务和展演任务，共设计三组评价量表。第一组评价量表对学生前置任务的学习效果进行预测并制订评价量表。第二个评价量表对学习目标中的知识与技能进行评价，便于学生发现自己学习中的薄弱点，用等级评价了解知识的掌握情况。同时，通过教师评价和学生互评评价学生的课堂表现。第三组评价量表评价学生学完本单元后，用本单元知识正确解释生活中的现象的能力。每个评价量表均有不同维度设计了 A、B、C 三个等级，评价标准清晰、可测，学生可依据评价标准进行自评、互评。

（一）前置任务评价量表

猜想“圆之奥秘”评价量表见表 3。

表 3　猜想“圆之奥秘”评价量表

维度	等级评价标准		
	A	B	C
用不同的方法画圆	能用 3 种方法画圆，如用圆形物品画圆，用圆规画圆，能用到定点的距离等于定长的思想画圆	能用 2 种方法画圆，如用圆形物品画圆，用圆规画圆	能用 1 种方法画圆
描述画圆的方法	能清晰准确地描述画圆的过程，并指出圆心、半径、直径和周长	能正确描述用圆规画圆的过程，并指出圆心、半径、直径	能正确描述用圆规画圆的过程
圆的特征	能正确描述圆的半径与直径的关系，圆是轴对称图形，圆有无数条对称轴。能正确说出圆的半径决定圆的大小	能正确描述圆的半径与直径的关系，圆是轴对称图形	能正确描述圆的半径与直径的关系
测量圆的周长和面积	能用绳绕法和滚动测量圆的周长，正确计算圆的周长和面积	能用绳绕法测量圆的周长，知道公式但不清楚圆周率的含义	不能测出圆的周长也不会计算

（二）研学任务评价量表

探究“圆之奥秘”评价量表见表 4。

表 4　探究“圆之奥秘”评价量表

维度	等级评价标准		
	A	B	C
圆的认识	（1）能用圆规画指定大小的圆，标出圆的各部分名称。 （2）能说出圆的直径与半径的关系，理解半径和直径的特点。 （3）理解圆心决定圆的位置，半径决定圆的大小。 （4）能找出圆及与圆相关的图形的对称轴	（1）能用圆规画指定大小的圆，标出圆的各部分的名称。 （2）能说出圆的直径与半径的关系，理解半径和直径的特点。 （3）理解圆心决定圆的位置，半径决定圆的大小	（1）能用圆规画指定大小的圆，标出圆的各部分的名称。 （2）能说出圆的直径与半径的关系，理解半径和直径的特点
圆的周长	（1）正确理解圆周率，推导出圆周长的计算公式。 （2）能指出圆的周长，计算出圆的周长。 （3）能灵活运用周长公式解决相关的实际问题	（1）正确理解圆周率，推导出圆周长的计算公式。 （2）能指出圆的周长，计算出圆的周长	（1）正确理解圆周率，推导出圆周长的计算公式
圆的面积	（1）能通过动手操作推导圆的面积公式，并计算圆的面积。 （2）能利用圆的面积公式计算圆环面积。 （3）能灵活运用圆的面积公式计算外方内圆、外圆内方的图形面积。 （4）能灵活运用圆的面积公式计算扇形的面积	（1）能通过动手操作推导圆的面积公式，并计算圆的面积。 （2）能利用圆的面积公式计算圆环面积。 （3）能灵活运用圆的面积公式计算外方内圆、外圆内方的图形面积	（1）能通过动手操作推导圆的面积公式，并计算圆的面积。 （2）能利用圆的面积公式计算圆环面积

“课堂表现”评价量表见表 5。

表 5 “课堂表现”评价量表

维度	等级评价标准		
	A	B	C
参与学习	能积极主动参与研学任务，对研学任务中遇到的问题提出自己见解，能用自己的方法解决问题	能积极主动参与研学任务，协助同伴共同解决问题	能积极主动参与研学任务，认真倾听小组成员的见解
小组合作	小组分工明确，小组成员按照分工顺利完成研学活动	小组分工明确，部分学生没有按照分工完成研学活动中的数据收集	小组分工不明确，研学活动中需要教师的指导组织
倾听	能够认真倾听发言学生和教师的讲解，倾听过程中与发言者进行互动	能够认真倾听发言学生和教师的讲解，倾听过程中没有发言	不能认真倾听发言学生和教师的讲解

（三）展演任务评价量表

揭示“圆之奥秘”评价量表见表 6。

表 6 揭示“圆之奥秘”评价量表

维度	等级评价标准		
	A	B	C
联系生活的能力	能够从生活中找出 5 或 6 种实例	能够从生活中找出 3 或 4 种实例	能够从生活中找出 1 或 2 种实例
知识运用的能力	运用所学知识图文并茂地正确解释其中的道理	运用所学知识正确解释其中的道理	运用所学知识不太准确地解释其中的道理
语言表达能力	声音洪亮，表达非常清晰，语言简练	声音洪亮，表达较清晰，语言流畅	声音较小，不能清楚表达自己的想法

五、教学设计反思

本次单元教学设计的撰写是在《义务教育数学课程标准（2022 年版）》颁布前后进行的，作为一个从教将近 20 年的教师，长期在传统教学设计的影响下，在单元教学设计的撰写中遇到了很多困难。传统的教学设计重视一节课的知识和技能的学习，会使教学内容碎片化，忽视知识之间的内在联系，缺乏迁移度；教学中就会出现知识、方法结构散，应用模式单一的问题。单元教学设计重在知识之间的联系，重视学生先学、教师后教，重视学生对知识的探索，教师需要在教学前深入研究课程标准、教材和学生，以“标”为本，设计适合的学习活动。教师在设计活动时要注意两点：①抓住学科的本质，建立知识之间的联系，打通学习中的承重墙；②设计学生自主探究的学习内容，在学习中不断修正自己的错误，最终达成学习目标。通过建构知识间的联系，使学习内容融会贯通，解决问题时做到举一反三。

在本次的单元教学设计中，我们设计了不同于以往的单元知识框架的知识结构图。在单元知识结构图中，我们从单元大观念出发，试着站在学生的角度建构围绕单元本质的思维路径，打通学生学习中的困难点，也可以说通过打通知识本质让学生知道学习中的道理，从而灵活掌握所学知识，形成知识网络。

图形的旋转就是图形中关键线段绕中心点做运动

——人教版《数学》小学五年级下册第五单元“图形的运动（三）”

彭 婷*

一、制订基于核心素养的单元目标

“图形的运动（三）——旋转”属于“图形与几何”中“图形的位置与运动”主题，是以钟表模型为基本素材让学生理解旋转的三要素，引导学生在研究平面图形的旋转时自然进行联想，将面的旋转转化为关键线段的旋转，从而形成“图形的旋转就是图形中关键线段绕中心点做运动”的单元大观念。利用“如何在方格纸上画出旋转 90° 后的图形”这一基本问题，寻找对应线段之间的关系，总结出旋转图形的方法。在探索图形运动的位置变化过程中，逐步发展学生的空间观念、推理意识；运用图形的旋转在方格纸上设计图案的活动中，培养学生的应用意识和创新意识。

（一）提炼单元大观念

1. 课程标准分析

【内容要求】

能在方格纸上进行简单图形的平移和旋转；能从平移、旋转和轴对称的角度欣赏生活中的图案；能借助方格纸设计简单图案，感受数学美，形成空间观念。

【学业要求】

能在方格纸上描述图形的位置，能辨别和想象简单图形平移、旋转后的图形，画出简单图形旋转 90° 后的图形；并能借助方格纸，了解图形平移、旋转的变化特征；对给定的简单图形，能用平移、旋转和轴对称的方法，在方格纸

* 彭婷，郑州高新区外国语小学。

上设计图案，并能说出设计图案与简单图形的关系。

【学业质量标准】

能描述图形的运动，形成空间观念。

结合五年级学生的认知特点，本单元借助生活中的实物，引导学生通过想象、猜测、推理和操作等活动，理解旋转三要素，认识图形变换的特征，体会运动前后图形的变与不变，并会用数学语言表达图形变化的过程。从学生思维发展角度而言，逐步引导学生从一维认识“线段的旋转”过渡到二维认识“图形的旋转”，在探究图形运动变化的过程中，感悟旋转本质，理解旋转的三要素，帮助学生实现认知建构。此外，通过运用图形的变换方法设计美丽图案并说明设计图案与简单图形的关系，让学生感受数学美，逐步发展学生的空间观念，培养学生的推理意识、应用意识和创新意识。

2. 教材分析

（1）相关教材内容梳理。

本单元主要教学图形的旋转，共编排了以下 4 道例题。

例 1，学习图形旋转三要素，即“中心点、旋转方向、旋转角度”。

例 2，借助三角尺的旋转，观察图形旋转的变化，进一步理解旋转的三要素。

例 3，学习在方格纸上如何正确画旋转 90° 后的图形。

例 4，用平移和旋转解决问题。

之前通过“图形的运动（一）（二）”，学生已经认识了平移和旋转这两种基本的图形变换方式，并能根据要求绘制简单图形的平移，而本单元主要是解决简单图形旋转的绘制问题，从而进一步培养学生的空间观念和推理意识。

人教版小学《数学》教材对“图形的运动”的整体编排结构见表 1。

表 1　人教版小学《数学》教材对“图形的运动”的整体编排结构

年级	学习内容
二年级下册	结合实例，初步感知生活中的对称、平移和旋转现象，初步认识轴对称图形
四年级下册	能在方格纸上将一个轴对称图形补充完整，会在方格纸上画一个简单图形沿水平方向、竖直方向平移后的图形
五年级下册	在方格纸上认识平移和旋转，水平或垂直平移，旋转 90°
六年级下册	能在方格纸上按比例将图形放大或缩小

基于对例题内容和学生认知结构的分析，为促进结构关联，笔者将本单元学习内容沿以下两条主线进行组织和设计。

线段的旋转：结合生活实例，如风车、道闸、秋千、钟表表盘上指针运动等，丰富学生的认知，有意识地引导学生通过观察、动手操作，识别典型的旋转现象并明确旋转的三要素，进而抽象为线段的旋转。

图形的旋转：将学具（如三角板）放在方格纸上，按要求转一转，再画下来，引导学生讨论三角尺上的两条边分别转动到了哪里，体会在图形运动过程中的变与不变，发现图形的旋转实质上可以转化为线段的旋转，在合作交流中逐步引出画图步骤。最后运用所学知识设计图案和解决简单问题，体会其应用价值，领略图形世界的神奇。

本单元具体内容安排见表 2。

表 2 本单元具体内容安排

内容	课时
理解旋转的含义、认识图形旋转的特点（例 1、例 2）	1
画出简单图形旋转 90° 后的图形（例 3）	1
解决问题（例 4）	1

纵观小学《数学》有关“图形的运动”内容的教材编排结构，本单元学习内容起着承上启下的重要作用，既要关注新旧知识的联结点，用原有知识推动新知识的学习，还要在此过程中增强学生的空间观念和推理意识，为后续学习打下坚实基础。

3. 学情分析

从年龄特点来看，五年级学生具有好奇心强、模仿能力强的特点，处于由形象思维向抽象思维过渡的阶段，通过以往学习已具备一定的猜想、推理、自主探究、动手操作的能力。

从知识经验来看，在二年级，学生已经初步感受了平移、旋转、轴对称现象；在四年级，学生在“平移”“轴对称图形”知识的学习过程中，积累了观察、操作、想象、画图等学习经验。但目前学生对旋转的认识仅是凭借生活经验产生的感性认识，而并非理解旋转的本质。在本单元探究图形运动变化时，学生已经经历了对同类知识学习的体验和探索过程，也具备了一定的空间思维能力和推理意识，学生已具备的这些学习经验与能力对本单元内容的学习起着一定的推动作用。

4. 单元大观念

基于以上课程标准分析、教材及学情分析，“图形的运动（三）”的学习应该着力于发展学生的空间观念、推理意识、应用意识和创新意识四大核心素养。单元内容明确指向会画简单图形旋转后的图形并能灵活运用，而找到图形中关键线段的旋转是绘图的关键所在。结合核心素养和旋转本质，提炼出本单元大观念：图形的旋转就是图形中关键线段绕中心点做运动。

（二）建构单元知识结构

单元知识结构如图 1 所示。

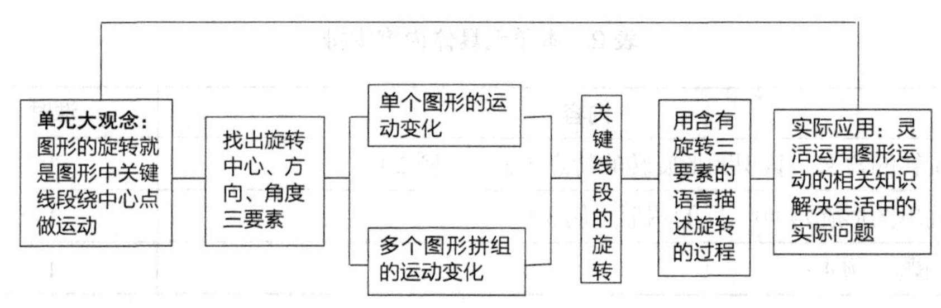

图 1　单元知识结构

（三）表述单元目标

（1）通过观察、操作活动，能正确说出旋转的三要素及特征，并用数学语言准确描述旋转运动的过程，会在方格纸上画出旋转 90° 后的图形。

（2）经历图形运动变化的探索活动过程，归纳图形旋转的画法，形成“图形的旋转就是图形中关键线段绕中心点做运动”这一观念。

（3）能灵活运用图形运动的相关知识解决生活中的实际问题，在解决问题的过程中感受图形变换带来的美感，形成空间观念、推理意识、应用意识及创新意识。

二、创设学习情境和评价任务

（一）学习情境

2022 年是党的二十大召开之年，也是中国共产主义青年团成立 100 周年。为培养具有想象力、创造力、空间思维能力的新时代社会主义接班人，学校开展了“喜迎二十大·童心向未来”科技与手工创作系列主题活动。五年级活动主题为“喜迎二十大·童心向未来之图形的运动”，请同学们化身小小设计师，利用“图形的运动”相关知识设计一个美丽的图案，并简要说明设计过程。要想设计出优秀的作品，除了运用平移、轴对称的知识，我们还可以利用“旋转”的相关知识。那什么是旋转？旋转的特点是什么？接下来，我们从旋转的角度继续探究图形运动的奥秘。学习结束后，我们将以年级为单位开展“喜迎二十大·童心向未来之图形的运动”手工制作评比大赛，希望你能自信地向同学们汇报你的设计思路，大胆地展现你的空间想象能力！

（二）评价任务

评价任务如图 2 所示。

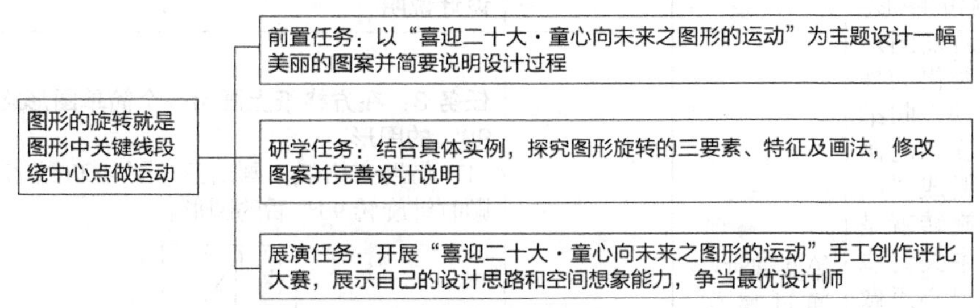

图 2　评价任务

课时总体规划：前置任务课前完成 1 课时，研学任务 3 课时，展演任务 1 课时，本单元共 5 课时。

三、设计学习活动方案

（一）前置任务

在学校开展“喜迎二十大·童心向未来”科技与手工制作系列主题活动

中，五年级同学以“喜迎二十大·童心向未来之图形的运动”为主题，化身小小设计师，积极参与活动。请你利用“图形的运动”相关知识绘制一幅美丽的图案，并简要说明设计过程。你设计的优秀作品中，运用“图形的旋转”这一运动方式了吗？图形的旋转又有哪些奥秘呢？让我们一起来探究吧！

（二）研学任务

研学任务见表 3。

表 3　研学任务

<table>
<tr><td colspan="4">基本问题：如何在方格纸上画出旋转 90° 后的图形？</td></tr>
<tr><th>单元目标</th><th>课时目标</th><th>学习问题</th><th>学习活动</th></tr>
<tr><td rowspan="2">（1）通过观察、操作活动，能正确说出旋转的三要素及特征，并用数学语言准确描述旋转运动的过程，会在方格纸上画出旋转 90° 后的图形。
（2）通过图形运动变化的探索活动，归纳图形旋转的画法，形成“图形的旋转就是图形中关键线段绕中心点做运动”这一观念。
（3）能灵活运用图形的运动相关知识解决生活中的实际问题，在解决问题的过程中感受图形变换带来的美感，形成空间观念和推理意识</td><td>第 1 课时：能正确说出旋转三要素及特点，能用数学语言完整描述旋转运动的过程</td><td>旋转的本质是什么？</td><td>任务 1：认识旋转的三要素及特点。
（1）请结合生活经验，举例说一说什么是旋转。
（2）借助钟表模型，边拨边说，找出旋转三要素，并用数学语言描述分针的旋转过程。
（3）将直角三角尺固定在方格纸上，每次顺时针方向旋转 90°，观察三角尺的位置是如何变化的，归纳图形旋转的特点。
任务 2：请运用本节课所学的知识修正你的设计说明</td></tr>
<tr><td>第 2 课时：通过操作、交流，能在方格纸上画出一个简单图形旋转 90° 的图形并总结画法</td><td>怎样才能正确画出旋转 90° 后的图形？</td><td>任务 3：在方格纸上画出一个简单图形旋转 90° 的图形。
（1）借助方格纸，画出三角形 AOB 绕 O 点顺时针旋转 90° 后的图形。
A O B
（2）先画出长方形绕 A 点顺时针旋转 90° 后的图形，再说一说你的作图过程。
A
（3）请运用本节课所学的知识修正你的图案和设计说明</td></tr>
</table>

续表

单元目标	课时目标	学习问题	学习活动
（1）通过观察、操作活动，能正确说出旋转的三要素及特征，并用数学语言准确描述旋转运动的过程，会在方格纸上画出旋转90°后的图形。 （2）通过图形运动变化的探索活动，归纳图形旋转的画法，形成“图形的旋转就是图形中关键线段绕中心点做运动”这一观念。 （3）能灵活运用图形的运动相关知识解决生活中的实际问题，在解决问题的过程中感受图形变换带来的美感，形成空间观念和推理意识	第3课时：通过操作、对比，能说出拼组图形运动的过程和图形运动方法的异同	从七巧板到鱼图，每块板是怎样变化的？	**任务4：探究多个图形拼组的运动变化。** （1）先对比、观察七巧板和鱼图，然后说明每块板是怎样平移或旋转的。 （2）通过图形变换的对比，比较平移和旋转的异同。 （3）请运用本节课所学的知识再次完善你的图案和设计说明

（三）展演任务

通过本单元内容的学习，相信你对“图形的运动”有了更深刻的认识。在拥有“轴对称”“平移”“旋转”这些图形运动“法宝”之后，你的手工制作是不是变得更精美了呢？接下来，我们将以年级为单位开展“喜迎二十大·童心向未来之图形的运动”手工制作评比大赛，请你自信地向同学们汇报自己的设计思路，大胆地展现你的空间想象力吧！

四、研制评价量表

根据单元学习目标，共制订三个评价量表，每个评价量表以 A、B、C 为等级进行评价。第一个评价量表对应前置任务，由学生依据评价标准自评、互评；第二组评价量表由两部分组成，分别对应研学任务和课堂表现，以教师评价和学生评价相结合的方式进行评价；第三个评价量表对应展演任务，以教师评价为主。

（一）前置任务评价量表

“小小设计师”评价量表见表 4。

表 4 “小小设计师”评价量表

维度	等级评价标准		
	A	B	C
运用图形的运动制作图案	能运用平移、轴对称、旋转方法绘制一个美丽的图案，并能自信地展示设计过程	能运用平移、轴对称、旋转方法绘制图案，经过鼓励能自信地展示设计过程	只会运用平移和轴对称的方法绘制图案，没有运用旋转，不能清晰地说出设计过程

（二）研学任务评价量表

“图形的运动（一）”评价量表。

表 5 “图形的运动（一）”评价量表

维度	等级评价标准		
	A	B	C
旋转本质	能正确说出旋转的三要素及特点，语言简洁，表达流畅	能大致说出旋转的要素及特点，语言不够简洁	不能说出旋转要素及特点
画旋转 90° 后的图形	能规范画出旋转 90° 后的图形，并能用简洁语言总结作图步骤	能画出旋转 90° 后的图形，不能用简洁语言总结作图步骤	不会画旋转 90° 后的图形，无法总结作图步骤
拼组图形的运动变化	能用数学语言准确描述小鱼图案是怎样通过七巧板的平移或旋转得到的，能用简洁语言说出平移和旋转的异同	能简单描述小鱼图案是怎样通过七巧板的平移或旋转得到的，不能用简洁语言说出平移和旋转的异同	不会用语言描述小鱼图案是怎样通过七巧板的平移或旋转得到的，不能用简洁语言说出平移和旋转的异同

"课堂表现"评价量表见表6。

表6 "课堂表现"评价量表

维度	等级评价标准		
	A	B	C
小组合作	小组成员分工明确，能认真倾听、讨论、记录，组员参与度高，发言积极，自信展示	小组成员分工明确，能比较认真倾听、讨论、记录，但发言欠主动，经鼓励能展示成果	小组成员分工不明确，个别组员倾听、讨论、记录，发言不主动，不敢展示成果
听讲情况	能积极和教师互动，认真记笔记，主动质疑	能比较积极地听讲、记笔记，发言欠主动	经提醒后能认真听讲、记笔记，但不善表达
巩固练习	能按时按要求完成练习，质量高，作图规范	能基本完成练习，但质量欠佳，作图不够规范	不能按要求完成练习，质量不高，作图不够规范

（三）展演任务评价量表

"手工制作大赛展演"评价量表见表7。

表7 "手工制作大赛展演"评价量表

维度	等级评价标准		
	A	B	C
我的设计展演	能灵活运用平移、轴对称、旋转的方法绘制一个内容丰富、色彩鲜艳的图案，并能清楚地描述作品设计过程及思路；展示时，大方自信，语言表达清晰	能灵活运用平移、轴对称、旋转的方法绘制一个内容丰富、色彩鲜艳的图案，并能描述作品设计过程及思路；经鼓励能大方自信展示，语言表达不够简洁	只能运用平移、轴对称、旋转当中的一种方法绘制图案，内容简单，色彩单一，也不能清晰描述作品设计过程及思路

五、教学设计反思

"图形的运动（三）"是继平移、轴对称之后的又一种图形的全等变换。根据以往教学经验，在实际操作中，学生画图时总是频繁出错。为了突破教学重、难点，提高教学效果，笔者深挖教材，查阅大量参考文献，对图形的旋转有了更深刻的认识。

（1）深挖旋转本质，注重知识建构。以往“图形运动（三）”的教学常按部就班地带着学生认识旋转三要素、特征及画法，很少关注旋转本质。学习不仅要知其然，更应知其所以然，基于此，在本单元学习前笔者创设符合学生年龄特点的大情境，利用前置任务来驱动学生学习；课中，学生通过猜想、交流、验证来感受图形在旋转过程中每条边的变化，每条边变化后与原来位置形成的角度，体会“图形的旋转就是图形中关键线段绕中心点做运动”这一本质。在整个教学过程中，注重引导学生由感知到认知、由浅入深、由表及里地去探究和思考，感受知识间的联系，深化数学思想。

（2）在实践中反思，在反思中成长。在做“图形的运动（三）”单元教学设计的过程中，最大的感触就是“观念的推翻与重构”一直在不断地循环着。在观念不断被推翻、重构的过程中，笔者翻阅大量资料，逐渐从知识的表面深挖到知识的本质，将碎片化、缺乏逻辑关联的知识建构成完整的体系，推动课时教学有序、合理、高效开展。在此过程中笔者深刻地感受到，想要上好一节课，教学设计是根本，而优质的单元教学设计能让笔者拥有大局观，清楚地知道将学生带到哪里……教学实践的路上没有终点，但对于笔者来说每一段都有着刻骨铭心的收获！

平面内两点的位置关系是相对的

——人教版《数学》小学六年级上册第二单元“位置与方向（二）”

郭　义　汪艳丽*

一、制订基于核心素养的单元目标

日常生活中常常需要确定物体的位置，通过学习图形的位置，可以使学生更好地把握生活中的空间。学生在三年级下册“位置与方向（一）”中学会了用方向词描述物体的相对位置，六年级“位置与方向（二）”则要学生学会用方向和距离确定物体（点）相对于参照点的位置，是下一学段学习直角坐标系的基础，更为第四学段“在平面上，运用方位角和距离刻画两个物体的相对位置”作出铺垫。因此，基于学生的思维，先确定“平面内两点的位置关系是相对的”大观念，在此基础上抓住以谁为参照点在图上用方向和距离确定另一物体位置这个关键点，逐步使用平面空间“面、线、点”这三个基本元素构建单元知识结构，帮助学生更好地形成几何直观和空间观念。

（一）提炼单元大观念

1. 课程标准分析

【内容要求】

能根据参照点的方向和距离确定物体的位置；会在实际情境中，描述简单的路线图。

【学业要求】

能根据指定参照点的具体方向和距离描述物体所处位置；能在熟悉的情境中，描述简单的路线图，形成几何直观。

* 郭义　汪艳丽，郑州中学第二附属小学。

【学业质量标准】

能描述图形的位置和运动，形成空间观念和几何直观。

《义务教育数学课程标准（2022年版）》指出："图形的位置和运动的教学，引导学生通过图形位置的表达，理解坐标的意义；通过图形运动的观察和表达，体会坐标表达的重要性，为未来学习数形结合奠定基础。"因此，在教学活动中，可以先让学生用日常语言描述回家的路线，然后在图上标出方位，画出路线图，标明主要参照物。在这个过程中，帮助学生建立几何直观，发展空间观念。

2. 教材分析

本单元学习的位置与方向，属于图形与几何内容。小学阶段有关图形的位置和运动分为两个层次，分别位于三年级下册"位置与方向（一）"和位于六年级上册的本单元。

本单元的位置与方向主要包括以下三个方面的学习内容。

（1）根据平面上两个点的相对位置关系，以其中一个点为参照点，描述另一点的方向和距离。其中，方向包括两个方面，一方面是大致方向的确定，如在参照点的正东、正西、正南、正北，还是东南、东北、西南、西北；另一方面是精确方向的确定，需要用角度来刻画。

（2）根据一个点相对于参照点的方向和距离的描述，在平面图上找到这个点。

（3）用数学语言描述物体运动的路线图，并能绘制路线图。

本单元具体内容安排见表1。

表1　本单元具体内容安排

内容	课时
描述某个点的位置（例1）	1
根据方向和距离的描述，在图中确定某个点的位置（例2）	1
描述简单的路线图（例3）	1

3. 学情分析

从年龄特点上看，六年级的学生具有简单的抽象思维能力，有较好的表达能力和注意力，善于发现生活中的问题并热衷参与具有挑战性的活动。

从知识经验上看，学生在本单元之前已经学过了八个方向、用数对确定位置的方法和测量角的度数、画角等相关知识，并积累了一定的生活经验，因此对于学习确定物体的位置已经有了一定的理论基础。但是仅凭借知道方向还不能确定物体的具体位置，所以需要学习更加系统和全面的方法。在生活中，我们经常碰到通过确定物体方位来到达目的地的实际问题，通过本单元学习并结合日常生活经验，我们能够确定物体的位置与方向，而这些内容的学习，有助于发展学生的空间观念，从而为日常生活提供便利。

4. 单元大观念

综上所述，描述物体的位置，其本质是研究从物体抽象成点，从而研究点与点之间的位置关系。因此，确定本单元的大观念：平面内两点的位置关系是相对的。

（二）建构单元知识结构

单元知识结构如图 1 所示。

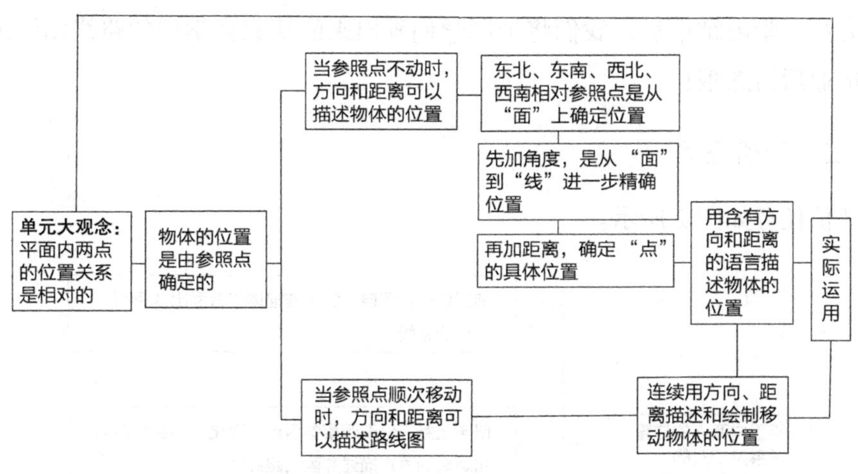

图 1　单元知识结构

（三）表述单元目标

（1）通过描述一个点在参照点的精确位置，形成“两点的位置关系具有相对性”的意识。

（2）通过描述生活中实例的位置与方向，归纳出绘制路线图的一般方法和步骤。

①参照点不变，会在平面图中根据一个点相对于观测点的方向和距离确定这个点的具体位置。

②在熟悉的情境中，会根据参照点的变化用方向和距离描述并绘制简单的路线图。

（3）在具体的情境中，运用位置与方向表达图形的位置，发展空间观念，形成几何直观。

二、创设学习情境和评价任务

（一）学习情境

同学们，六年的小学学习生涯即将结束。你从家到学校，从学校到家的路已经走了无数遍，可是你会用数学语言来描述或者绘制出这条你熟悉的路吗？我们已经学习了用数对表示位置的方法，本单元我们将寻求另外的一种描述位置的方法。学习结束后，我们将把同学们画出来的从家到学校的路线图汇编成册，毕业后留念哦！

（二）评价任务

评价任务如图 2 所示。

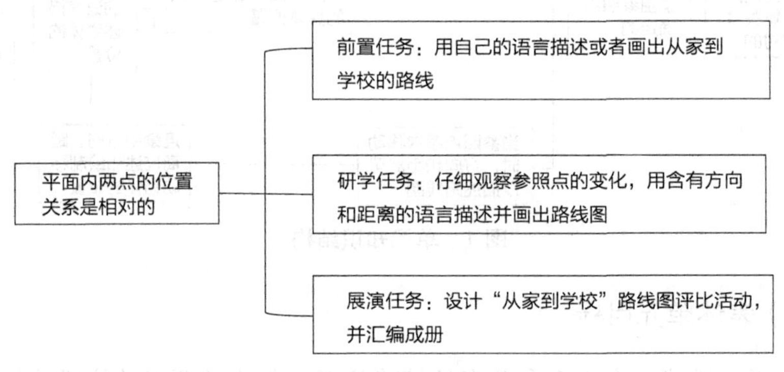

图 2 评价任务

课时总体规划：前置任务在课前完成，研学任务 2 课时，展演任务 1 课时，本单元共 3 课时。

三、设计学习活动方案

（一）前置任务

同学们，六年的小学学习生涯即将结束。从家到学校的路你已经走了无数遍，你能用数学语言描述、用笔画出这条你熟悉的路吗？本单元我们将以“绘制上学路”为主题，从学校在自己家的什么方向和画出你从家到学校的具体路线展开讨论，请你先把自己的上学路线用简单文字记录或者绘制，然后进行全班分享吧！

（二）研学任务

研学任务见表 2。

表 2　研学任务

基本问题：怎么用方向、距离表示物体的位置？			
单元目标	**课时目标**	**学习问题**	**学习活动**
（1）通过描述一个点在参照点的精确位置，形成“两点的位置关系具有相对性”的意识。 （2）通过描述生活中实例的位置与方向，归纳出绘制路线图的一般方法和步骤。 （3）在具体的情境中，运用位置与方向表达图形的位置，发展空间观念，形成几何直观	第 1 课时：参照点不变，会在平面图中根据一个点相对于观测点的方向和距离确定这个点的具体位置	怎样描述学校和家的位置关系？	**任务 1：** 说出学校在自己家的什么方向，比一比谁能描述得更简洁准确。 **任务 2：** 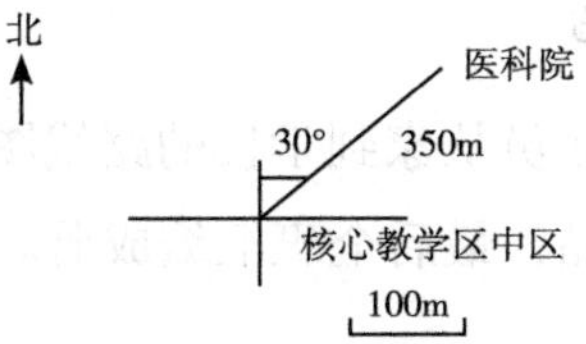 北 医科院 30°　350m 核心教学区中区 100m 如图：在郑州大学里已经知道医科院在核心教学区中区的北偏东 30°，350m 处，你能在图中找出下面地点的位置吗？ （1）音乐厅在核心教学区的南偏西 25°，距离 300m 处。 （2）国际交流中心在核心教学区的南偏东 45°，距离 600m。 **任务 3：** 归纳出作图方法，根据作图方法和评价量表修正自己的前置作业

续表

单元目标	课时目标	学习问题	学习活动
（1）通过描述一个点在参照点的精确位置，形成“两点的位置关系具有相对性”的意识。 （2）通过描述生活中实例的位置与方向，归纳出绘制路线图的一般方法和步骤。 （3）在具体的情境中，运用位置与方向表达图形的位置，发展空间观念，形成几何直观	第2课时： 通过观察参照点的移动，准确地用含有方向和距离的语言描述出路线图，并在纸上正确地画出路线图	你能根据参照点的移动，用方向和距离依次画出家到学校的路线图吗？	**任务4：** 画出从学校到家的路线图。小组展示从学校到家的路线图，说出作图过程，总结画路线图的一般方法。 **任务5：** 一艘军舰，从起点向东偏北60° 行驶72km，最后向北偏西30° 行驶24km到达终点。按要求将下图补充完整。 北 60° 起点 12km **任务6：** 总结绘制路线图的一般方法，修正前置任务中的路线图

（三）展演任务

组内分享本组成员从家到学校的路线图，根据评价量表修改完善自己的作品，评选出优秀作品，最后全班汇编成册。

四、研制评价量表

根据单元学习目标和学习活动，为了检测学生的学习效果，共设计3组评价量表。第一组是前置任务评价量表，从“描述和绘制路线图”两个维度评价学生的学习情况。第二组研学任务评价量表中每一个评价项目对应本单元相应的课程内容。同时，以教师评价和学生评价相结合的方式评价学生的课堂表现。第三组展演任务评价量表针对学生绘制的路线图评选出优秀作品。

（一）前置任务评价量表

“尝试描述、绘制上学路线”评价量表见表 3。

表 3　“尝试描述、绘制上学路线”评价量表

维度	等级评价标准		
	A	B	C
描述家到学校的路线	能用方向、距离正确描述回家的路线	能用东、西、南、北描述路线图	不能描述家到学校的路线
绘制家到学校的路线图	能规范使用尺规做图。能用方向、距离正确画出家到学校的路线	能使用尺规做图。粗略画出家到学校的路线	未使用尺规做图，且不能画出家到学校的路线

（二）研学任务评价量表

“尝试描述、绘制上学路线”评价量表见表 4。

表 4　“尝试描述、绘制上学路线”评价量表

维度	等级评价标准		
	A	B	C
用方向、距离描述某个物体的位置	能用方向、距离正确描述给定点相对参照点的具体位置	不能用方向，但通过单位长度判断距离正确，描述某个点的位置	无法正确地描述某个点的位置
在图中画出给定的点	能规范操作，用方向、距离正确画出给定点，并标明相应刻度、距离、角度等	能规范操作，用方向、距离正确画出给定点，但无任何标识	不能正确画出给定点
能够根据条件绘制简单的路线图	能规范操作，用方向、角度、距离正确画出给定点，并标明相应刻度、距离、角度等，正确地画出路线图	操作基本规范，用方向、角度、距离正确画出给定点与路线图，没有标明相应的内容	不能正确画出路线图

“课堂表现”评价量表见表5。

表5 “课堂表现”评价量表

维度	等级评价标准		
	A	B	C
合作交流	能独立思考后积极主动在小组内表达自己的想法，并修正自己的路线图	能独立思考，在同伴的询问下能主动表达自己的想法，并说出自己的路线图	独立完成，但不敢在小组内交流
语言表述	能用流畅、标准的数学语言清楚表述路线图	能把自己的想法大概表述出来	不能表达自己的想法
课堂听讲	积极和教师或他人进行互动，能主动思考问题，主动补充或纠正别人错误	能认真听讲，主动思考问题，但发言欠主动	不能认真听讲，也不能积极和教师互动

（三）展示任务评价量表

“路线图评比活动”评价量表见表6。

表6 “路线图评比活动”评价量表

维度	等级评价标准		
	A	B	C
路线图作图情况	画图标明起点，用方向和距离清楚地画出路线图，布局合理。能层次清楚地用方向和距离对家到学校的路线进行描述	能用方向和距离画出路线图，但丢掉了其中的某个要素。能用位置和方向说出路线图，但不连贯或途中发生错误	不能用方向和距离正确作图

五、教学设计反思

本单元学习活动内容与学生的知识基础和生活经验紧密相关，以本单元大观念“平面内两点的位置关系是相对的”来组织单元学习活动。要想确定两个点的位置，关键是找准两个点中谁为参照点，难点是要准确把握方向，要量方位角，还要确定单位长度标出距离。为此，在前置任务中要给学生创设具体的活动情境，为学生提供探究的空间。在本单元设计中，把原本教材中“台风”情境改成生活中的真实情境，以激发学生的学习兴趣，让学生以自身为观测点，体验参照点的作用。在研学任务中，及时抓住学生的求知欲和好奇心，鼓励学生在小组内交流，从中观察、分析，然后思考完成从方位的角度认识事物的方法并总结路线图的一般画法。在展演任务中，改变单元测试的评价方式，设计评比优秀路线图的活动，逐渐引导学生把所学的知识和方法运用到实际生活中，发展学生的几何直观和空间观念。

大单元教学设计不仅重视学习过程，更是给予学生思维成长的脚手架。它很好地处理了过程和结果之间的逻辑关系，能更好地促进学生直观经验和间接经验的形成，从而逐步学会用数学的眼光观察现实世界，用数学的思维思考现实世界，用数学语言表达现实世界。

数字编码是用数字或字母组合起来表示特定信息的方式

——人教版《数学》小学三年级上册“数字编码”

朱红晓 *

一、制订基于核心素养的单元目标

“数字编码”属于“数与代数”领域中“数与运算”主题，是从编码的角度，体验数字在表达及传递信息中独特的价值魅力，形成“数字编码是用数字或字母组合起来表示特定信息的方式”的单元大观念，感悟数字表达的现实意义。同时，基于学生的思维难点，提出“怎样根据数字编码的特征读取信息及进行编码”这一基本问题，构建学生学习的思维路径，搭建解决问题的脚手架，从而形成应用意识、数感和推理意识，提高学生解决实际问题的能力。

（一）提炼单元大观念

1. 课程标准分析

【内容要求】

会运用数描述生活情境中事物的特征，逐步形成数感和初步的推理意识。

本节课在《义务教育数学课程标准（2011 年版）》中属于综合与实践领域。在《义务教育数学课程标准（2022 年版）》中属于“数与代数”领域中“数与运算”主题。数字编码在两版课程标准中发生的变化比较大。对于小学生来说，日常生活中用数表示事物的例子很多，如学号、班级人数、身高、物价、质量、距离等。通过数字编码主题活动，学生可以进一步体会数不仅可以表示一类集合的数量、一群事物的顺序、测量的结果，还可以用来编码。从学

* 朱红晓，郑州高新区外国语小学。

生的认知经验出发，基于现实情境和真实问题，通过活动任务，引导学生自己去发现，相互交流，体会数的意义和作用，形成应用意识、数感和推理意识。

2. 教材分析

本节课的核心是让学生在生活中体会数字编码简洁、规范、唯一等特性，同时也蕴含了数学中的符号意识和一一对应的数学思想。通过日常生活中数字编码的实例（邮政编码、身份证号等），使学生体会数字编码在日常生活中的广泛应用，并通过实践活动（编学号）进行简单的数字编码，加深对编码方法的理解和应用，培养学生综合运用所学知识分析问题、解决问题的能力。

数字编码在生活中的运用十分广泛，而一节课能涉猎的东西却非常有限，所以采取课内与课外相结合的形式，布置一项"长作业"，让学生围绕"生活中有哪些地方用到数字编码？其中包含了哪些信息？"等问题去收集生活中的数字编码，如快递单号、邮政编码、手机号码、银行卡的号码、商品的型号、图书编码等。这项"长作业"能促使学生走入生活去研究，激发学习的兴趣和积极性，体会数字应用的广泛性。

3. 学情分析

从年龄特点上看，三年级的学生处于从低年级向中年级的过渡期，对数学新知的学习具有一定的好奇心和求知欲，具有初步的查找信息、搜集信息、整理信息的能力。数字编码需要学生收集生活中的编码知识，这一阶段的学生具备这样的能力。

从知识经验上看，学生经常接触到门牌号、车牌号、电话号码这样的数字或符号的组合，具有一定的生活经验，但学生对于数的思维停留在具体的数量和顺序上。因此本节课的重点是鼓励学生从编码的角度，分析编码为生活带来的便利性，感受数字或符号在描述事物信息中的优势，增强符号意识，通过编写学号活动进行简单的数字编码，提高应用意识和实践能力。

4. 单元大观念

根据上述分析，本节课内容明确指向：在实践活动中知道数字编码的特点，会用这些特点表达现实生活中的一些信息，体会数的意义和作用。结合核心素养，提出本单元大观念：数字编码是用数字或字母组合起来表示特定信息的方式。

（二）建构单元知识结构

单元知识结构如图 1 所示。

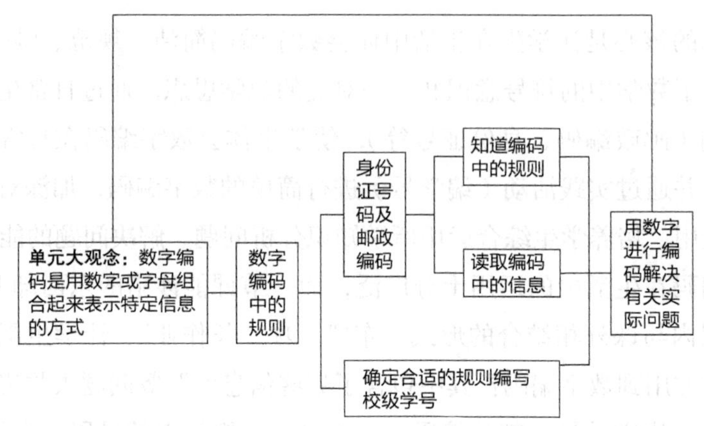

图 1　单元知识结构

（三）表述单元目标

（1）结合生活实际，建立"数字编码是用数字或字母组合起来表示特定信息的方式"的大观念，能解释身份证号码、邮政编码等编码的实际意义。

（2）通过观察、比较不同的数字编码，能够归纳出数字编码的特点和编制方法。

（3）在具体的生活情境中，能运用编码的方法，编制校级学号，形成应用意识、数感和推理意识，提高实践能力。

二、创设学习情境和评价任务

（一）学习情境

居民身份证是我国公民身份的法定证件，身份证号码是每个人唯一的、终身不变的身份代码。我们国家有很多重名重姓的人，要确定一个人的身份，身份证号码里要蕴含哪些信息？请你结合自己及家庭成员的身份证号码，了解其中包含的信息，研究数字编码的特点，掌握数字编码的规则后，编制自己的校级学号。数字编码在我们的生活中还有很多应用，学习结束后，将举办以"奇

妙的数字编码”为主题的实践活动，把你研究的编码知识，写成数学日记或做成数学手抄报，展示你的研究成果。

（二）评价任务

评价任务如图 2 所示。

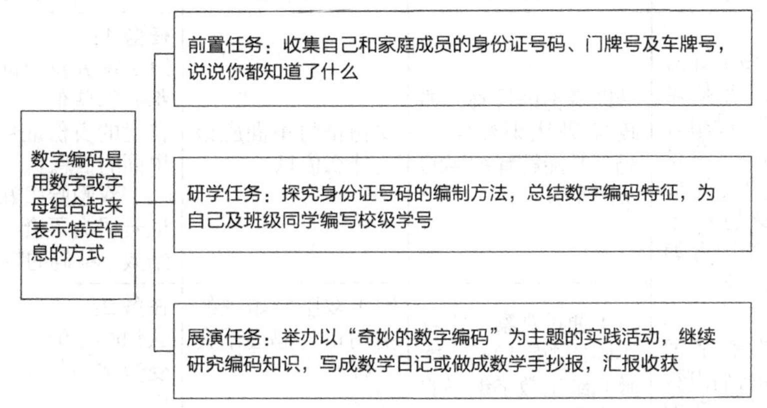

图 2　评价任务

课时总体规划：前置任务课前完成，研学任务 1 课时，展演任务课后作为一项长作业一周内完成，本单元共 1 课时。

三、设计学习活动方案

（一）前置任务

数在我们的生活中应用非常广泛，数除了可以表示数量和顺序，把数字按一定规则组合起来还能表示很多信息。请你收集自己家庭成员的身份证号码、自家门牌号及车牌号等，说说你都知道了哪些信息。

（二）研学任务

研学任务见表1。

表1　研学任务

基本问题：怎样根据数字编码的特征读取信息及进行编码？			
单元目标	课时目标	学习问题	学习活动
（1）结合生活实际，建立“数字编码是用数字或字母组合起来表示特定信息的方式”的大观念，能解释身份证号码、邮政编码等编码的实际意义。 （2）通过观察、比较不同的数字编码，能够归纳出数字编码的特点和编制方法。 （3）在具体的生活情境中，能运用编码的方法，编制校级学号，形成应用意识，提高实践能力	借助身份证号码、邮政编码认识数字编码，并能解释编码的实际意义	身份证号里面应该有什么信息？	**任务1：** （1）探究身份证号码里都有哪些信息。能结合自己的身份证号码读懂里面的信息。 （2）双胞胎姐妹的身份证号码会不会一样？总结数字编码的特点
	（1）通过观察、比较不同的数字编码，能够归纳出数字编码的特点和编制方法。 （2）在具体的生活情境中，能运用编码的方法，编制校级学号，形成应用意识，提高实践能力	（1）双胞胎姐妹的身份证号码会不会一样？ （2）邮政编码又是怎样编制的呢？ （3）如果要为每个同学设计一个独一无二的学号，该怎么设计呢？	**任务2：** 认识邮政编码，再次感受数字编制的方法和规则。 **任务3：** （1）为班级同学编写独一无二的校级学号。 （2）根据编码规则完善自己的学号

（三）展演任务

举办以“奇妙的数字编码”为主题的实践活动，把你研究的编码知识，写成数学日记或做成数学手抄报，分享你的收获。

四、研制评价量表

根据单元学习目标，本主题活动设计了三组评价任务量表。第一组对应前置任务；第二组设计了两个评价量表，分别对应研学任务和课堂表现；第三组对应展演任务。每组评价任务在对应学习任务结束后进行评价，由师生共同商定评价标准，组内根据每个人的学习任务完成情况进行互评。每个评价项目分为A、B、C三个等级，可以对学生的学习过程及结果进行有效评价。

（一）前置任务评价量表

"生活中的数字编码"评价量表见表 2。

表 2 "生活中的数字编码"评价量表

维度	等级评价标准		
	A	B	C
收集生活中的数字编码	收集不同类型的数字编码 3 ~ 5 项，知道身份证号码或车牌号中表达的信息	收集不同类型的数字编码 1 ~ 2 项，知道身份证号码或车牌号中表达的部分信息	收集数字编码 1 项，不知道其中表达的信息

（二）研学任务评价量表

"数字编码"评价量表见表 3。

表 3 "数字编码"评价量表

维度	等级评价标准		
	A	B	C
数字编码信息和特征的描述	能完整有条理地说出身份证号码里的信息及数字编码的特点	能说出身份证号码里的信息及数字编码的特点，表达不够清晰	只能说出部分身份证号码里的信息，说不出数字编码的特点
编制校级学号	能按编码规则为自己及班级同学编制合理的校级学号	能为自己及班级同学编制学号，但编制的学号不够合理	不能为自己及班级同学编制学号

"课堂表现"评价量表见表 4。

表 4 "课堂表现"评价量表

维度	等级评价标准		
	A	B	C
小组合作	能认真倾听、讨论、记录，发言积极	能比较认真地倾听、讨论、记录，发言欠积极	倾听、讨论、记录不够认真，发言欠积极
听讲情况	能积极和教师互动，认真记笔记，主动质疑	能比较积极地听讲、记笔记，发言欠主动	听讲情况欠佳，笔记记录不够认真，发言欠主动
巩固练习	能按时按要求完成巩固练习，质量高	能基本完成巩固练习，质量较好	在他人的督促下能完成巩固练习，质量不好

（三）展演任务评价量表

“奇妙的数字编码”评价量表见表5。

表5 “奇妙的数字编码”评价量表

维度	等级评价标准		
	A	B	C
数学日记	能结合自己收集的编码，有条理地写出编码的规则和编码表达的意思，并能写出自己的收获	能结合自己收集的编码，对编码的规则及表达的意思进行描写，但表达不够清晰	只罗列了收集的编码，写不出编码中的规则和表达的意思
数学手抄报	能结合自己收集的编码，图文并茂地说明编码的规则和编码表达的意思	能结合自己收集的编码，简单地写出编码的规则和编码表达的意思	只收集了不同的数字编码，没有说明编码的规则和编码表达的意思

五、教学设计反思

单元教学设计需要教师深入研究课程标准、解读教材，把最需要教与学的内容构建出来，通过大观念的引领，基本问题的驱动，单元整体建构课程结构，让每个活动有机地联系起来。前置任务，通过真实的任务情境初步了解数字编码，让学生有准备地开启新知的学习。研学任务，通过问题的驱动，探究数字编码的编排规则和结构特点，在编码的过程中学会有序、全面地思考问题。展演任务，通过自主地研究学习，积累活动经验，让学生的学习从课前到课中再延伸到课后，这一系列的学习活动任务延展开来，使学生在学习任务中亲身体验、有所发现、有所领悟，甚至有所创造。由外在的知识探寻到学科本质，让学生的核心素养落到实处。

单元大观念、学习目标、学习任务（真实任务、真实问题）、评价任务始终保持一致，学习任务紧紧围绕目标进行设计并实施，杜绝无效活动。有学习任务必定有评价跟进，让每一项学习任务都落地有效，让每个环节的学情都得到及时反馈、及时调整或矫正，做到师生心中始终有方向、有标尺。

单元教学设计，环环相扣，每一环都不那么容易，都需要深度研究、细致建构，长此以往，老师一定能够精准把握课标和教材，教师和学生的学科素养都能得到提升。

“植树问题”是解决段数和点数关系的问题

——人教版《数学》小学五年级上册第七单元“植树问题”

陈景红 *

一、制订基于核心素养的单元目标

“植树问题”属于“数与代数”领域中的“数量关系”主题，数量关系的教学应注重利用画图、实物操作等方法，引导学生用学过的知识表达情境中的数量关系，体会几何直观，形成模型意识和应用意识。学生在经历借助线段图探究线形和环形植树问题规律的过程中，明白植树问题的根源在于平均分，进而形成“植树问题是解决段数和点数关系的问题”的单元大观念。基于以上分析，以“植树是植在点上的，在端点被不同程度占用的情况下，如何确定植树棵数”这个基本问题作为研究路径，逐步构建单元知识结构，形成模型意识、几何直观和应用意识，进而达成提高解决问题能力的最终目标。

（一）提炼单元大观念

1. 课程标准分析

【内容要求】

能运用常见的数量关系解决现实问题，能合理解释计算结果的实际意义，逐步形成模型意识，提高解决问题的能力。

【学业要求】

能解决较复杂的真实问题，形成问题意识，提高解决实际问题的能力。

【学业质量标准】

能从数学与生活情境中，在教师的指导下，初步学会用数学的眼光观察，

* 陈景红，郑州高新区外国语小学。

尝试、探索发现并提出问题，将所学的数学知识应用于解决现实生活的问题，形成初步的模型意识和应用意识。

课程标准指向本单元要发展学生的模型意识、几何直观和应用意识。通过本单元的学习，学生能在真实的生活情境下，运用转化、数形结合、一一对应等数学思想，发现“植树问题”中点数和段数的关系，进而构建“植树问题”的数学模型。此外，通过多种生活情境的呈现，学生能多角度发现生活中的“植树问题”，会利用“植树问题”的数学模型，解决较复杂的真实问题，逐步形成模型意识、几何直观和应用意识，进而提高解决问题的能力。

2. 教材分析

（1）相关教材内容梳理。

植树问题涉及的数学思想维度如下：

植树问题主要通过植树这一现实情境，探究在植树要求和植树路线不同的情况下，植树棵数（点数）和间隔数（段数）之间的关系。研究中，学生将经历运用转化、数形结合等数学思想，抽象出“植树问题”数学模型的过程，不仅能提升学生灵活解决生活中单纯植树问题的能力，也能为后续探索更复杂的“植树问题”作好铺垫。

本单元相关数学思想在旧知中的分布情况见表 1（节选）。

表 1　相关数学思想教材分布情况统计表（节选）

思想类型	年级	册数	课题内容
转化	三年级	上册	小数加减法
	四年级	下册	鸡兔同笼
	四年级	下册	多边形的内角和
	五年级	上册	平行四边形的面积
数形结合	二年级	上册	乘法的认识
	三年级	上册	集合
	三年级	下册	搭配
	四年级	上册	优化
一一对应	一年级	上册	比大小
	三年级	上册	倍的认识
	三年级	上册	数字编码

续表

思想类型	年级	册数	课题内容
推理	二年级	下册	找规律
	二年级	下册	推理
	三年级	上册	长方形和正方形的面积
	四年级	上册	运算定律
	五年级	上册	三角形的面积
模型	五年级	上册	方程

植树问题涉及的数学内容维度如下：

特级教师俞正强在《种子课：知识是如何被教“活”的——以“植树问题”为例》一文中指出，植树问题的根源在于平均分。根据商的结果，可以将平均分分成有余数的平均分和无余数的平均分两种类型。植树问题就属于无余数平均分中的一个典型问题，它着力于探究段数和点数的关系。

（2）教材内容整合分析。

植树问题通常是指沿着一定路线植树，这条路线的总长被平均分成若干段，由于植树要求不同，路线被分成的段数和棵数之间的关系也就不同。此外，在植树问题中，“植树”的路线可以是一条线段，也可以是一条首尾相接的封闭曲线。即使是关于最基本的一条线段上的植树问题，也可能有不同的情形，如两端都要栽、一端栽一端不栽、两端都不栽；而在封闭曲线上的植树问题，可以转化为在一条线段上的植树问题中的一端栽另一端不栽的情况。基于上述分析，对本单元的教材内容进行如下整合（见表 2）：线形植树问题（涉及两端都要栽、一端栽另一端不栽、两端都不栽）、环形植树问题。这样整合让学生的新知学习有旧知可依，符合学生的认知规律。

表 2　教材内容整合

整合后的内容结构	课时
线形植树问题	1
环形植树问题	1

3. 学情分析

从年龄特点上看，五年级学生已从具体形象思维向抽象逻辑思维过渡，但思维成分仍然具有很大的具体形象性。此外，五年级的学生已具备一定的生活经验、分析思考能力及计算能力，这为通过观察、思考、构建植树问题模型奠定了认知基础。

从知识经验上看，学生在二年级已经学习了平均分的相关知识，知道此类问题要用除法解决。植树问题虽然是生活问题，但究其本质是一个用平均分探究段数和点数关系的问题。有了平均分的经验，学生很容易将植树问题与除法建立联系。此外，本单元主要渗透有关植树问题的一些思想方法。虽然学生初次接触植树问题，但学生在学习新知识前，已经初步积累了化归、数形结合、推理等数学思想，具备了一定的生活经验和分析、推理能力。因此，这部分内容的学习，学生兴趣浓厚、情绪高涨。但数学思想的渗透是一个潜移默化的过程，学生容易在用建构的数学模型联系现实时出现困难，也就是说学生虽然能找到规律但不会熟练运用规律。

4. 单元大观念

结合课程标准分析、教材分析及学情分析，植树问题的学习应着力于发展学生的几何直观、推理意识、模型意识和应用意识四大学科核心素养。单元内容明确指向找到不同情境下段数和点数之间的关系并能灵活运用。结合核心素养，提炼本单元大观念："植树问题"是解决段数和点数关系的问题。

（二）建构单元知识结构

单元知识结构如图 1 所示。

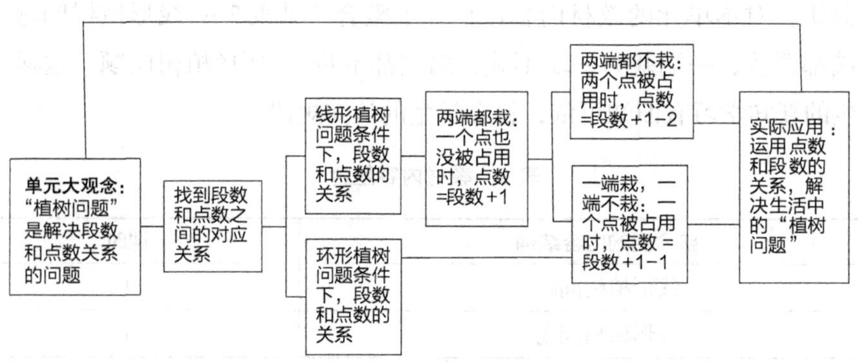

图 1　单元知识结构

（三）表述单元目标

（1）通过合作交流，发现不同植树类型下段数和点数之间的对应关系，总结出植树问题的规律，建立植树问题的直观模型。

①通过合作交流，发现线形植树问题条件下，段数和点数之间的对应关系，总结出线形植树问题的规律。

②通过合作交流，发现环形植树问题条件下，段数和点数之间的对应关系，总结出环形植树问题的规律。

（2）在真实情境中，能用植树问题的规律解决生活中的“植树问题”，逐步形成模型意识、几何直观和应用意识，提高解决问题的能力。

二、创设学习情境和评价任务

（一）学习情境

2020 年郑州市被评为“国家生态园林城市”。为了进一步美化我们的居住环境，郑州市计划新建公园游园 100 个。这不，园林处委托数学小精灵来我们班招聘专门负责植树绿化园林的设计师。你们想应聘吗？请你开动脑筋想一想植树棵数与哪些因素有关呢？植树问题有什么规律？利用这些规律还能解决生活中哪些植树问题的“伪装者”？带着这些思考，请你用画图、计算等多种方式先完成下面的问题，作为你的面试简历吧！（问题：在一条 100m 的小路一边植树，每隔 5m 植一棵树，一共需要植多少棵？）成功面试后，我们将举行“我的简历最出彩”主题手抄报展演任务，展示交流对植树问题本质、规律及其应用的理解，届时会根据评价标准评选出“最出彩简历”。心动不如行动，赶快参与进来吧！

（二）评价任务

评价任务如图 2 所示。

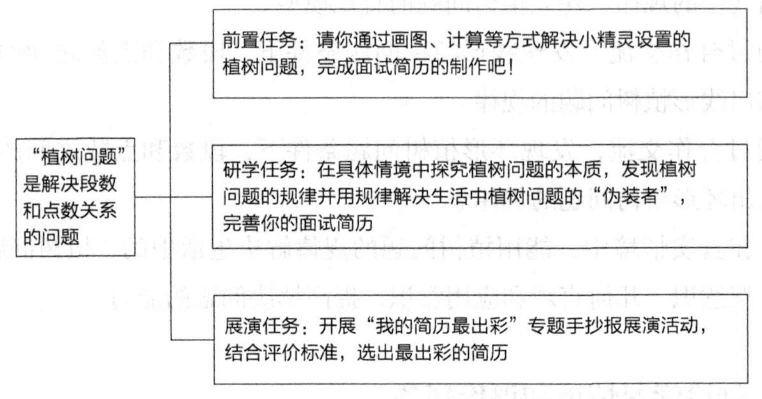

图 2　评价任务

课时总体规划：前置任务课前完成，研学任务 2 课时，展演任务 1 课时，本单元共 3 课时。

三、设计学习活动方案

（一）前置任务

为了进一步美化我们的居住环境，郑州市计划今年将新建公园游园 100 个。园林处专门委托数学小精灵来我们班招聘园林设计师，请结合生活经验，思考植树问题的奥秘，并带着这些思考，用画图、计算等多种方式先完成下面的问题，作为你的面试简历吧！问题：在一条 100m 的小路一边植树，每隔 5m 植一棵树，一共需要植多少棵？

（二）研学任务

研学任务见表 3。

表 3　研学任务

基本问题：植树是植在点上的，在端点被不同程度占用的情况下，如何确定植树棵数？			
单元目标	课时目标	学习问题	学习活动
（1）通过动手操作，发现不同植树类型下段数和点数之间的对应关系，总结出植树问题的规律，建立植树问题的直观模型。 （2）在真实情境中，能用植树问题的规律解决生活中的“植树问题”，逐步形成模型意识、几何直观和应用意识，提高解决问题的能力	第 1 课时： （1）通过观察，猜测、操作、推理等活动，能用自己的语言说出植树问题的本质。 （2）通过合作交流，发现线形植树问题条件下，段数和点数之间的对应关系，总结出线形植树问题的规律	（1）植树问题的本质是什么？ （2）线形植树问题有几种类型？每种类型下，植树点数和段数有什么关系？	**任务 1**： 结合面试简历的制作过程，归纳植树问题的本质。 **任务 2**： 通过动手操作、小组交流，探究在一条线段一边植树的类型、每种类型下植树棵数和段数的关系。 **任务 3**： 请你根据线形植树问题的探究过程，完善你的面试简历
	第 2 课时： （1）通过合作交流，发现环形植树问题条件下，段数和点数之间的对应关系，总结出环形植树问题的规律。 （2）结合现实情境，能用植树问题的规律解决生活中的实际问题	（1）环形植树问题中，点数和段数有什么关系？ （2）怎样利用植树问题的规律解决生活中的实际问题？	**任务 4**： 通过动手操作、小组交流，探究在封闭曲线中植树，植树棵数和间隔数之间的关系。 **任务 5**： 植树问题规律的实际应用（路灯个数、水晶颗数等）。 **任务 6**： 请你根据环形植树问题的探究过程，再次完善你的面试简历

（三）展演任务

成功面试后，我们将举行“我的简历最出彩”主题手抄报展演任务，展示交流各自基于对植树问题本质、规律及其应用理解的面试简历，届时会根据评价标准评选出“最出彩简历”哦！

四、研制评价量表

根据单元学习目标，本单元共有三组评价任务，每组评价任务均采用等级评价。

前置任务评价量表：贯穿单元起始课的始终，由老师制订评价标准，学生完成前置任务后，根据学生对问题解决的情况进行评价。

研学任务评价量表：分为针对课时目标的评价量表和课堂表现评价量表；每个评价量表在每个课时结束后进行，由教师制订评价标准，学生完成后进行自我评价。

展演任务评价量表：开展“我的简历最出彩”专题手抄报展演任务，分小组评价手抄报内容。本组评价任务在单元学习结束后进行，由师生共同商定评价标准，组内根据每个人的总结和展示进行互评。

（一）前置任务评价量表

“制作园林设计师面试简历”评价量表见表4。

表4 “制作园林设计师面试简历”评价量表

维度	等级评价标准		
	A	B	C
制作有关植树问题的面试简历	能通过画线段图，详细全面找出两类植树问题下的4种子类型并解决；思路清晰，大胆、自然展示	能通过画线段图，找出两类植树问题下的2～3种子类型并解决；思路较清晰，经鼓励能较自然展示	不会利用画图方法找出植树问题不同类型，不会解决问题；思路不清晰，不会表达

（二）研学任务评价量表

“植树问题”评价量表见表5。

表5 “植树问题”评价量表

维度	等级评价标准		
	A	B	C
能够说出植树问题的本质	能清楚说出植树问题的本质，逻辑清晰，表达流畅	能够大致说出植树问题的本质，但逻辑不够清晰，表达不够流畅	不能说出植树问题的本质
线形植树问题的规律	能够完整地说出线形植树问题条件下，点数和段数之间的对应关系，逻辑清晰，语言规范	经提示，能够较为完整地说出线形植树问题条件下，点数和段数之间的对应关系，逻辑较清晰，语言待改进	不能完整地说出线形植树问题条件下，点数和段数之间的对应关系，对相应植树问题的解决方法不理解

续表

维度	等级评价标准		
	A	B	C
环形植树问题的规律	能够完整地说出环形植树问题条件下，点数和段数之间的对应关系，逻辑清晰，语言规范	经提示，能够较为完整地说出环形植树问题条件下，点数和段数之间的对应关系，逻辑较清晰，语言待改进	不能完整地说出环形植树问题条件下，点数和段数之间的对应关系，对相应植树问题的解决方法不理解
能用植树问题的方法灵活解决生活中的实际问题	能够用自己的语言准确分析题目，找到实际问题与相应植树问题的联系，能正确列式解决问题，并选择合适的方法进行检验	能够用自己的语言分析题目，在找到实际问题与相应植树问题的联系时需要提示，能正确列式解决问题，并选择合适的方法进行检验	经提示，能够用自己的语言分析题目，不能找到实际问题与相应植树问题的联系，不能正确列式解决问题

“课堂表现”评价量表见表6。

表6 “课堂表现”评价量表

维度	等级评价标准		
	A	B	C
自学情况	能按要求自学，自学质量高	基本能按要求自学，能完成大部分学习任务	只能按照部分要求自学，仅能完成个别学习任务
小组合作	能认真倾听、讨论、记录，发言积极	能比较认真地倾听、讨论、记录，发言欠积极	倾听、讨论、记录不认真，没有发言
听讲情况	能积极和教师互动，认真记笔记，积极思考，大胆质疑	能较积极地听讲、较认真记笔记，思考不深入，发言欠主动	听讲有分心现象，记笔记不完整，不能主动思考、发言
巩固练习	能按时按要求完成巩固练习，字体工整，质量高	能基本完成巩固练习，字体较工整，质量较高	只能完成基础性练习，字体潦草，质量不高

（三）展演任务评价量表

“我的简历展演”评价量表见表 7。

表 7 “我的简历展演”评价量表

维度	等级评价标准		
	A	B	C
我的简历展演	（1）完整出示植树问题的本质，全面梳理出两类植树问题下 4 种子类型的解决过程和规律。 （2）整理方法适宜，排版美观，无错别字；展示时，能清楚地描述自己整理的内容，大方自信	（1）出示植树问题的本质，能梳理出两类植树问题下 3 种子类型的解决过程和规律。 （2）整理方法较适宜，排版较美观，无错别字；展示时，能较清楚地描述自己整理的内容	（1）不显示植树问题的本质，仅能梳理出两类植树问题下 1 ～ 2 种子类型的解决过程和规律。 （2）整理方法无逻辑，排版需要再调整，有错别字；展示时，需要他人引导才能描述自己整理的内容

五、教学设计反思

为吃透教材，把握植树问题的本质，笔者搜集了大量的期刊文献，研读了不同版本的教材和参考书目。伴随着一次次的修改，笔者对植树问题的认识也在逐渐加深。

1. 创新设计思路，关注植树问题的本质，让学生会“反套路”。

以往“植树问题”的教学常关注基本规律的简单提炼和运用，然而一旦题目中没有明确界定类型时，部分学生就被“套路”了，他们不知道到底用哪个公式。其实，我们看似教给学生技巧，引导学生会利用公式解题时，这些公式也把学生“套牢了”，学生在头脑中形成的知识是死知识。为了教给学生“活”的知识，我们应该关注学生已有的知识，在旧知识中寻找新知识的生长点。因此，本单元的设计笔者从平均分入手，以两端都栽的植树问题为探究起点，借助线段图引导学生逐步理解“植树问题”是解决段数和点数关系的问题，从而建立起植树问题的直观模型。

2. 关注单元内容整合，重建知识结构，促进专业发展。

初次进行单元整合时，笔者根据植树路线的差异，将本单元划分为两节课，不同类型之间存在并列关系。后来，通过查阅大量资料，笔者开始理解教材的编排意图，将三类线形植树问题调整为递进关系，把环形植树问题看作线形植树问题的一种特殊情况即可。教材把两端都栽的植树问题放在第一课时，此类问题的线段图与学生们对线段图的已有认知相匹配。如果学生们理解了此类植树问题，明确了点数和段数的对应关系，那对于端点被不同程度占用的其他情况，只需要在此基础上减掉相应的点数即可。在一次次对单元结构的调整过程中，笔者逐渐明白，任何一种有目的、有计划的教学实践都是从教学设计开始的。单元整体教学设计的理念在教学实践中的落实，同样是从单元整体教学设计开始的。学会科学地进行单元整体教学设计，是一线教师的基本功。这种认识也将鞭策笔者在今后的教学生涯中，不忘初心，砥砺奋进。